国家出版基金项目
NATIONAL PUBLICATION FOUNDATION

中宣部2022年主题出版重点出版物

"十四五"国家重点图书出版规划项目

纪录小康工程

全面建成小康社会

湖南变迁志

HUNAN BIANQIANZHI

本书编写组

湖南人民出版社·长沙

责任编辑：周　熠　贺正举　黄梦帆

封面设计：石笑梦

版式设计：周方亚　谢俊平

图书在版编目（CIP）数据

全面建成小康社会湖南变迁志/本书编写组编著 . — 长沙：湖南人民出版社，
　2022.10

（"纪录小康工程"地方丛书）

ISBN 978 - 7 - 5561 - 2921 - 8

Ⅰ . ①全… 　Ⅱ . ①本… 　Ⅲ . ①小康建设 – 概况 – 湖南 　Ⅳ . ① F127.64

中国版本图书馆 CIP 数据核字（2022）第 088119 号

全面建成小康社会湖南变迁志

QUANMIAN JIANCHENG XIAOKANG SHEHUI HUNAN BIANQIANZHI

本书编写组

湖南人民出版社 出版发行

（410005　长沙市开福区营盘东路 3 号）

湖南天闻新华印务有限公司印刷　新华书店经销

2022 年 10 月第 1 版　2022 年 10 月长沙第 1 次印刷

开本：710 毫米 ×1000 毫米 1/16　印张：20.5

字数：266 千字

ISBN 978 - 7 - 5561 - 2921 - 8　定价：72.00 元

邮购地址 410005　长沙市开福区营盘东路 3 号

湖南人民出版社销售中心　电话：（0731）82221529　82683301

总　序

为民族复兴修史　为伟大时代立传

　　小康，是中华民族孜孜以求的梦想和夙愿。千百年来，中国人民一直对小康怀有割舍不断的情愫，祖祖辈辈为过上幸福美好生活劳苦奋斗。"民亦劳止，汔可小康""久困于穷，冀以小康""安得广厦千万间，大庇天下寒士俱欢颜"……都寄托着中国人民对小康社会的恒久期盼。然而，这些朴素而美好的愿望在历史上却从来没有变成现实。中国共产党自成立那天起，就把为中国人民谋幸福、为中华民族谋复兴作为初心使命，团结带领亿万中国人民拼搏奋斗，为过上幸福生活胼手胝足、砥砺前行。夺取新民主主义革命伟大胜利，完成社会主义革命和推进社会主义建设，进行改革开放和社会主义现代化建设，开创中国特色社会主义新时代，经过百年不懈奋斗，无数中国人摆脱贫困，过上衣食无忧的好日子。

　　特别是党的十八大以来，以习近平同志为核心的党中央统揽中华民族伟大复兴战略全局和世界百年未有之大变局，团结带领全党全国各族人民统筹推进"五位一体"总体布局、协调

1

推进"四个全面"战略布局，万众一心战贫困、促改革、抗疫情、谋发展，党和国家事业取得历史性成就、发生历史性变革。在庆祝中国共产党成立100周年大会上，习近平总书记庄严宣告："经过全党全国各族人民持续奋斗，我们实现了第一个百年奋斗目标，在中华大地上全面建成了小康社会，历史性地解决了绝对贫困问题，正在意气风发向着全面建成社会主义现代化强国的第二个百年奋斗目标迈进。"

这是中华民族、中国人民、中国共产党的伟大光荣！这是百姓的福祉、国家的进步、民族的骄傲！

全面小康，让梦想的阳光照进现实、照亮生活。从推翻"三座大山"到"人民当家作主"，从"小康之家"到"小康社会"，从"总体小康"到"全面小康"，从"全面建设"到"全面建成"，中国人民牢牢把命运掌握在自己手上，人民群众的生活越来越红火。"人民对美好生活的向往，就是我们的奋斗目标。"在习近平总书记坚强领导、亲自指挥下，我国脱贫攻坚取得重大历史性成就，现行标准下9899万农村贫困人口全部脱贫，建成世界上规模最大的社会保障体系，居民人均预期寿命提高到78.2岁，人民精神文化生活极大丰富，生态环境得到明显改善，公平正义的阳光普照大地。今天的中国人民，生活殷实、安居乐业，获得感、幸福感、安全感显著增强，道路自信、理论自信、制度自信、文化自信更加坚定，对创造更加美好的生活充满信心。

全面小康，让社会主义中国焕发出蓬勃生机活力。经过长期努力特别是党的十八大以来伟大实践，我国经济实力、科技实力、国防实力、综合国力跃上新的大台阶，成为世界第二大经济体、第一大工业国、第一大货物贸易国、第一大外汇储备国，国内生产总值从1952年的679亿元跃升至2021年的114万亿元，人均国内生产总值从1952年的几十美元跃升至2021年的超过1.2万美元。把握新发展阶段、贯彻新发展理念、构建新发展格局、推动高质量发展，全面建设社会主义现代化国家，我们的物质基础、制度基础更加坚实、更加牢靠。全面建成小康社会的伟大成就充分说明，在中华大地上生气勃勃的创造性的社会主义实践造福了人民、改变了中国、影响了时代，世界范围内社会主义和资本主义两种社会制度的历史演进及其较量发生了有利于社会主义的重大转变，社会主义制度优势得到极大彰显，中国特色社会主义道路越走越宽广。

全面小康，让中华民族自信自强屹立于世界民族之林。中华民族有五千多年的文明历史，创造了灿烂的中华文明，为人类文明进步作出了卓越贡献。近代以来，中华民族遭受的苦难之重、付出的牺牲之大，世所罕见。中国共产党带领中国人民从沉沦中觉醒、从灾难中奋起，前赴后继、百折不挠，战胜各种艰难险阻，取得一个个伟大胜利，创造一个个发展奇迹，用鲜血和汗水书写了中华民族几千年历史上最恢宏的史诗。全面建成小康社会，见证了中华民族强大的创造力、坚韧力、爆发力，见证了中华民族自信自强、守正创新精神气质的锻造与激扬，实现中华民族伟大复兴有了更为主动的精神力量，进入不可逆转的历史进程。今天，我们比历史上任何时期都更接近、更有信心和能力实现中华民族伟大复兴的目标，中国人民的志气、骨气、底气极大增强，奋进新征程、建功新时代有着前所未有的历史主动精神、历史创造精神。

全面小康，在人类社会发展史上写就了不可磨灭的光辉篇章。中华民族素有和合共生、兼济天下的价值追求，中国共产党立志于为人类谋进步、为世界谋大同。中国的发展，使世界五分之一的人口整体摆脱贫困，提前十年实现联合国2030年可持续发展议程确定的目标，谱写了彪炳世界发展史的减贫奇迹，创造了中国式现代化道路与人类文明新形态。这份光荣的胜利，属于中国，也属于世界。事实雄辩地证明，人类通往美好生活的道路不止一条，各国实现现代化的道路不止一条。全面建成小康社会的中国，始终站在历史正确的一边，站在人类进步的一边，国际影响力、感召力、塑造力显著提升，负责任大国形象充分彰显，以更加开放包容的姿态拥抱世界，必将为推动构建人类命运共同体、弘扬全人类共同价值、建设更加美好的世界作出新的更大贡献。

回望全面建成小康社会的历史，伟大历程何其艰苦卓绝，伟大胜利何其光辉炳耀，伟大精神何其气壮山河！

这是中华民族发展史上矗立起的又一座历史丰碑、精神丰碑！这座丰碑，凝结着中国共产党人矢志不渝的坚持坚守、博大深沉的情怀胸襟，辉映着科学理论的思想穿透力、时代引领力、实践推动力，镌刻着中国人民的奋发奋斗、牺牲奉献，彰显着中国特色社会主义制度的强大生命力、显著优越性。

因为感动，所以纪录；因为壮丽，所以丰厚。恢宏的历史伟业，必将留下深沉的历史印记，竖起闪耀的历史地标。

中央宣传部牵头，中央有关部门和宣传文化单位，省、市、县各级宣传部门共同参与组织实施"纪录小康工程"，以为民族复兴修史、为伟大时代立传为宗旨，以"存史资政、教化育人"为目的，形成了数据库、大事记、系列丛书和主题纪录片4方面主要成果。目前已建成内容全面、分类有序的4级数据库，编纂完成各级各类全面小康、脱贫攻坚大事记，出版"纪录小康工程"丛书，摄制完成纪录片《纪录小康》。

"纪录小康工程"丛书包括中央系列和地方系列。中央系列分为"擘画领航""经天纬地""航海梯山""踔厉奋发""彪炳史册"5个主题，由中央有关部门精选内容组织编撰；地方系列分为"全景录""大事记""变迁志""奋斗者""影像记"5个板块，由各省（区、市）和新疆生产建设兵团结合各地实际情况推出主题图书。丛书忠实纪录习近平总书记的小康情怀、扶贫足迹，反映党中央关于全面建成小康社会重大决策、重大部署的历史过程，展现通过不懈奋斗取得全面建成小康社会伟大胜利的光辉历程，讲述在决战脱贫攻坚、决胜全面小康进程中涌现的先进个人、先进集体和典型事迹，揭示辉煌成就和历史巨变背后的制度优势和经验启示。这是对全面建成小康社会伟大成就的历史巡礼，是对中国共产党和中国人民奋斗精神的深情礼赞。

历史昭示未来，明天更加美好。全面建成小康社会，带给中国人民的是温暖、是力量、是坚定、是信心。让我们时时回望小康历程，深入学习贯彻习近平新时代中国特色社会主义思想，深刻理解中国共产党为什么能、马克思主义为什么行、中国特色社会主义为什么好，深刻把握"两个确立"的决定性意义，增强"四个意识"、坚定"四个自信"、做到"两个维护"，以坚如磐石的定力、敢打必胜的信念，集中精力办好自己的事情，向着实现第二个百年奋斗目标、创造中国人民更加幸福美好生活勇毅前行。

目　录

一、幸福大道

十八洞村："精准扶贫"在此启航 ···················· 3

菖蒲塘村：穷沟沟蝶变成"果乡" ···················· 13

矮寨大桥：一跨惊天地，幸福自然来 ···················· 22

威胜控股：智能计量"电"亮美好生活 ···················· 32

中南大学：创造让生活更美好 ···················· 40

城陵矶："江湖"潮涌向东出海 ···················· 48

华龙码头："江边人家"各有各的幸福 ···················· 58

东洞庭湖：动物与人类诗意地栖居 ···················· 67

沙洲村：延续"半条被子"的荣光 ···················· 77

山河智能：专注创新 23 年，"创"出一片山河 ···················· 86

岳麓书院：一座书院千年传承 ···················· 93

马栏山视频文创产业园："中国 V 谷"腾"云"而飞 ··········· 102

二、时代答卷

现代化新湖南建设蹄急步稳 ···················· 113

湖南城镇居民收入跨越式提升 ···················· 122

农民收入增长从小步快走到大步向前 ···················· 128

消费让生活更美好 ⋯⋯⋯⋯⋯⋯⋯⋯⋯⋯⋯⋯⋯⋯⋯⋯ 137

城镇居民住房条件节节攀升 ⋯⋯⋯⋯⋯⋯⋯⋯⋯⋯ 145

新型城镇化进程如巨浪般奔腾 ⋯⋯⋯⋯⋯⋯⋯⋯⋯ 153

信息化浪潮深刻影响日常生活 ⋯⋯⋯⋯⋯⋯⋯⋯⋯ 161

教育在与时代的共振中高速发展 ⋯⋯⋯⋯⋯⋯⋯⋯ 169

医疗改革撑起全民健康保护伞 ⋯⋯⋯⋯⋯⋯⋯⋯⋯ 177

社会保障为人民生活安康托底 ⋯⋯⋯⋯⋯⋯⋯⋯⋯ 187

▌ 三、山乡巨变

长沙 | 车马村：谁成就了经济薄弱村的"车水马龙"？ ⋯⋯ 197

衡阳 | 李花村：一枚小小的蛋孵出一个"亿元村" ⋯⋯ 206

株洲 | 梨树洲村：酃峰下的 15 度甜 ⋯⋯⋯⋯⋯⋯⋯ 215

湘潭 | 七星村：城乡融合打造"向往的生活" ⋯⋯⋯ 222

邵阳 | 青山村："筑巢引凤"聚产业 ⋯⋯⋯⋯⋯⋯⋯ 230

岳阳 | 磊石村：让土地流转起来 ⋯⋯⋯⋯⋯⋯⋯⋯ 239

常德 | 梨树垭村："云"上小村入世来 ⋯⋯⋯⋯⋯⋯ 247

张家界 | 龙凤村：民族文化给村庄发展以底气 ⋯⋯⋯ 256

益阳 | 富民村：美丽乡村入画来 ⋯⋯⋯⋯⋯⋯⋯⋯ 264

郴州 | 青草村：东江湖畔日子甜 ⋯⋯⋯⋯⋯⋯⋯⋯ 274

永州 | 下灌村：传承千年书香 ⋯⋯⋯⋯⋯⋯⋯⋯⋯ 283

怀化 | 高椅村：千年古村正青春 ⋯⋯⋯⋯⋯⋯⋯⋯ 292

娄底 | 油溪桥村：只要干事，就有甜头 ⋯⋯⋯⋯⋯ 301

湘西 | 黄金村：一片叶里有黄金 ⋯⋯⋯⋯⋯⋯⋯⋯ 310

▌ 后 记

▌ 后 记 ⋯⋯⋯⋯⋯⋯⋯⋯⋯⋯⋯⋯⋯⋯⋯⋯⋯⋯ 319

一、幸福大道

走过三湘四水，沿着总书记的足迹，读懂新时代的幸福观。

巍巍武陵，首倡之地有首倡之为。从精准扶贫到乡村振兴的征途上，全面小康一个都不能少。

洞庭之畔，长江之滨，守护好一江碧水，重现江豚跳跃，河滩葱郁，只因"青山就是美丽，蓝天也是幸福"。

从大学实验室到制造工厂，一代代创新者接力相继，提升全球竞争力，把关键技术抓在自己手里。

从岳麓书院到马栏山，优秀湖湘青年如奔涌的后浪，接过时代的接力棒。人才森林，于斯为盛。

从"半条被子"到富足日子，罗霄山下、沙洲村里，这里的故事温暖中国，精神的力量映射出时代的光芒。

幸福是奋斗出来的，一切美好都在路上！

十八洞村："精准扶贫"在此启航

幸福档案

湘西州花垣县十八洞村是精准扶贫的首倡地，是一个苗族聚居村。2013年11月3日，习近平总书记在考察十八洞村时，首次提出"实事求是、因地制宜、分类指导、精准扶贫"的重要思想。这个曾经的深度贫困村，只用了3年多时间就实现了脱贫。

如今的十八洞村不仅是精准扶贫样板村，也由之前的贫困村、产业空心村蝶变成今天的小康村、全国乡村旅游示范村。到2021年，全村人均年收入达20167元。

村名十八洞，这里的山路十八弯。山路的尽头是梨子寨，入寨的第一户是石爬专家。

三月的桃花开得正艳。72岁的老人坐在自家门前，眯着眼看路上人来人往。

石爬专说，以前走在路上，大家唱的是"苗家住在高山坡，坡上芭茅石头多；不通公路水和电，手捧金碗莫奈何"。现在走在宽敞的大道上，大家唱的是"苗家住在金银窝，青山绿水资源多；通水通电又通路，个个过上好生活"。

十八洞村梨子寨全景

曾经的十八洞村，是湘西大山深处一个偏僻的深度贫困村，2013年人均年收入仅1668元。村里青壮年纷纷外出打工，留下老人守家种田，就算到了春耕时节，寨里也是冷冷清清。这样一个穷寨子，何以脱贫？

然而，这样的状况在几年间得到根本改变。宽敞的新路、雅致的木楼，水厂、果园、民宿如雨后春笋般"冒"出来，更重要的是，"后生们回来了，游客也来了"。石爬专说："这些年村里的变化比以前几十年都大。"

这样的变化来自"精准扶贫"四个字。2013年11月3日，习近平总书记来到湖南湘西考察。在十八洞村与村民座谈时，总书记第一次提出了精准扶贫理念。

"精准扶贫"这四个字所绽放出的光芒，照亮的不仅是十八洞村和延绵的武陵山区。中国大地上，成千上万个"十八洞村"的命运得到根本性改变，无数普通人的"小确幸"汇成时代的"大幸福"。

现在的十八洞村，幸福的味道就在那脚下的路上和飘扬的歌里。

出山的路

石爬专是十八洞村的名人，大家都叫她"大姐"。因为那一年，习近平总书记来到她家，家里穷到没电视的她不认识总书记，而总书记握住她的手询问年纪，亲切地说："你是大姐。"

"不认识"是因为穷而闭塞。那时的十八洞村，尽管有着张家界般的美景，出路却为群山所阻。山货出不去，游客进不来。村里很多老人和石爬专一样，家里没有电视，不会读写，更没走出过大山。

现在的石爬专早已见过大世面。她是十八洞村旅游的"形象大使"，不仅接待了一波又一波的游客，还多次去北京观展、参加演出。

石爬专（左一）与邻居们展示村里的猕猴桃

"飞机、高铁，都坐过，"石爬专手指门前的路说，"顺着这条路出去，不到一个小时就能到最近的高铁站吉首东站，去长沙只要两个半小时的车程。年内将通航的湘西边城机场，距十八洞村也只有半小时车程。"

2021年开通的张吉怀高铁，有一列以"矮寨·十八洞·德夯大峡谷"景区冠名的G6427次列车，源源不断将游客送到十八洞村所在的景区。

十八洞村地处湘西世界地质公园的核心景区。"交通打开山门，到处就是金窝窝"，十八洞村村支书施金通发自内心地自豪，高速、高铁和即将通航的机场，让十八洞村"无缝连接"山外的广阔天地。

当然，谁家的好事都不是天上掉下来的，美好生活还靠自己奋斗。村里通往外面的路就修了二十年，一开始还是靠"摊派到户"。

2001年起，老支书杨五玉带着大家修路，把任务"摊派"到每户，每家修五米或十米。村民用锄头和钢钎在山坡上一点点凿出路来，花了近三年的时间才修通通向村口的两公里砂石路。

从此，梨子寨的村民能坐车出门了。原来从梨子寨步行到村口走走歇歇要半个上午，路通了坐车只要十五分钟。

2009年，在专项资金支持下，这条路进行水泥硬化；2013年后，出山路又拓宽到6米，改造成平坦的双车道柏油马路；2016年，全长4.8公里的进村公路正式通车；2018年，以这条路和其他村组道路为基础，连接村里4个寨子的十八洞旅游环线景观步道基本完工，村民说"这是咱们的十八洞环线"……

从土公路到"十八洞环线"，十八洞出山的路如同有了生命，在青山绿水间生长、壮大，成为苗寨发展最直观的体现。路通了，村民的日子好起来了。乡亲们有的开农家乐，有的卖苗绣、土特产，

十八洞村进村公路

十八洞村凭着自身旅游资源，走上了奔向小康的大道。

拓宽幸福的路，迎游客进村，助山货出山，十八洞村的发展是一场温暖的双向奔赴。

"这几年十八洞村发生了翻天覆地的变化！"施金通说，"最重要的是大家的精神气上来了，种猕猴桃、养蜜蜂、开农家乐、办苗绣合作社……人人身上有使不完的劲。"

村里最大的变化，其实在人心。脱贫致富从"你们的事"变成了村民"咱们的事"。2014年，精准扶贫工作队驻村开展工作后，十八洞村村民"歃血为盟"：但凡村里的公益事业建设，占地五分以内，村民都无条件支持，不计补偿。十八洞村第一份搞建设不要占地补偿的"公益发展契约书"就此出炉。

曾因电线杆要架在自家田里就大闹村部的施六金，修建停车场时主动无偿让出1亩多地。曾闯进会场嚷着"要饭吃、要老婆"的"酒鬼"龙先兰，不仅靠养蜂脱贫，还成立了养蜂合作社，带动左邻右舍养蜂。他娶了媳妇，生了女儿特意取名叫"思恩"。曾赶回家以为可以等着分钱的龙建，凭借炒得一手好菜当上了村办思源餐厅的大厨……

归来的歌

在十八洞村，村民们常会唱起一句自编的苗歌："鱼儿回来了，鸟儿回来了，虫儿回来了，打工的人回来了，外面的人来了。"

其实十八洞村山清水秀，飞鸟虫鱼从未离开。但因为穷，曾经全村"青壮打工去，收禾童与叟"。

原村支书龙书伍也曾带着老婆外出打工。他说，自己是"为一个包子出走，为一个希望回来"。

"一个包子"是说以前实在太穷，自家的孩子连包子都没吃过几次。2000年，龙书伍在厦门当保安，早餐食堂提供肉包子。他老婆隆韶英吃了一口就哭了："儿子应该会非常喜欢吃，但是他留在十八洞，吃不到这个肉包子。"

十几年辛苦打拼，龙书伍凭着一双手，慢慢熬出了头。然而在2010年，家中发生的一件事，让龙书伍第一次萌生了回家的念头。

"那年读初三的儿子辍学了，我想如果村里能够发展得好一点，我们在身边管着，儿子应该不会辍学。"对于儿子辍学一事，龙书伍好几年没能释怀。看到村里有了发展的希望，他说服妻子，一同辞工回到了十八洞村。

每年过年，外出打工回来的后生们发现村里的变化越来越大。"进村的路、寨里的楼……村里越来越热闹。"梨子寨村民杨正邦说，更重要的是乡亲们眼里有了光，越来越精神。

2019年过完年，宁波移动的巡线工杨正邦正式辞职，回村开起农家乐，成了老板兼大厨。放下电工钳，拿起炒菜勺，杨正邦觉得是个正确的决定。

目前的收入其实不比打工多，但能照顾家人，更看得到未来的希望。杨正邦指着堂屋的墙，墙上密密麻麻都是女儿杨诗琴和儿子杨诗涛的奖状。女儿杨诗琴，就是当年总书记在村里与村民座谈时，旁边那个穿红衣的小女孩。

现在，杨诗琴在花垣县城的边城中学读书，成绩优异，从不让杨正邦操心。"村口坐公交就能到县城，孩子上学、老人看病都很方便。"杨正邦说，"村里发展势头这么好，当然是回家更好。"

希望是一道光，被这道光芒吸引回来的施进兰当过村委会主任，还兼职当起村里第一批导游。2017年换届后，他又主动请缨，担任了村里的旅游公司经理。公司成立当年，全村共接待游客60多万人次，实现旅游收入1000余万元，乡村旅游已成为十八洞村最大的富民产业。

刚开始收入并不高，比不上在外打工，施进兰说得坦率，但能在家门口做成"一份事业"，比什么都好。

2021年，十八洞村多了十几种新职业。村里的旅游公司招了62人，山泉水厂招了18人，酒店招了4人，苗绣合作社让54名妇女在家门口上班，还有15家农家乐……全村486名劳动力，303人在本村就业。

一起向未来

说到未来，施进兰指向村口处，他的儿子施康正和伙伴们在村口工作。施康是村里的团支书，为了运营村里的公众号正在拍视频。

施康是村里的"归二代"，大学毕业后，他先在外打工，后回到家乡，成为村里的大学生村官和一名自媒体创业者。学动漫设计的施康会拍照、剪视频、玩抖音，曾经和同样回乡的村里的第一个硕士施志春、浙江音乐学院毕业的施林娇组成一个新媒体团队——"三小施"团队，一起做视频直播。再后来，他约上其他的返乡青年，注册"十八洞村返乡人"抖音号，试水电商产业，帮乡亲们打造一个"网上的十八洞"。

"十八洞村返乡人"有一个大胆的想法，以屋场会的形式，向村民推广网络销售运作模式，让农产品搭上新时代互联网"快车"，助推农户致富。

另一位回到苗寨的年轻人叫蒲力涛，他是邻村马鞍村人，现在是十八洞小学的校长，小学在临近的排谷美小学就读。他眼中苗寨的希望就在这些村小里："看看孩子们，他们能和城里的孩子站在同一条起跑线上。"

"同一条起跑线"不只是用同样的课本，而是同样地全面发展。"现在他们也有营养配餐和纯净水，也有电话手表和兴趣小组。"蒲力涛说，"更大的变化是'网络联校'，苗寨的孩子可以和北京、长沙、吉首的学生'同上一堂课'。学生家里还装了IPTV（交互式网络电视），其中教育频道和学校教材同步，孩子们在家也可以随时学习。"

就在2021年，十八洞小学的孩子们还赴京参加了央视"六一"晚会，齐唱《春天在哪里》。摸着女儿蒲琳萱的头，蒲力涛想起了自己当年一边放牛一边读书的往事，说："他们是不一样的后浪。"

时代之变，改变的不止是中青年和少儿。老支书石顺莲2014年卸任后，又"再就业"了。她腾出自家的房屋，带着村里的"苗外婆"们成立苗绣合作社，专研苗绣和手工艺品。

收入就是尊严。曾经的苗寨，最难赚到钱的就是这群大龄农妇，她们家务事多，不方便去打工，不敢去创业，种田的话体力又跟不上，兜里没钱底气不足。为了给"苗外婆"和留守妇女们找个事做，并且赚钱理家两不误，石顺莲就想到了苗绣。

"我们一共有54个绣娘，8个是非遗传承人，与全国4家单位签订了合作协议，长期供货。一般人均每个月可以赚个一两千块钱，碰到有大订单的时候，手脚快的可以拿到三四千。现在，我们的苗绣已经成为高铁订购的商务礼品，走向'一带一路'。"

石顺莲身旁，梨子寨的龙拔二正端着绣绷，绣着一块一尺长短的报春鸟图样。"闲了就绣，多一份收入。"龙拔二和女儿杨珍寿都绣得一手好苗绣，绣出的吉祥图样被镶嵌在苗服、披巾、抱枕甚至电脑包上，在村里的旅游商店和网店里热销。

不怕年纪大，找到自己能做的事就是幸福。放下绣针抬起眼，石顺莲认真地说："我们'苗外婆'自己动手，丰衣足食。"

又是一年春，梨花缀满枝。从"精准扶贫首倡地"到"乡村振兴示范村"，村民安居乐业的心更稳了，苗族村寨里的传统更受重视了。日子越过越红火的十八洞村村民，正追求更美好幸福的生活。

2021年2月25日上午，在全国脱贫攻坚总结表彰大会上，十八洞村被授予"全国脱贫攻坚楷模"荣誉。2021年，十八洞村人均年收入达20167元，原计划到2025年实现的全村人均收入突破2万元目标也提前达成。

"原先想得还是保守了一点。"十八洞村驻村第一书记、乡村振兴工作队队长田晓说，"这几年来十八洞村完善基础设施，吸引了更多年轻人回乡、更多游客进村。"

十八洞村的面貌在不断更新，村子的规划也越来越新。2021年，十八洞村又再次调整了规划，从"乡村规划"升级为"乡村振兴规划"。在规划中，十八洞村有了更长远的打算：在外打工和读书的年轻人纷纷回来，因此分户建房的问题亟须解决；建立田园综合体，统筹布局生态、农业和村寨功能空间，严格划定生态保护红线；对十八洞村主导产业文化旅游的业态规划也要更细更全面。

田晓说："对着每一个进村的客人，我们都会告诉他：下次来，你会看到更美好的十八洞。"

（作者：曾小颖）

菖蒲塘村：穷沟沟蝶变成"果乡"

幸福档案

湘西州凤凰县廖家桥镇菖蒲塘村是一个以土家族为主的少数民族聚居村。2013年11月3日，习近平总书记来到村里视察，作出"依靠科技，开拓市场，做大做优水果产业，加快脱贫致富步伐"的重要指示，并嘱托乡亲们"好好干，有奔头！"。

通过做大做优水果产业，"水果之乡"菖蒲塘村从卖果子，到卖技术，再到卖风景，探索出可复制、可推广的"菖蒲塘样本"。

菖蒲是一种生于沼泽地、溪流或水田边的野草，生命力顽强，自古有"耐苦寒，安淡泊"的美称。菖蒲塘村的村名也因水塘边菖蒲多而来。

3月份的菖蒲塘村，满山遍野的猕猴桃刚鼓起一点点芽苞。田中白色的萝卜花、金黄的油菜花开得格外鲜艳。漂亮的小洋房一栋挨一栋，在花丛的点缀下，显得静谧祥和。

曾经的菖蒲塘村因为缺地、少水，是附近有名的穷沟沟，甚至流传出"有女莫嫁菖蒲塘，塘上只长菖蒲草"的顺口溜。

为了摘掉"穷帽子"，20世纪80年代，王安全、丁青青等党员

菖蒲塘村

干部带头走出村子，学习技术、考察市场，率先在凤凰县发展水果产业。最终，在村民的努力下，村里除了塘边的菖蒲草外，还有了漫山遍野的水果树。村民开始过上了"甜蜜"的日子。

2013年11月3日，习近平总书记来到菖蒲塘村视察，为村里的发展指引方向、注入动力、提振信心，更加坚定了菖蒲塘村村民发展水果产业的决心。

如今的菖蒲塘村，一条条硬化的水泥路延伸至果园深处。太阳能路灯、文体活动广场、便民超市先后"诞生"。大部分的农户建起小楼房，自来水和水泥路入户率达100%。昔日的穷山沟，如今变成了美丽富裕幸福的新村庄。

试种一亩多蜜橘，他成为村中"首"富

菖蒲塘村近几十年的发展史，浓缩起来就是一部"甜蜜史"。从蜜橘、西瓜、蜜柚，到如今的猕猴桃，秉承"人无我有，人有我优，人优我专"的发展理念，菖蒲塘村不断进行品种改良，一步步将水果产业发展起来，最终成为惠及全村乃至全县的"甜蜜"产业。

说起菖蒲塘村的水果产业，就不得不提起一个人——王安全。

村道旁的一块坡地上，今年71岁的王安全还在山上忙碌着。"这里种了12种水果，今年主要想试试无花果。"他介绍，"无花果不仅有很高的营养价值和药用价值，还具有很好的观赏价值。我就试着培养，看能不能进行推广。"

"菖蒲塘过去穷，我们靠山吃山，种植水果，一步步发展起来。"说起菖蒲塘村发展历史，王安全如数家珍、感受深刻。

二十世纪八九十年代，菖蒲塘村是一个典型的贫困村，受自然条件限制，村民们仅靠种植水稻、玉米维持生计，生活十分拮据。

日子过得苦，王安全第一个思变。80年代初，去县农科所参观后，他回来就试种了一亩多蜜橘。蜜橘挂果后，一亩地可赚2000多元，而当时一亩水稻的毛收入才700多元。

靠着种水果，王安全成了村里的"首"富。想着乡亲们的日子都不好过，王安全没有独享甜头，他免费给大家提供蜜橘种苗，还传授经验技术。

成功示范在前，村民们开始放心地跟着种。不到五年，菖蒲塘村就成为当时湘西有名的"橘园村"。全村人也将水果种植视为一份产业，大家互帮互助，一起把菖蒲塘的"甜蜜"产业做大做强。这份

水果种植产业帮助菖蒲塘村村民逐步过上甜滋滋的日子。

2011年，王安全当上村支书后，为了学习更先进的经验技术，让村民的日子更上一层楼，不仅成了湖南省农业科学院、湖南农业大学的常客，还自费跑到重庆、郑州等地的果树研究所学习讨教。"不能搞单一品种啊。一有新品种，就带回来试种。"

多年来，王安全家的地就是试种场、母本园、嫁接培训基地。1988年，引进椪柑；1995年，椪柑供大于求，引进"米良1号"猕猴桃；2002年，前往福建，引进平和琯溪蜜柚；2007年，又引进四川广元苍溪红心猕猴桃……试种成功后，全村推广，不断改良，市场一步步打开。

就以村民王邦喜来说，三十多年来，他家屋后坡地上的那片老果园里，从老柑橘到红心蜜柚，品种换了七次。

这个土家族汉子很出名。2013年11月3日，习近平总书记在菖蒲塘村的果园里调研时，看到王邦喜挑着柚子迎面而来，曾侧身为他让路。

看着猕猴桃幼苗茁壮成长，王安全笑得合不拢嘴

"当时总书记看到我们树上长了很多柚子，就主动帮忙摘了两个柚子。我们要送柚子给总书记，总书记笑着说'就拿一个'。"那天的事，王邦喜至今还记得清清楚楚。

那时菖蒲塘村果园种的是普通蜜柚，王邦喜觉得有些遗憾。"要是现在习近平总书记再来，就能尝尝菖蒲塘新种的红心蜜柚、橙柚，更甜、更水润，好剥皮。"

走进村民朱友军的家，这是一栋6年前建的3层小楼房。依山而建的房子，宽敞而明亮，家中电器一应俱全。他欣喜地说，自己在村里第一个装空调、买电脑，现在还买了台小车。

一家六口、一间土房，朱友军家曾经在村里"穷得有名"。1993年，朱友军的父母开始跟着王安全种果树，家中日子慢慢好转。2000年，在浙江打工的朱友军回到家乡，开始跟着王安全种植水果。

现在，光他自己就种了7亩红心猕猴桃、7亩蜜柚，还在外村租了5亩田地搞水果育苗，农闲时做点竹筒、葫芦加工，2021年的收入加起来有二三十万元。"这比原来在外做车工每月工资3000元可要强多了。"朱友军笑着说。

目前，菖蒲塘村共发展水果产业8000亩，90%的果农年收入达3万元以上。

"好好干，有奔头！"

不谋万世者，不足谋一时；不谋全局者，不足谋一域。菖蒲塘村的成功更多是功夫在"树"外。

2013年11月3日，习近平总书记来到菖蒲塘村视察，作出"依靠科技，开拓市场，做大做优水果产业，加快脱贫致富步伐"的重要指示，并嘱托乡亲们要"好好干，有奔头！"。

在菖蒲塘村中，有一群特别的人，村民们都亲切地称呼他们为"电商青年军"。他们通过一台电脑、一部手机，在网上销售水果和苗木，不仅带动全村及周边乡镇水果和苗木产业发展壮大，也成为菖蒲塘村"依靠科技，开拓市场"的又一张闪亮名片。

"电商已经成为菖蒲塘村依靠科技、开拓市场的一张闪亮名片，不仅拓宽了市场销路，也提高了水果产品的附加值，带动全村和周边乡镇水果、苗木产业发展壮大！"凤凰县驻菖蒲塘村第一书记、乡村振兴工作队队长唐金生说。

向黎黎就是其中的佼佼者。她是菖蒲塘村大学生村主干，也是电商创业的领头人。2010年，她从长沙环保学院电子商务专业毕业，放弃了大城市就业的机会，毅然选择回到家乡创业。

2015年，向黎黎建立"凤凰古城红心猕猴桃基地"网站，利用凤凰古城的名气，提升菖蒲塘村猕猴桃知名度。其间，她还跟老公一起开发了自己的猕猴桃种植基地。同年，她开始在网络上销售自家猕猴桃，后渐渐扩展到收购村里的猕猴桃到网上卖。

"第一年我就赚了18万元，把从银行借来做生意的10万元给还清了！"每次回忆起靠电商赚到第一桶金时的情景，向黎黎都不禁眼泛泪光，难掩自己内心的激动。

2016年，除了卖水果，向黎黎开始种植苗木并在网上销售，销路越来越宽，生意越来越好。2021年，她通过电商平台销售苗木达20万株、猕猴桃达10万斤，销售总额达到60万元，创收40余万元，客户遍布长沙、衡阳、邵阳、株洲、怀化、铜仁等地。

向黎黎的成功，带动村里其他年轻人纷纷向电商进军。目前，菖蒲塘村电商从业人数超过50人，年创收达300多万元。在电商等因素助力下，菖蒲塘村的水果产业日益壮大，销路越来越宽，品牌越来越响，成为凤凰县甚至湘西地区的新气象。

为了延伸产业链，菖蒲塘更是成立了农村公司，加工生产猕猴桃果脯、蜂蜜柚子膏等产品。"熬制蜂蜜柚子膏的原料是柚子皮，我们收购柚子次果做原材料。以往果农都是将次果直接丢掉，现在却能变成钱。"菖蒲塘村现任党委书记周祖辉说。2019年为了壮大集体经济，菖蒲塘村以"菖蒲塘"品牌入股公司，每年都分红20万元。2021年村集体经济达275万元。

随着水果产业一起发展的，还有菖蒲塘的旅游业。2016年，菖蒲塘村精品果园与境内的乡村游景点——飞水谷景区之间建设了一条旅游观光道，实现农业产业和旅游观光的深度对接、单一业态向多业融合的拓展升级。2021年，飞水谷景区接待游客30万人，实现农副产品销售收入200多万元。

"我们牢记习近平总书记殷殷嘱托，坚持生态优先、绿色发展的思路，走出了一条致富新路子。"周祖辉高兴地说。以前，菖蒲塘村只是做传统水果销售，如今通过科技和旅游做大做优水果产业。"水果之乡"菖蒲塘村从卖果子，到卖技术，再到卖风景，探索出可复制、可推广的"菖蒲塘样本"。

输出"菖蒲塘模式"

随着菖蒲塘村的"甜蜜"产业不断发展，其龙头引领和带动作用也不断显现。如今，它不仅是凤凰县优质水果引种、示范、推广、服务基地，更辐射带动了水打田乡、阿拉营镇、林峰乡、落潮井镇等周边乡镇水果产业发展。菖蒲塘模式如同菖蒲草，在湘西大地上广泛繁殖。

凤凰县山江镇雄龙村距离菖蒲塘村有15公里，地形地貌跟菖蒲塘村相似，都以山地为主。近年来，雄龙村开始学习菖蒲塘发展猕猴桃产业，不仅迅速脱贫致富，而且村容村貌、产业发展都大变样了。

在农旅融合方面，山江镇也取经菖蒲塘村，依托本镇的老家寨、苗人谷等乡村游景点，把农业和旅游业紧密结合，走出了一条融合发展的新路子。

菖蒲村的女子嫁接队，是村里实现菖蒲塘模式输出的一张亮丽名片。她们从最初的16人发展到现在的247人，凭借高超的苗木嫁接技艺，常年奔走于贵州、重庆、四川、陕西等地，提供嫁接技术服务，年创收900万元，成为乡村振兴的"半边天"。

菖蒲塘村女子嫁接队队员雷志平刚嫁到村里时，家里连5元钱一双的凉鞋都买不起。学会嫁接技术后，雷志平收入节节高，如今，家里建起了三层高的小楼房。

"去外地干活，当地领导都会迎接我们。"雷志平自豪地说。2018年，女子嫁接队应邀到贵州遵义市提供嫁接技术服务。

2021年年初，党中央决定在全党开展党史学习教育，激励全党"不忘初心、牢记使命"。在此次学习大潮中，菖蒲塘村成为湘西州党史学习教育基地和现场教学点，被列为全国建党100周年百条红色旅游精品线路。

从2021年3月开始，湘西州各个单位纷纷赴菖蒲塘村开展党史学习教育现场教学活动，一起重温习近平总书记对菖蒲塘村的殷殷嘱托，见证菖蒲塘村近年来的快速发展。

伴随着游客的增多，菖蒲塘的故事越传越远。周祖辉介绍，未来菖蒲塘将坚持以农旅一体化发展为主线，建设集研学、观光、采摘、休闲、娱乐为一体的城郊农旅新型综合体，推进产业发展、生态宜居、乡风文明、乡村治理，着力打造国家级乡村振兴示范点。

画上墙、绿上房、沟种花、荒种树。行走在菖蒲塘村，处处可以感受到这种喜人变化。到了夜晚，当500多盏路灯亮起时，不仅照亮了村民前行的路，更照亮了菖蒲塘幸福的方向。

美丽的菖蒲塘村，正在青山绿水间掘金致富，走向幸福的康庄大道。

（作者：汪衡）

矮寨大桥：一跨惊天地，幸福自然来

幸福档案

矮寨大桥位于湘西州西北部，德夯大峡谷之上，全长1779米。2012年3月31日大桥正式通车，将长沙到重庆的时间从16个小时缩短到8个小时。2013年11月3日，习近平总书记在矮寨大桥考察时称赞道："这就是中国的圆月亮。"

大桥通车后，交通运输部门和地方政府共同探索推进"交通+旅游+扶贫"模式，以矮寨大桥为核心，着力打造"百年路桥奇观，千年苗寨风情，万年峡谷风光"旅游景区。"到湘西，游凤凰，看大桥"，成了去大湘西旅游的新时尚。

日透微风暖，春天又一次停在村口那棵雪白的梨树上。

吉首市矮寨镇幸福村村民，41岁的苗家汉子雷定贵像平时一样，早早地来到他那个"离天近离地远"的矮寨大桥观景农家柴火饭店，为新一天的生意张罗。这个餐馆是矮寨大桥通车后，他见来这里的游客与日俱增才从外地赶回来开办的。

一边忙着把一筐筐新鲜的蔬菜搬下车，一边和路过的熟人打着招呼，不多会，雷定贵的额头就渗出细细的汗珠。"春暖花开就意

矮寨大桥全景

味着奋进的一年又开始了，要一年比一年好呀！"用手擦拭着汗水的他，抬眼看了看不远处的矮寨大桥，笑着与店里的伙计说。不远处传来一阵阵欢声笑语，雷定贵加快了手上忙活的速度。

幸福村地处矮寨奇观旅游区的核心范围内。正值周末，景区内游人如织，人们享受着难得的灿烂春光。站在桥上举目四望，山峦、苗寨、峡谷、公路一览无余。大桥像从广阔时空中延伸出来的臂膀，庇护着群山里的人们，给他们带来恩惠，带来滋养。

在矮寨滑翔伞飞行营地，游客乘坐滑翔伞，从德夯大峡谷中飞越矮寨，惊叹矮寨大桥的雄伟壮观。

一旁的游客问起："听说矮寨除了有个幸福村，还有一个家庭村是不是？"雷定贵笑指着德夯大峡谷对面的大山道："那边的村子叫家庭村。过去家庭村和幸福村看似很近，实际很远，矮寨大桥的修建，把家庭村和幸福村真正地连了起来。"

绵延不绝的大山，是湘西人生存的依靠，也曾是发展的巨大屏障。

2012年通车的矮寨大桥，唤醒了沉睡的大山，不仅拉近了村与村之间的距离，也让湘西融入了湘渝"4小时经济圈"，拉近了湘西与世界的距离。

大桥通车前，苗寨里的鼓声从未如此频繁地响起，寂静了千万年的峡谷从未如此欢腾。大山里的人带着家乡特产"走出来"，大山外的人带着惊艳的目光"走进去"。在国家实施乡村振兴战略的大背景下，这些养在深山中的千年苗寨，迎来了幸福生活的新起点。

遗落天边的落叶

曾经的矮寨，犹如一片遗落在天边的落叶，趴在湘西崇山峻岭的褶皱深处。

据史料记载，苗族先民最初生活在黄河中下游等平原地带，后因战争等原因逐渐向西南部山区迁徙。对于很多在深山中的苗族村落而言，与神秘相伴随的还有千百年来的闭塞和贫困。地处武陵山腹地的矮寨镇便是其中之一。

"记得我上小学时，每天早晨四五点就要起床，翻山越岭步行四公里才能到达镇上的学校。而住得更远的村民，每次到镇上赶个集，来回都要花去一天时间。"

李玉娇是德夯大峡谷景区的一名导游，从小就在矮寨镇德夯苗寨中长大。

"德夯"在苗语中意为"美丽的大峡谷"。这里风景秀美，也是中国苗寨中保持最完整、苗族习俗最浓郁的地方之一，20世纪80年代就被开发为景点。

虽然德夯苗寨是当地的景点，但最初修建的道路并不理想。"盘山公路过去经常堵好几个小时的车，弯道大，也很容易发生交通事故。很多老人一辈子都没出过村，那时我最大的愿望，就是希望出行能不这么辛苦。"李玉娇说。

站在矮寨大桥上俯瞰，绝壁千仞上，红色的盘山公路呈"之"字形在桥底部蜿蜒。矮寨大桥开通前，这段盘山公路一直是衔接粤汉、湘桂黔路通向西南的咽喉要道，也是长沙通往重庆的唯一通道。

蜿蜒曲折盘旋而上的公路于1936年建成通车，是湘川公路最为险要的一段。公路长6.25公里，垂直高度400多米，坡度大于70度，水平距离不足100米，有13道"之"字拐和一座立交桥，最宽处不超过7米，最窄处不足4米，汽车需要在悬崖峭壁间行驶半小时才能通过。

进入21世纪后，这条曾经被称作"抗日战争生命线"的公路，早已不堪重负。

张勇生是湘西永顺县人，在吉首生活了几十年，他回忆："以前过年回永顺老家，必须从矮寨经过。早上六七点钟，大巴车从吉首出发，一路上大家或是谈笑风生，或是昏昏欲睡，唯独到了矮寨盘山公路这里，乘客们纷纷坐起身，无一不伸长脖子往前望，神情变得紧张起来。司机把车开得小心翼翼，极其缓慢。碰上冰雪天气，还要给轮子装上防滑链。不堵车的时候，上午九十点左右可以到达花垣县，司机会让大家下车吃个饭，然后继续赶路，下午一两点钟才能到达永顺。"

为加强与重庆等西部省市的联系，改变湘西落后的交通状况，湖南省委、省政府决定修建吉茶高速公路。而德夯大峡谷是吉茶高速公路的必经之地，如何跨越天堑，成为当时的焦点与难点。

风景秀美的德夯大峡谷

一桥飞架云端上

世代居住在峡谷中的村民从没有想到过，只有鸟能飞过的悬崖间还能架桥。

2004年，湖南组织了30余人的团队，前往德夯大峡谷实地勘察，确定施工方案。湖南省交通规划勘察设计院有限公司桥梁院总工刘榕回忆，虽然隧道技术成熟，但是提出的隧道方案被一次次否决——通过地质勘探，该地地下水位偏高，岩溶现象高度发育，大规模的溶洞、漏斗、天坑、暗河密布。

要修路，就必须跨越德夯大峡谷。经过勘察设计，架桥是最好的方式，但要在山顶上架桥又谈何容易。

勘察设计小组日夜在德夯大峡谷穿梭，最终提出了创造性设想——特大悬索桥飞跨德夯大峡谷。要知道，矮寨大桥之前，湖南从未建过如此大跨度的悬索桥，也从未建过跨峡谷的悬索桥。

世界级难题摆在眼前——地形险要，桥面到峡谷底落差达355米，两岸索塔位置距悬崖边缘仅70至100米；地质复杂，索塔处存在岩堆、岩溶、裂隙和危岩体等不良地质现象，仅在吉首岸索塔基坑附近就发现大小溶洞18个；气象多变，峡谷多雾，瞬间最大风速为31.9米每秒，严重影响施工测量和主缆架设；吊装难，主缆及钢桁梁在300米至400米高空架设，单件吊装最大重量达220吨；等等。

拿着矮寨大桥的建设方案，湖南路桥建设集团有限责任公司副总经理、总工程师盛希像打开了"困难匣子"，心中万千思绪。从事桥梁建设近40年，矮寨大桥建设是他的"毕业作品"，也是最苦最难最特别的作品。

峡谷底部到勘察位垂直高度达500余米，上山需要近两个小时，下山40分钟，设计团队经常清晨从矮寨镇出发，带上干粮和水，晚上摸黑返回镇上。最终，在跨峡谷地段周边几公里的范围选了7个桥位、8个线位。通过充分比对及对复杂地质情况的综合考虑，历经近4年的艰苦设计，才最终确定了大桥与自然和谐相融的方案。

2007年10月大桥全面开工建设，2012年3月31日，吉茶高速公路暨矮寨特大悬索桥正式通车。就这样，敢为人先的湖南人，用"吃得苦、霸得蛮"的精神与不服输的血性，勇敢地挑战天险。

桥通了，不仅解决了湘渝两地的交通问题，也贯通了湖南、重庆、贵州等省市的几大高速公路网。

矮寨大桥的建造是世界桥梁建筑史上的奇迹，是"中国建造"的典范，一举包揽了四项世界第一：大桥两索塔间跨度1176米，跨峡谷跨度世界第一；首次采用塔、梁完全分离的结构设计方案；首次采用岩锚吊索结构，并用碳纤维作为预应力筋材；首次采用轨索滑移法架设钢桁梁。

通车那天，村民们自发聚集在半山腰，把苗鼓敲得震天响。对于当时正在长沙读大学的李玉娇来说，回到美丽的家乡、为家乡发展作贡献是她的梦想，而大桥的建成使她梦想成真。"路通了，村子的发展会更有希望，我想把家乡的景色介绍给更多游客。"2016年大学毕业后，李玉娇便回到了家乡，成为一名导游。

车程缩短后，交通顺畅了，不仅解决了出行问题，对国家实施西部大开发、促进民族团结、加快武陵山片区区域发展与实施脱贫攻坚战略起到了积极作用。

家庭、幸福，那村那人那些事

青山依旧，阻隔不再。矮寨大桥让沉睡的莽莽大山灵动了起来。

"到湘西，游凤凰，看大桥"成了去大湘西旅游的新风尚，矮寨大桥通车为桥下的德夯大峡谷景区带来了源源不断的客流。

交通运输部门和地方政府共同探索推进"交通+旅游+扶贫"模式，以矮寨大桥为核心，打造了矮寨奇观旅游区。

旅游区借助"中国十大最美桥梁"等品牌优势及当地古苗寨、峡谷风光的吸引力，延伸产业链条，带动周边村民从事农产品及特色产品销售、农家乐及民宿服务等。

矮寨大桥两边有两个村庄，一个叫家庭村，另一个叫幸福村。大桥开通之后，连接"家庭""幸福"。

清晨，幸福村满山满垄的绿色茶园里，村民唱着山歌采着春茶。

"今年的茶叶长势好，每天有40多个村民采摘鲜茶，每人每天

德夯大峡谷景区的苗家长桌宴

收入约100元……"近70岁的龙正全是幸福村长寿黄金茶种植专业合作社的负责人。2017年3月，他开垦了村里的荒山300多亩种植黄金茶。

每到采茶忙时，他就会请山那边家庭村的村民来帮忙。"现在交通方便了，特别是矮寨大桥通车后，很多大山里的村民都能便捷地出来务工。"龙正全说。

不远处的一家农家乐餐馆里，老板龙建鑫、施灵英夫妇俩正忙着接待前来吃饭的游客。在外打了近十年工的龙建鑫说："选择回家开农家乐真是对了，没想到啊，这几年家乡发展得这么好，通过旅游开发我们一年可以挣到10多万，比在外面打工强多了。"忙着端菜的施灵英也乐呵呵："昔日穷乡僻壤娶不到媳妇的幸福村搞旅游开发后，嫁进来好多外村姑娘。"

说起娶媳妇的事，村里的小伙们都打开了话匣子。姚元超不高不壮，做事却精干带有气场。"我是土生土长的矮寨伢儿，坡头这片海拔高，夏天旱冬天冻，穷山恶水。2013年以前到这里想买瓶水都

29

难，那时幸福村单身汉好多啊！"

随行的村民黄勇接过话茬："幸福村的幸福事每天都在发生，每天都是新的，幸福的事说也说不完，村民也将越来越幸福。"一句话说得在场的村民哈哈大笑。

来幸福村串门的家庭村党支部书记秧志银也不甘示弱："咱们家庭村也不赖，一年比一年过得好哟！"

矮寨大桥通车后，来旅游的人越来越多，不少在外打工的人回到家乡。村民石大林50多岁，以前常年在北京或吉首打工。下定决心回家创业后，他将家里的吊脚楼重新装修，开了一个小型的民宿。"去年农家乐收入大概两三万，不用去外面打工了，比之前挣得多，又能照顾老人和小孩。"

现在村民收入逐渐多了起来。秧志银表示，在大力发展集体经济，带动村民增收的同时，将有选择性地进行招商引资，引进适合家庭村未来发展、具有一定实力的旅游企业，实现乡村振兴。

中午临近，苗狮舞起来，苗鼓打起来，苗歌唱起来："村组道路户户通，集体供水有保障；光伏电站'造血'忙，土地流转'分红'高；2017村脱贫……"歌声之外，我们看到了村民热情洋溢的笑脸。充满力量的笑脸告诉我们：村里正在建设汽车营地，还准备打造花海，种植黄桃、猕猴桃，在花果香里依托矮寨旅游资源建造有特色的民宿……

以矮寨大桥为核心，周边19个村寨被纳入矮寨奇观旅游区规划。一桥飞架南北，矮寨大桥极大改善了当地交通运输条件，带动了当地人流、物流、资金流、信息流，为周边居民脱贫致富打好了底子、搭建了平台。当地干部群众因地制宜兴产业、置家业，夯实了乡村振兴的"里子"。

可不是吗？那些享受教育补助的学生是幸福的，纳入大病医疗保险的老人是幸福的，完成危房改造的农户是幸福的，不用在外奔波回家创业当老板的年轻人是幸福的，为了村民忙前忙后却越发浑身有劲的第一书记是幸福的。

　　天色渐晚，路灯亮起。在村里的广场上，有的村民在健身器材上活动筋骨，有的伴随欢快的音乐跳起广场舞，好一派乡村新景象。

（作者：郭薇灿）

威胜控股：智能计量"电"亮美好生活

幸福档案

威胜控股有限公司成立于长沙，是中国领先的智能能源计量、智能配用电与能效管理、智慧公用事业领域的物联网解决方案提供商和运营服务商。2013年11月4日，习近平总书记来到威胜调研考察，鼓励企业继续加强研发，不断创新。

威胜牢记总书记嘱托，以创新为发展引擎，不断增强技术研发实力，现已拥有多项国际领先技术，是多款产品的行业首创者。

电，点亮了万家灯火，也带来无尽的希冀和可能。

对于国产电能表事业的发展，同电打了一辈子交道的原国家电网长沙供电公司原副总工程师彭国泉深有感触。

1975年最开始工作时是用小本子抄电表，到1997年使用抄表机，再到2017年底智能电表覆盖长沙，实现远程自动抄表——彭国泉一共使用了7代抄表机。

"以前，一个人负责好几千户的抄表工作，6天时间要抄完。这是一项特别熬人的工作。"彭国泉回忆道。

现在，智能电表在长沙城区全覆盖后，他再也不用到现场去抄表了。每月1日，客户的用电数据会自动上传到系统，彭国泉只需对没有成功读数的客户进行跟踪核查。

从走街串巷地人工抄表到借助远程抄表系统自动抄表，智能电表的出现，改变了彭国泉的工作模式。

威胜控股有限公司（以下简称"威胜"），就是这种变化产生的重要参与者。1994年，中国第一只拥有自主知识产权的0.5S级三相多功能电能表在威胜诞生；三年后，威胜制造的电能表在印度尼西亚雅加达电力公司挂网运行，开启了国产电子式电能表出口的新篇章；进入21世纪，威胜生产出第一只智能物联电能表。二十多年来，威胜用智能计量"电"，点亮我们的美好生活。

万家灯火的快乐

"过去家乡的夜是单调的，大部分的夜晚是靠月光获得些许明亮。"在岳阳市新庄村村民李新民的记忆中，几十年前停电是家常便饭，不是这家电表烧了，就是那家电线着火了。

"那个年代为了送电，电工师傅经常得爬电线杆子架设线路。"李新民说，"线路就算架设好了，依然存在电力供应不足、带不动的状态。电压一低，连屋里的灯泡都不亮了。"李新民那时经常站在胡同里大喊"来电了，来电了……"。

20世纪90年代，一只由美国通用电气公司生产的电子式三相多功能电能表的招标价要近5000美元。"我们自己的技术水平达不到，只能花大价钱进口。"威胜产品经理陈红芳说，为了打破国外技术垄断，他们决心"千军万马过独木桥"。

进军电子式电能表行业，威胜的第一代产品就选择研发电子式三相电能表。但追梦路上，从来不是一帆风顺。"一没资料参考，二没技术模型，基本属于一穷二白的境地。"陈红芳这样形容当时的境况。怎么办？大伙只得铆足了劲儿往前奔。

实验、失败，实验、失败，再实验……研发团队另辟蹊径，带头研究算法，采用先进的A/D采样、数字乘法器计算技术，将模拟量转化成数字量的计量算法，终于在1994年研制出具有自主知识产权、应用数字算法的三相多功能电能表。

到2004年，威胜已经形成年产三相电能表50万只的生产能力，三相电能表市场占有率全国第一。

创新之路一旦开始，就没有终点。2008年，威胜又将目光聚焦到了关口表，在此之前，国内一直都是采购进口关口表，其稳定性、精准度更高。"国内不是没有，只是达不到要求，会产生很多计量纠纷。关口表计量是失之毫厘，谬之千里，运行的计量可到几十千伏，不精确会产生很多问题。"陈红芳解释说。

尽管不被业内看好，威胜通过改进工艺水平，经受住"雷击浪涌"的锤炼，生产出第一款0.1S级关口多功能电能表，应用于省网以及发电上网关口。

从进口到国产，从机械到电子，从星星点灯到万家灯火，威胜产品的迭代更新正是中国电能表所走过的发展历程的一个重要缩影。经历了从无到有、由弱到强的嬗变，国产电能表一路陪伴着老百姓的生活。

殷殷嘱托的鼓舞

2013年11月4日是张石容铭记一生的日子，也是威胜的高光时刻。

这一天，习近平总书记视察了威胜控股有限公司，观看产品展示，前往车间了解生产和工艺流程，与员工代表亲切交流……视察过程中，习近平总书记看得认真、问得仔细，原计划20分钟的参观时间被临时增加至近一小时。

威胜控股执行董事李鸿回忆道："总书记问我们每年投入研发的资金比例是多少，我们说占销售收入的6%。总书记点了点头，鼓励我们继续加大研发、不断创新。"

张石容当时在威胜一号厂房三楼的电装车间，正在有条不紊地忙碌着。工人们手腕上统一制式的蓝色手环吸引了总书记的目光。"手腕上佩戴的手环是起什么作用的？"习近平总书记指着张石容的手环问。

"我戴的是一个防静电手环，是释放人体静电来确保产品质量的，是我们上岗前必戴的工具。"当时20多岁的张石容没想到总书记会向自己提问，紧张之余，她向总书记认真解释了手环的作用。

总书记的关怀给张石容带来莫大的鼓舞。直到现在，那枚手环都被她好好收藏在家中，成为她工作的动力，也见证了她在威胜的点滴进步。

9年来，张石容由普通的车间操作员成长为带领70余人团队的生产管理骨干。这一路走来，张石容不知熬了多少个日夜，练就了一身"绣花"功夫。"手艺要像张石容一样精细"成了大家的口头禅。

肩上担子重了，里子也必须夯实。为了紧跟公司前进的步伐，张石容积极参加公司组织的各项业务培训。2017年，她在集团生产、技能比武大赛中获得双料第一名。同时，她利用业余时间积极学习，顺利的话，2022年7月她将拿到本科毕业证书。

"那次特别的经历，犹如指引方向的灯塔，不断激励我前行。"经过曾经那个工位时,张石容仿佛又看到了那些年在工位上努力拼搏的自己。

类似张石容的故事不胜枚举。近年来,威胜打好"内培外引"组合拳,创新人才管理和培训机制,全力构建产业人才技能提升体系,研发投入占销售比由原来的6%提升至如今的9.2%。"全员创新,全面创新"的创新氛围日益浓厚,为威胜的发展注入源源不断的活力。

不断突破的成就

"空调用电量6.2千瓦时,冰箱用电量1千瓦时……总用电量16.2千瓦时,比前天节约2.26千瓦时。"韶山市清溪镇的李中昌对着APP上更新的用电数据算了一下账。

"电力计量就像一杆秤。电能计量器具检定,就是为了确保这杆秤的精确。"陈红芳说,"我们的工作就是要确保每一个计量表都能精确测量,确保所有的企业与个人都不多花一分冤枉钱。"一提到计量表,陈红芳就很兴奋。我们现在感受到的智能家居生活,都离不开这些变"聪明"的智能计量表,它们就像智慧城市的"神经末梢",深入到千家万户、千店万铺,记录着我们的用能情况。

这份"斤斤计较"的背后是威胜控股对科技创新的一心一意。

每一次突破已有精准度的瓶颈,都会获得一种满足感。"我们0.2S级的高端电表,准确度为万分之二,处于行业的领先地位。"说起自家的拳头产品,陈红芳很是自豪。

为了研制出这款产品,研发团队做了成百上千次的实验,电表的抗雷击标准从4000伏提高到4400伏。

威胜的自动校验检测线

2017年12月27日，永州市新町村王银生家的智能电表完成施工接线并送电成功，湖南省实现了智能电能表全覆盖的目标。一张网、一只智能电表、一个移动终端，这种模式就是现在的我们更为熟悉的"互联网+电网"。

"互联网+电网"最直观的好处是再也不用等待抄表员入户抄表了。企业和居民都可以通过按键查询电价、剩余金额、总电量等信息，也可以通过手机APP对历史电费、用电量等详细数据进行查询。

如今，无论是在城市，还是农村、县城，打开手机APP一键缴费成了大家心照不宣的默契。

万物互联的愿景

2022年春节，在长沙县老家过年的陶金霞接到电力公司的电话，说她家水表走数不正常，水管可能出现了问题。

水管不正常为啥是供电公司来通知？来不及细想，陶金霞立马赶回家，发现卫生间水管裂开，水不停地外漏。幸亏发现及时，不然肯定得"水漫金山"。

"谢谢你们！让我们平安过了个好年。"当陶金霞致电电力公司表示感谢时，才搞清楚原因。原来她所在小区2021年做了"多表合一"信息采集，供电公司技术人员从集抄系统发现她的用电量和用水量出现了异常，猜测她家水管出了问题，这才有了那通电话。

"多表合一"信息采集，不是把电、水、气、热等计量表变成一块表，而是通过统一和规范现有集抄标准、通信、设备等技术系统，在大面积推广智能表计和广泛应用用能信息采集系统的前提下，实现多种能源表的统一抄收和管理。简而言之，就是利用互联网、大数据把以前分散的抄表渠道加以统一、整合，最终形成新的服务模式。

陈红芳举了个例子："现在我们生产的物联表能够获取一个家庭的用水数据，回传给云端数据库。经过算法计算，如果发现独居老人家中突然用电量和用水量突发异常，便可依此判断老人发生了突发状况需要帮助。"

"再比如，我们能够通过手机查到家中的用电情况。如发现家中电器没关，可通过远程进行干预。除此之外，可以通过手机APP获取家庭里每一件电器的用电量详单，由此帮助用户掌握用电情况，为人们提供适合其生活习惯的用电节电建议。"

万物互联时代，从"用上电"到"用好电"，科技创新可以让一块水表、一块电表发挥意想不到的价值。

时下，遍布城乡的湖南电网，正以前所未有的高度、长度和宽度，温暖千家万户，点亮新时代美好新生活，为湖南落实"三高四

南网单相智能物联电能表走进千家万户

新"战略定位和践行新时代的使命任务提供强大动能。

"精确计量、透明消费、智能服务",智能物联电能表让每座城市、每个社区、每家企业、每户家庭切实体验到"一个电表让服务随心而至、万物触手可及"时,这就是智慧生活的开端。

(作者:李兵)

中南大学：创造让生活更美好

幸福档案

中南大学国家重金属污染防治工程技术研究中心重点围绕重金属清洁生产减污、重金属"三废"污染物治理等关键技术开展研究。中心发明的重金属废水生物制剂深度净化与回用一体化工艺，使废水回用率由50%左右提高到95%以上。

中南大学粉末冶金国家重点实验室主要开展粉末冶金特种材料、轻质难熔金属材料等基础科学和创新技术研究。该实验室曾为我国第一颗原子弹和第一艘载人飞船等提供上百种特种粉末冶金材料。其研制的航空制动产品成功应用于大型飞机。

2013年11月4日，习近平总书记到中南大学调研，考察了国家重金属污染防治工程技术研究中心、粉末冶金国家重点实验室，了解高校进行科技创新、服务国家重大战略项目情况。

梅雨时节，窗外小雨淅淅沥沥下个不停。中南大学粉末冶金国家重点实验室内，灯火通明，科研人员一丝不苟做着实验；室外，学子们打着雨伞，步履匆匆奔向课堂，追求梦想。

时隔多年，当王章维谈起中南大学黄伯云院士的科研故事和报

中南大学粉末冶金研究院

国热忱，依然心潮澎湃，激动不已。

黄伯云院士团队研发的"高性能碳/碳航空制动材料的制备技术"，实现了我国高性能航空制动材料国产化，破解"卡脖子"难题，获得了2004年度国家技术发明奖一等奖。

科研前辈的事迹犹如一座灯塔，激励着一批批科研学子前赴后继，奋勇前行。

选择：做自己喜欢的事情幸福满满

2020年，中南大学向在国外深造的王章维发出邀请。

彼时的王章维已经在海外留学多年，是德国马普学会钢铁研究所洪堡学者。年仅32岁的他，在合金设计和强韧化机制研究等领域取得了一系列突出的原创成果。

接到来自本科母校的邀请后，他没有丝毫犹豫，毅然选择回国。

王章维清楚地记得，来中南大学报到的第一天，学校人事处工作人员问他的第一句话不是工作要求，而是关心他生活上有什么需求。这让他心里暖暖的，好像回到了家一样。

为了满足科研需求，他想订购一台特殊的电子显微镜，尽管花费不菲，但没想到一申报学校就批了下来，经费随即拨付。经费充足、设备齐全、对青年科技工作者的信任和支持力度大，学校良好的科研氛围让王章维可以全身心投入自己的研究。

传承：赓续科研血脉，突破技术瓶颈

王章维的足迹，同他的偶像黄伯云院士有些相似。

时针拨回到二十世纪八九十年代，那时园内的科研条件和环境，与现在相比，差别很大。

1988年，黄伯云携全家回国，专注航空领域飞机制动系统材料方面的研究。

放弃上千美元工资，回国拿着100多元人民币工资的黄伯云无怨无悔。回忆往事，黄伯云接受采访时曾说过："国家的需要永远是第一选择，作为知识分子，把才智奉献给自己的国家和人民，才是一种真正的幸福。"

从前，我国的航空航天事业一直受制于外国技术，很多造飞机的零部件只能从其他飞机身上"拆东墙补西墙"。飞机刹车片材料是航空核心材料之一，西方发达国家对此一直保持技术垄断。经过多年努力，黄伯云带领团队研发出"高性能碳/碳航空制动材料的制备技术"，结束了中国飞机得靠进口刹车片才能"落地"的历史。

凭借该项技术，黄伯云本人当选2005年度"感动中国"十大人物。

这个时候的王章维还在读高中，喜欢关注国家大事的他，被黄伯云院士的爱国情怀和科研精神深深打动，一颗科研报国的种子在他

国产C919大飞机机轮刹车用C/C复合材料

心里悄悄萌芽。

　　在黄伯云院士的感召下，王章维在高考时毫不犹豫地填报了中南大学。他的想法很简单，就是想离优秀的人更近些，希望将来自己也能成为像黄伯云院士那样优秀的人。

　　2006年，王章维如愿进入中南大学粉体材料科学与工程专业学习。

　　大学四年，王章维和同学们多次参观中南大学粉末冶金研究院的陈列室，看着前辈们的赫赫科研功绩，他的内心一次又一次被深深震撼。

　　2012年，王章维远赴美国深造，攻读博士。某种程度上说，这也是一种传承。

"当年，黄伯云院士也是去美国深造，后来取得了硕士和博士学位。"王章维笑着说，前辈的一些事迹，对年轻人的价值观和人生观影响很大，他这是在追寻科研偶像成长的步伐。

2017年，在美国博士毕业的王章维，选择继续去德国攻读博士后。因为表现优秀，他成为德国马普学会钢铁研究所的洪堡学者。

"师恩难忘，无论是在国内还是在国外，中南大学的科研文化和传统，一直激励着我不断成长。"王章维说，2020年，他在老师的感召和帮助下，回到了母校，接过了科技创新的接力棒。

与王章维同时期归国的张文超，也曾是中南大学的一名学子。他的研究方向，与重金属污染防治有关。

"上大学时，有时会在电视里看到湖南镉污染、湘江流域重金属超标的报道，那时便在我心里埋下了一根刺。"张文超说，传承，或许就是用一己之长，解前人之忧。

如今，身为中南大学冶金与环境学院特聘教授的张文超，以电化学表界面调控为研究手段，以从源头上攻克重金属分离难的问题为目的，专攻重金属及新型有机污染物废水的电化学处理原理与技术。

在张文超看来，当前，湖南省重金属污染的整体情况得到了很大改善和有效控制，但依然存在"难啃的骨头"：相较于单纯重金属污染而言，还存在危害度更高、毒害性更强的重金属有机复合污染物。

"事实上，绝对意义上的单一污染是不存在的，污染多具有伴生性和综合性，即多种污染物形成的复合污染。"张文超表示，由于重金属具有持久毒性和不可生物降解性，与有机污染物的高毒性、生物积累性和难降解性相结合，新型有机复合污染物成为含重金属废水处理中的"逃生者"和"钉子户"。

归国后，张文超加入了中南大学柴立元院士团队，希望依托国家重金属污染防治工程技术研究中心，利用"电化学法"这一把利剑，斩断重金属及新型有机复合污染物的流向，打好污染防治攻坚战和持久战。

创新：在创造幸福中感受幸福

"追梦之路光靠奋斗还不够，遇到艰难险阻和激流险滩，一定要有正确的精神指引，我们才能凝聚一条心，拧成一股绳，为同一个目标努力奋斗。"张文超说，在柴立元院士的带领下，他们孕育出了"向善、向美、感恩、感动"的团队文化，要求大家做善良的人，做完美的事，做感恩的人，做感动的事。

具体而言，就是应当珍惜如今的优越科研条件，对这个伟大的时代、对伟大的国家、对父母怀有深深的敬重与感谢，将感动化为行动，从而更积极地为造福国家和社会贡献出自己的一份力量。

张文超和同事们被人称为"土壤医生"。他所在的国家重金属污染防治工程技术研究中心，研发了"重金属污染场地治理与修复技术"，创新开发了铁、磷、聚羟基等多功能基团新型重金属稳定剂、微生物淋洗剂及其重金属污染场地修复技术，修复后土壤重金属浸出毒性浓度达到《地表水环境质量标准》（GB3838-2002）限值。

这些技术广泛应用于张家界镍钼矿矿区场地、湖南水口山有色金属集团有限公司污染场地、原湖南铁合金厂铬污染场地等20多项修复工程，修复面积达25.92万平方米。

该研究中心研发的"冶炼多金属废酸资源化治理关键技术"，可实现废酸回收率90%，危废量较国际现行方法削减90%以上，有效缓解了行业的"顽瘴痼疾"，荣获国家技术发明奖二等奖。

这项科研成果不只应用于湖南，在安徽铜陵有色、灵宝金城、宝武集团、山东恒邦等10多家特大型铜、锌、钢铁冶炼企业也大规模应用，并走出国门，在塞尔维亚波尔铜矿、刚果（金）等海外企业推广。

这份来自创新创造的幸福，王章维也感同身受。

在他主攻研制轻质高强钢的时候，外国的科研工作者也在进行这项研发，并且起步比他早。

王章维最终后发赶超，研制出的轻质高强钢，性能远优于国外同级别市场产品。成功的这一刻，他的自豪感油然而生。"这让我觉得，中国的青年科研工作者并不比外国的差。"王章维说。

在多个重要领域，国家对王章维研发的轻质高强钢均有需求。他举例说，如果这种又轻又强（硬）的材料用于制造汽车车身，将有利于节能减排，推动能源革命，实现"双碳"目标。

"特别是新能源车以后如果使用轻质高强钢材料，将大大缓解'续航焦虑'，"王章维说，"车身轻了，油耗就小了，碳排放也就少了。"

在王章维看来，今天这么好的科研环境，得益于祖国的发展，得益于科研前辈打下的基础。接力棒一棒棒传了下来，年轻一代的科研者应该更加努力，奋勇前行。

"在科研的路上，与国外相比，我们以前是追赶，慢慢实现了领先和超越。"王章维坦言，从科研硬件上来讲，有些人可能存在固有认知，一直觉得国内比国外差。但其实我们自己的国家级平台、国家级重点实验室里面的部分硬件设施，与国外相比，甚至更好更先进。

一代人有一代人的使命，从追赶到领跑，科技创新让生活更美好。在传承与创新中，在日新月异的变化中，他们一步步创造着幸福，也感受着幸福。

（作者：潘锦）

城陵矶："江湖"潮涌向东出海

幸福档案

岳阳城陵矶港，湘北门户，洞庭咽喉。对内，凭洞庭湖四水，沟通省内74个县市，把全省80%的地域与长江大动脉连成一体，物资集散范围达20多万平方公里；对外，上通川渝，下达长江及沿海各主要港口，辐射川、鄂、赣等10省170个县级以上城市。

2018年4月25日，习近平总书记来到城陵矶考察，向随行人员仔细询问洞庭湖治理项目的资金有没有到位，老百姓有没有享受到实惠。

2020年6月14日，重回岳阳城陵矶港老港码头，曾在此工作22年的80岁老人王文辉，特意穿上一件干净整洁的白衬衣。

"以前这里灰尘满天，上班时一个干净人进来，下班就成一个'黑人'出去，穿啥都是一个样。"王文辉说，"如今，扬尘、污水、噪声等都不见了，码头上还种上了树，铺上了草皮，工作、生活和生态环境都得到了极大改善，比以前幸福多了。"

2018年4月25日，习近平总书记乘船考察长江，来到位于长江沿岸的岳阳市君山华龙码头及城陵矶水文站等地。习近平总书记勉励大家继续做好长江保护和修复工作，守护好一江碧水。

次日，在深入推动长江经济带发展座谈会上，习近平总书记强调，要坚持新发展理念，坚持稳中求进工作总基调，坚持共抓大保护、不搞大开发，加强改革创新、战略统筹、规划引导，以长江经济带发展推动经济高质量发展。

殷殷嘱托，声声入耳；绵绵厚望，念念于心。三湘四水，巴陵大地，全面吹响长江经济带向生态优先、绿色发展进军的号角。

湖南城陵矶新港区地处长江经济带"黄金水道"咽喉部位，落实总书记要求责无旁贷，他们以实际行动为长江经济带的高质量发展注入源源不断的"绿色动能"。

绿色动能一：一颗胶囊能"治病"

长江，从"世界屋脊"遥远雪山走来，向东海奔去，在湖南岳阳入华容出临湘，蜿蜒163公里。湖南既是东部沿海地区和中西部地区过渡带，又是长江开放经济带和沿海开放经济带结合部。

城陵矶港则是湖南的"明珠"。

阳春三月，春和景明。驻足在城陵矶港，江水碧波万顷，岸上草木繁盛。

以前并没有如此美景。为守护好一江碧水，湖南于2019年6月启动建设城陵矶港环保提质改造项目。

城陵矶港是湖南最大的水铁联运、水水中转、干支直达的干散货枢纽港，也是全国内河主要枢纽港之一。由于历史悠久，原港区内设施陈旧，环保问题突出。"以前货物露天堆放在港口，晴天一身灰，雨天一身泥，后来一颗'胶囊'解决了问题。"顺着岳阳城陵矶港务有限责任公司办公室主任盛正伟所指的方向望去，映入眼帘的是一个银白色的大棚。从栈桥上俯瞰，它宛如一颗巨型胶囊。伫立在长江岸边的这座巨型"胶囊"仓库，已是城陵矶港的新地标。

盛正伟介绍，该散货大棚长470米、宽110米、高46.5米，是目前全省同类型单跨跨径最大、最高的网架结构散货料仓，也是长江流域首个巨型"胶囊"形散货仓库，单跨跨径位居全国第二。

2022年3月23日，天空飘着绵绵春雨，风扬起了港口内树木的枝条。"退还岸线，让绿色成为长江岸线最美的风景，是城陵矶港守护好一江碧水的决心。"盛正伟说，城陵矶港已经退还岸线300余米，沿岸都种上了树木，港区绿化率达35%。如今的城陵矶港已是郁郁葱葱，绿树成荫。

沿着岸线走去，城陵矶港的作业过程简约、高效、环保：到港船舶货物经卸船机降尘，通过廊桥皮带机运输至全封闭散货大棚，再通过堆料机、取料机等装到火车上，整个作业过程全封闭，无撒漏落江，无扬尘污染，无雨水冲刷，有效解决了环保问题。

"胶囊"项目在不重建、再改造的基础上，使城陵矶老港换新颜。盛正伟说，该项目选用了微动力除尘导料槽设备，通过多级抑尘、除尘喷洒系统的协调工作，避免粉尘的外溢，实现了全环保设计，污水零排放。"没有扬尘，雨水、污水被污水处理厂处理后，可用于浇花浇树，达到污水零排放。"

为了达到"零"污染，城陵矶港还对卸船机进行全方位升级。"现在采用的是桥式卸船机，相较于以往的门座式吊车，可以大大减少铁矿石等散货在卸船过程中的撒落。"盛正伟说。现在，港口1.5小时便可完成一列55节车厢、3500吨散货装车，效率提升近70%的同时，装卸成本降低了25%。

百年城陵矶港由"散、堆、撒"露天作业华丽变身绿色型、集

城陵矶港的新地标——巨型"胶囊"仓库

约型、高效型现代化港口。2021年，城陵矶港进出港量达到了2538万吨，同比增长超过25％，真正实现了长江经济带绿色发展的要求。

绿色动能二：和世界做生意，黄金水道的新玩法

"作为港口，城陵矶港已经存在100余年了。"已在城陵矶港口工作数十年的湖南省港务集团有限公司常务副总经理尹显东讲述着历史。1899年，清政府在湖南设立海关，选址就在岳州城陵矶。设关开埠和外国人做生意，城陵矶勇敢地迈出第一步。

穿过历史的烟云，曾经百废待兴的城陵矶港从1899年驶向未来。

1997年5月31日11时，洪都拉斯籍"昶远"号外轮满载货物驶离城陵矶外贸码头，顺江出海，直航日本名古屋港。从此，岳阳开辟了一条走向世界的水上通道，城陵矶港张开了拥抱世界的双臂。自首航后，1997年9月4日，城陵矶港又迎来了巴拿马籍"TONA"号货轮，1998年5月11日，继迎巴拿马籍海轮"泰展"号。

"百年来，我们都是湖南省外向型经济的'桥头堡'。"尹显东满脸自豪，"我们从专业化、现代化发展的开端起步，到步入新世纪，已经迈进具备集装箱、大宗散货、滚装等货种运输的综合性发展阶段。直到今天，城陵矶港成为湖南省'一带一路'的'桥头堡'，是湖南目前唯一一个绿色循环低碳试点港口。"

时光永不停歇，百年江湖，风云际会。当时光的列车停靠在2020年4月25日时，长江"胶囊"落成，城陵矶新港——这座中国最大的内陆港口，以崭新的面貌，在世人面前惊艳亮相。

汽笛声轰鸣，城陵矶港再次出发。

2020年，一艘满载156吨东北玉米的集装箱货船抵达湖南城陵矶国际集装箱港。随后，通过车辆运至岳阳北站，再经集装箱班列发往怀化西站。这是湖南城陵矶国际集装箱港启动的第一批集装箱水铁多式联运，标志着湖南省首个铁路无轨站——城陵矶国际港铁路集装箱无轨站建成启用。

2021年，湖南城陵矶新港区进港铁路支线建成，湖南城陵矶新港港口物流园（多式联运示范工程）正式启用，铁水联运"最后一公里"完全打通。自此，城陵矶港实现了铁路箱可以走海运、海运箱可以走铁路的无缝对接，意味着岳阳港口腹地延伸至云、贵、川等地，为湖南融入长江经济带建设发挥重要作用。目前，岳阳城陵矶新港有限公司已与中远海运、湖南远洋、湖南华航、华光源海等十余家航运公司达成深度合作。

风从海上来，更多的机遇正朝着湖南城陵矶新港区涌来。

岳阳城陵矶，与南京燕子矶、马鞍山采石矶并称"长江三大名矶"，是"长江八大良港"之一。尹显东说："我们的目标不再是洞庭湖，也不仅仅是长江流域，'水水''水铁''铁水''铁海'等联运方式已经打通了城陵矶的'任督二脉'。现在，海洋就是我们的向往。"

"向东，我们开通了城陵矶至武汉海轮航道，开辟了城陵矶至上海、宁波的'五定班轮'，与岳阳至东盟、岳阳至澳大利亚的航线接力，顺畅连接起21世纪海上丝绸之路；向西，'水水''水铁'辐射云、贵、川、渝地区；向南，城陵矶至香港、澳门实现常态直航，打通华南内贸循环，连接大湾区物流通道；向北，融入湘欧快线通道，对接丝绸之路经济带；向西北，与甘肃武威保税物流中心合作，开通'城陵矶'号专列，开辟非洲和东盟进出口货物新模式。"尹显东说，城陵矶港是长江沿岸十个亿吨大港之一，也是长江航道向内陆方向上最后一个一类口岸。城陵矶已开通至韩国、日本等国家，还有至台湾地区的航线，万吨海轮可直达城陵矶港。加快建设国内国际双循环物流通道是城陵矶践行长江经济带绿色发展战略的具体实践。

"要让地处长江经济带的企业和人民将生意做到全世界。"

为了实现这个目标，湖南城陵矶新港区也在不断创新、实践多项优惠政策。全省首推了"进口调味品通关便利化"制度模式，为企业带来了时间和费用的"双减"，仓储费用每年减少300万元以上；实施口岸查验区港一体化模式，节约查验时间1—3个工作日；落实综保区包装材料循环化利用制度，一年来为区域内加工贸易企业节约成本1300万元；扩大第三方检验结果采信制度和机构范围改革，每年为汽车进口商节约转场检验运输费用约400万元，缩短检验时间2/3以上……

现在的城陵矶港，对内，可凭洞庭溯四水，沟通省内74个县市，把全省80%的地域与长江大动脉连成一体，物资集散范围达20多万平方公里；对外，可上通川、渝，下达长江及沿海各主要港口，辐射川、鄂、赣等10省170个县级以上城市。近几年来，城陵矶港货物吞吐量的增幅连续保持长江内河港口第一。在新冠肺炎疫情全球肆虐的环境中，城陵矶港各项经营指标逆势上扬，由2009年集装箱吞吐量不足4万标箱，到2021年已飙升至60.06万标箱，完成进出口总额528.6亿元。

绿色动能三："双区"比翼齐飞，为长江经济带绿色发展注入新动能

2021年9月30日，对于湖南城陵矶新港区而言，是值得铭记的一天。

穿过烟波浩渺的江面，一艘满载着进口大米和棉籽的大型船舶抵达城陵矶港。中粮国际（北京）有限公司和岳阳恒盛冷链物流有限责任公司工作人员驾轻就熟地完成报检、报关、清关等既定流程。

唯一的"意外"，是申报时多了一个选项。勾选"进口转关货物内河运费不计入完税价格"选项，总价65.45万美元的货物，在扣除了货物价格中的内河段运费2万美元后，企业可少缴纳税款1.2万元人民币。遵照此项制度，该企业一年便能降低成本150余万元人民币。这是中国（湖南）自由贸易试验区岳阳片区（以下简称"岳阳自贸片区"）"进口转关货物内河运费不计入完税价格"创新措施首次在中国落地实施。

制度创新的岳阳自贸片区为湖南城陵矶新港区插上翅膀。而于2016年正式封关运行的岳阳城陵矶综合保税区则成为新港区推动开放型经济的翅膀。当好岳阳长江经济带绿色发展示范区的先行者，湖南城陵矶新港区自贸区与保税区"双区"比翼齐飞。

2021年12月10日，由岳阳自贸片区和岳阳陨石商贸有限公司共

湖南城陵矶国际集装箱港

同举办的第二届"岳阳好物直播嘉年华活动"正式启动。一年时间之内接连举办两届好物节，60天内便创造了2亿元的销售业绩，并引进箱包、服饰、电子产品等各大畅销品类优质供应商100余家。

"选择入驻自贸区，做这个决定是很简单的。"岳阳陨石商贸有限公司总经理易乐说，"自贸区在政策红利、人才、培训等方面都大力扶持企业发展，还针对电商的行业特点，将政策优惠延伸至整个供应链上，可以说这对整个行业都有促进和提升作用。"

政策红利下，58科创、云端数字经济园等跨境电商，网络直播、数字经济、平台经济项目陆续进驻，新经济、新业态成为带动绿色发展的新动能。

而在实现长江经济带绿色发展示范区建设的目标上，湖南城陵矶新港区有着更大的雄心和蓝图。

去冬今春，湖南城陵矶新港区数字经济频频"出圈"：先有湖南圣尧智能科技有限公司亮相冬奥会，为张家口赛区提供数字保障、旅游保障系统和智慧服务系统建设；后有为省属国企数字化转型三年行动方案提供技术支持主体的湖南工业智能体创新研究院有限公司落户新港区，年底该公司便实现营业收入9617.79万元。

据相关负责人介绍：数字化应用是"高标准建设长江经济带绿色发展示范区、奋力打造湖南高质量发展增长极、积极当好内陆地区改革开放先行者"的现实需求。

与此同时，传统制造业也发生着翻天覆地的变化。道道全食用油加工仓储物流综合建设项目引进开发了我国油脂加工领域最先进的智能装备与信息化系统，整个厂区真正从事一线生产的工人不到100人。行走在厂区内，一边是道道全摆放在展厅的古老榨油设备"木龙榨"，一边是繁忙的智能车间。时光交错之间，技术升级带来的颠覆性变革清晰直观地呈现在人们眼前。

乘着东风，湖南城陵矶新港区迎来一批优质企业入驻。

新金宝集团年产1300万台喷墨打印机项目于2020年1月在湖南城陵矶新港区正式量产。作为世界500强技术型企业，新金宝集团是全球电子信息领域的知名领军企业之一。

紧随其后，世界通信领域领军企业华为公司宣布将华为4G基站、小型基站、基带板、存储器、基带处理模块、电源模块、BBU（基带处理单元）等核心技术制造项目落户到岳阳，并视项目推进情况，将5G基站等高端产品迁入。该项目全面建成后，有望带动近千家高科技配套企业落户岳阳，实现年产值1000亿元以上，岳阳将成为华为4G/5G终端产品的重要生产销售基地。

行业领军企业的进驻，产生了强大的聚集效应。2021年，湖南城陵矶新港区新签约产业项目91个，合同金额603亿元，其中10亿元以上项目13个，三类500强企业2家（汇川技术、中集世联达），攀华、鑫源链、海铭德、卂龙等44个重大项目投产。

时光荏苒，斗转星移，湖南城陵矶新港区发生了翻天覆地的变化，从曾经的"百年老港"发展成为"开放门户""产业高地""活力新港"。今天，湖南城陵矶新港区正在"创新引领、开放崛起"的大潮中，继续书写长江经济带发展的绿色答卷。

（作者：肖懿　胡铮）

华龙码头："江边人家"各有各的幸福

幸福档案

华龙码头位于岳阳市君山区的长江沿岸。2018年4月25日,习近平总书记视察华龙码头时,作出重要指示:"继续做好长江保护和修复工作,守护好一江碧水。"

如今,复绿工作取得了积极进展,岳阳市共完成岸线绿化2万多亩,码头岸线复绿率达100%,初步建成兼具生态功能和景观效应的"绿色长廊"。华龙码头江豚跃舞,河滩复绿,生机尽显。

3月的华龙码头草甸青翠,一江碧水沐浴在和煦春光里,波光粼粼,倒映着湛蓝的天空,一碧万顷。正是江水回暖之时,江上浅滩处,鹭鸟驻足停歇,几只绿头鸭在水中嬉戏。

"晴朗的夜晚,这里的星空特别好看,满天星光,能清楚地听到江豚在水中跳跃的声音,还有周围草丛里的虫鸣蛙叫,那是非常让人陶醉的时刻。"巡长江志愿者周辉军深深地爱着华龙码头这片江边的"世外桃源"。

林阁老巡护监测点是湖南东洞庭湖国家级自然保护区管理局设在长江岸线的唯一监测点,周辉军是这里的巡护员。每天步行万米来

58

回巡护，周辉军早已与这里的草木虫鱼为友，特别是江豚。闲暇之余，周辉军总爱吹起口哨陪伴这些可爱的"水中精灵"，听到他的口哨声，江豚便会循声而来。

"江豚对这种高频声音很敏感，特别是年幼的江豚。只要听到我的口哨，小江豚就会从远处游来，冒出水面转圈圈，成年江豚也会过来露一面再游走，就像和老朋友打招呼。"寒暑易节，周辉军最期待和江豚见面，"现在只要天气好，我就会吹起口哨，看能不能见到'好朋友'。"

长江江豚是一种古老的水生哺乳动物，在地球生活已有2500万年，被称为长江生态的"活化石"。

和江豚成为好朋友，不是一朝一夕能做成的事，这一切要从岳阳保护长江岸线生态环境这一历史新起点开始说起。

微笑天使：喜看儿时豚、鸟今又来

江豚，周辉军从小就熟悉。

周辉军的家就在华龙码头两公里外的村子里，他对这里的一草一木尤为熟悉。他忆起年少时，那时华龙码头还只是个小渡口，父母常在附近的芦苇场里工作，渡口就是他和小伙伴们的游乐场。那时江里有好多江豚，小伙伴们都喜欢沿着江边跟着江豚跑啊，跑啊，总想弄清江豚回家的方向，累了就躺在芦苇丛里听鸟儿歌唱，渴了就趴在江边猛吸一口江水……

然而，大约自2011年开始，华龙码头50亩大小的区域内模样大变：一个集砂石采集、搅拌加工为一体的混凝土加工场迅速建起，机器日夜轰鸣，尘土飞扬，江水浑浊，江豚及鱼禽四散而逃。由于常年

巡长江志愿者周辉军

沙砾成堆、大片土地裸露在外，从卫星地图上看，华龙码头就像一个偌大的"伤疤"。

直到2017年7月，岳阳市全面实施长江岸线专项整治、洞庭湖生态环境综合治理，取缔沿长江岸线和洞庭湖君山水域原有的39个非法砂石码头，并开展复绿工作：回填土方、植播草皮、撒播草籽……复绿面积达19.3万平方米。如今，非法砂石厂已不见踪影，砂石码头变身为湿地，芳草萋萋，芦苇茵茵，水鸟翔集，一派生机盎然。消失很久的江豚及鱼禽又回来了，豚跃长江的景致再次出现。

复绿后的华龙码头，春可踏青，夏可观豚，冬可看鸟。

周辉军翻开手机相册，点开了一张珍贵的照片，那是他在2019年一个晴朗无风的日子里抢拍的：当时他站在监测站台上对着江面吹口哨，一时间竟有8头江豚一跃而起，互相追逐，场面蔚为壮观。他拿出手机记录下了这些长江"微笑天使"的身影。

"江豚对水质和环境的要求很高。经过整治，华龙码头现在水清岸绿、空气清新，天气晴好的时候，经常可以看到江豚浮出水面腾跃的身影。"周辉军止不住地称赞。随着长江岸线生态环境的改善，如今的华龙码头已经成为江豚最佳观测点，大家都叫它"江豚湾"。置身其中，周辉军仿佛又看到了童年时和小伙伴们在江边追逐江豚的美好情景。

上岸渔民：变身"职业晒鱼人"，开辟致富新路

十年禁渔，方才有鱼。

岳阳水域辽阔，渔业水域面积475.16万亩，江河流域长度1331.8公里，长江干流湖南段163公里全程在岳阳境内。自古以来，岳阳沿江沿湖沿河居民就有捕捞的习惯，正因为如此，境内江河之中水生生物资源逐渐衰竭。

李德发，家里三代人以捕鱼为生。1982年，李德发随父亲从湖北石首到洞庭湖打鱼。对于渔民的儿子来说，船是让人安心的地方，李德发精心布置了自己的渔船：在窗户上贴着红色窗花，船头摆着塑料泡沫箱，里面种满了小葱、香菜，晾上鱼干，船就是他的家。

他做梦也没想过，有一天自己会告别渔船，从"职业捕鱼人"变成"职业晒鱼人"。

大半辈子都在向洞庭湖要资源的李德发，越到后来越发现，靠水吃水，终有吃尽的一天。2017年，李德发贷款15万元在六门闸社区生态渔村购得楼房，开始一边捕鱼，一边晒鱼干，准备着手上岸。

2019年12月27日，《农业农村部关于长江流域重点水域禁捕范围和时间的通告》发布，长江干流和重要支流除水生生物自然保护区和水产种质资源保护区以外的天然水域，最迟自2021年1月1日0时

起实行暂定为期10年的常年禁捕,其间禁止天然渔业资源的生产性捕捞。

2020年12月31日,湖南省长江流域重点水域"十年禁渔"全面启动仪式在岳阳举行。

李德发从区渔政部门工作人员的宣讲中得知国家要保护长江、洞庭湖禁捕退捕时,第一个主动交出了渔船、渔具。看着那条20多米长的红色渔船被工作人员引领驶远,李德发不禁感慨:"湖上捕鱼38年,这一天真的上岸了。"

潮涌恰逢赶潮人,风好正是扬帆时。

六门闸社区挨着东洞庭湖自然保护区,全面禁渔后,当地政府投入40余万元建起了特色晒鱼长廊供商户使用。李德发把在株洲工作的女儿和女婿叫回来,准备认真做好"发哥风干鱼"品牌。但棘手的问题又一次摆在他面前:之前,做风干鱼的原材料都是洞庭湖捕捞的野生鱼,禁渔之后,急需找到新的原材料来源。

君山区渔政部门听说了李德发的困难后,迅速积极对接原材料市场。在渔政部门的牵线搭桥下,李德发和海吉星水产市场打通了家养鱼的进货渠道。有了稳定的原材料来源,他开始有规模地做起风干鱼生意。

上岸渔民刘平家的"网红"风干鱼生意也做得风生水起。女儿刘静2008年从北京回来后,一直在君山开饭店。渔民上岸后,君山区政府积极为上岸渔民提供就业服务,开设了风干鱼制作培训班,并制定出一系列转型就业的优惠政策。刘平和女儿刘静也在政府的推动下做起了风干鱼生意。

2020年初,新冠肺炎疫情暴发,刘平家里堆了近50万元的货销售不出去,这让他和女儿不得不重新考虑销售渠道的问题。

一次在家刷抖音时,刘静看到网上有人用拍摄短视频和直播的方式销售自家农产品，便开始了解、学习直播相关知识。不久后，她正式开始了直播带货之路。

很快，"地标产品＋IP特色"的直播思路和模式让刘静看到了效果，源源不断的粉丝进入直播间，刘静将风干鱼卖到了全国各地。

父亲刘平退到了女儿身后。在渔政部门的号召下，刘平与一众曾经的渔民成立了护鱼队，日常开展湖面巡查，遇到涉渔违法活动及时制止，搜集证据并上报。

2020年10月，"六门闸风干鱼"正式获批国家地理标志证明商标，成为君山区钱粮湖镇一张闪亮的名片。

江边的村民们：腰包越来越鼓，日子如芝麻开花一节节高

3月18日，天刚蒙蒙亮，君山区柳林洲街道蓝凯生态种养专业合作社的虾农伍三林一大早就来到虾稻田里收地笼。哗哗的水声中，一笼笼肥硕饱满的小龙虾被拉上来。眼下正是小龙虾上市的季节，伍三林120多亩"水稻—小龙虾"共作种养的首批小龙虾也上市了。

早上8点左右，伍三林把小龙虾运到小龙虾交易点，由工作人员根据小龙虾的个头、品质进行分拣、打包，最后发货到广州、南京、上海等地。

分拣出的小龙虾个个膘肥体壮、色泽亮丽。稍不注意，小龙虾就溜出了笼子。伍三林抓起两只虾，展示给大家看："我们在挖池子时就种植了水草，十分注意保持水质的干净。你看，小龙虾不光肥美而且底板很干净，在市场上也很受欢迎。"

这段时间，虾农们每天十分忙碌：半夜起来收地笼，赶早把虾

捕上来、卖出去；稍做休息后，又开始了补笼、扎漏……这份丰收的忙碌让他们感到欢喜。

"去年冬天包括春节期间的天气比较暖和，小龙虾长势不错，产销两旺。我们大年初六就迎来了'开塘红'，中虾一斤38元、大虾一斤达到50元，现在每天出虾量在800斤左右，开捕到现在已经卖了20余万元。"蓝凯生态种养专业合作社负责人汤志凯说，"再有10来天就迎来捕捞旺季，每天出虾量能达到1500斤。"

君山区的小龙虾是利用稻田冬闲期养殖的，虾稻田在5月迎来插秧期，种稻养虾两不误，实现"一水两用、一田双收"。

"虾稻共作"模式是种植技术和养殖机制的结合，一方面小龙虾吃掉害虫，排泄的粪便成为水稻的有机肥料，稻田不打农药、不施化肥；另一方面，将水稻收割后的秸秆粉碎还田，成为小龙虾的养殖饲料，龙虾和水稻的品质都得到提升，从而增加亩产效益。

"再过几天第一批小龙虾就会大量上市了。5月份种植水稻，水稻长好后，我们再投放一批虾苗；9月份收割水稻后再投放第三批虾苗，所以一年四季我们的稻田都有收益。"芦花洲村虾农方有文乐呵呵地说。

好水好草养好虾，钱粮湖镇如今已然升级成"龙虾小镇"。钱粮湖人养小龙虾的自信，正是依托于洞庭湖的优良环境和水源丰富等优势条件。目前，钱粮湖镇已建成龙虾养殖基地7.15万亩，打造的龙虾集散中心，日交易量可达580吨，销售辐射周边20万亩，加上规划建设中的龙虾主题公园、龙虾城、龙虾主题民宿，产业融合发展的"龙虾经济"步子更大、特色更鲜明。

"虾稻共作"开出致富之花，"科技种菜"也不落后。

"放在5年前，做梦都没想到自己会成为有车一族。"1月17日上午，君山蔬菜科技园农民张兴有将崭新的越野车稳稳地停在家门口，老婆赵庆祝和两个孩子围着新车，这里摸摸，那里瞧瞧，心里都乐开了花。

张兴有同样抑制不住内心的喜悦，他心里默默盘算了下：家里不光脱了贫，还发了财，买新车花了14万多元，手上还有余钱剩米，这不就是致富奔小康了吗。

张兴有原来是云南省昭通市昭阳区的贫困农民。5年前，一家四口受泰和集团的邀请来到"瓜菜小镇"君山蔬菜科技园，享受"一栋住房、一门技术、一份产业"的扶贫待遇。来园区后，张兴有参加了农民田间学校的培训，总农艺师王安华和技术员何圆时不时手把手现场指导。几年时间，张兴有和老婆熟练地掌握了辣椒、甘蓝、黄瓜等蔬菜种植技术，他们家种的高品质"泰和椒"每亩产量达到了7000公斤。

谈起辣椒种植新科技，这位只读了一年书的山区农民说得头头是道："这里种菜与土壤关系不大，使用的是秸秆等农业废弃物制作的有机基质，大棚采取双膜覆盖，温度可以实时调控，色板和电子灯杀虫，水肥一体智能滴灌。"

种蔬菜这事儿，张兴有毫无后顾之忧，所有投入品由公司统一发放。生产出的辣椒品质优良，园区销售中心负责收购，销路不用担心，每公斤批发价格比普通辣椒高出1—4元，还供不应求。2021年，他家种辣椒的纯收入就有19万多元。

科技让农民们致富。在君山蔬菜科技园，像张兴有这样来自云南、四川、贵州和湖南湘西的农民共有50多户，近300人。2021年这里纯收入过10万元的农户就有10户，他们的日子是芝麻开花——节节高。

2021年，张兴有还把老家年近古稀的父母接到了园区。老两口来这里一年的时间，单独种了2个大棚的辣椒，荷包里揣了4万多元的纯收入。

有绿水青山打底，村民们的腰包越来越鼓了。越来越多的岳阳

华龙码头岸线复绿率达100%，初步建成兼具生态功能和景观效应的"绿色长廊"

人成为良好生态环境的获益者、参与者、保护者。

近年来，岳阳市将长江岸线复绿、沿江工业园区绿化，中央生态环保督察、中央生态环保督察回头看，农村"空心房"整治、村庄人居环境整治、洞庭湖生态环境专项整治等行动紧密结合，全领域、全方位推进长江生态保护与修复。

截至目前，岳阳市已累计完成岸线绿化2.4万亩，码头岸线复绿率达100%，初步建成兼具生态功能和景观效应的"绿色长廊"。

如今的长江岸线岳阳段生机勃发：江岸郁郁葱葱的树林连绵成一条翠绿的腰带，麋鹿惬意追逐于湿润的草地上；沿着江面眺望，江豚起舞嬉戏，绿头鸭结伴在水面划出道道涟漪；长脚鹬高高立在滩涂，低头饮水，梳理羽毛……水清岸绿，鱼繁鸟育，江豚起舞，麋鹿逐草，绘就了一幅美丽的生态画卷，成为长江湿地生态修复典范。

"沙鸥翔集，锦鳞游泳；岸芷汀兰，郁郁青青。"千古名篇《岳阳楼记》描绘的美景，承载着巴陵儿女对诗意自然的亲近与追求，在"守护好一江碧水"这份答卷中看到了真实写照。

（作者：叶芬）

66

东洞庭湖：动物与人类诗意地栖居

幸福档案

东洞庭湖，位于长江中下游荆江段南侧，地处岳阳市。素有"长江之肾"的美誉，是我国湿地水禽和麋鹿、江豚等珍贵野生保护动物的栖息地。

2018年4月25日，习近平总书记走进东洞庭湖国家级自然保护区巡护监测站，察看实时监测系统。总书记强调："绝不容许长江生态环境在我们这一代人手上继续恶化下去，一定要给子孙后代留下一条清洁美丽的万里长江！"

洞庭有"三宝"——天上飞的候鸟、地上跑的麋鹿、水里游的江豚。

曾几何时，这里因为采取粗放型发展模式，大量化工企业入驻，沿江百姓苦不堪言。渐渐地，鱼虾数量锐减，候鸟等野生动物面临生存危机。

保护长江刻不容缓。2016年1月5日，在推动长江经济带发展座谈会上，习近平总书记明确指出，当前和今后相当长一个时期，要把修复长江生态环境摆在压倒性位置，提出要"共抓大保护、不搞大开发"，走"生态优先、绿色发展"之路。

在这一战略指引下，近年来，湖南积极采取措施，生态环境治理成效已经初步显现。长江沿岸和洞庭湖湿地生态环境得到恢复，野生动植物数量和种类持续增加。

对于生活在洞庭湖边的人们来说，与鸟为邻，与鱼为伴，同野生动物和谐相处，这便是最朴素的向往。

张鸿：识鸟寻踪——从洞庭出发，迁飞全球各地

"鸟飞遮住半边天，鸟落占去半边湖。"

水草丰美、水域广阔的洞庭湖，历来就是鸟类理想的栖息地。

从全球看，洞庭湖处于东亚—澳大拉西亚鸟类迁徙通道的中段，得天独厚的地理条件奠定了洞庭湖在鸟类迁徙过程中的重要地位。

2022年3月28日，湖南东洞庭湖国家级自然保护区管理局副局长张鸿坐在电脑前，正通过卫星追踪系统，研究鸟类迁徙的路径。从1994年来到东洞庭湖，张鸿从事候鸟保护工作已近30年。

几个月前，两只小天鹅（国家二级保护鸟类）在迁徙途中磕碰受伤，当地村民和保护区工作人员一起对它们进行了细心救护，还给它们起了名字，分别是月月和平平。月月和平平恢复健康后，工作人员在它们身上安装了鸟类追踪器，并放飞回大自然。

"这种追踪器一般都比较轻，不会影响到鸟类飞行。"月月身上的颈环追踪器大约重25克，样子有点像人类使用的运动手表。

这款鸟类追踪器，借助我国自主研发的北斗定位系统，每隔一小时发回一次反馈信息，包括鸟类飞行经纬度位置、海拔高度、气候

洞庭湖越冬水鸟

温度，以及鸟类的运动量等，帮助工作人员及时掌握鸟类的状况。

在张鸿看来，鸟类选择东洞庭湖，本身就是对湖区生态环境的肯定："几年前在我们这里越冬的小天鹅只有大约2000只，而今年最新的数据，它们越冬种群大约有6000只。"

"追踪装置，可以给我们提供鸟类研究的基础数据。最重要的是，我们可以知道在鸟类迁徙线路上，它们的繁殖地、越冬地、停歇地以及那些重要迁徙通道在哪里，有利于我们形成联合保护的合力。"张鸿说。

回传数据显示，小天鹅月月2月23日启程北迁，平平则是3月9日启程的。但有趣的是，3月10日，两只小天鹅都出现在了内蒙古地区。

不同的鸟类，迁徙的路径也有所差异。

"2016年起，我们就在几只小白额雁（国家二级保护鸟类）身上装了定位装置。从这几年跟踪的状况来看，它们通常在每年11月左右飞抵洞庭湖越冬，次年3—4月启程北迁，途中会经过东北地区，穿越俄罗斯西伯利亚地区，飞行轨迹最远到达白令海峡。"

张鸿进一步解释，随着候鸟保护研究的不断深入，湖南与其他候鸟迁徙地区（如中国东北及俄罗斯西伯利亚等）的持续沟通与交流，让鸟类保护这张"生态网"织得更密。

候鸟的种类和数量，被视为湿地环境质量的主要标志之一。

湖南省林业局发布新一轮候鸟调查数据显示：2021至2022年，洞庭湖区越冬水鸟达40.4万只。调查人员共记录到水鸟74种，除了黑鹳等国家一级保护鸟类5种447只外，还有小天鹅等国家二级保护鸟类12种2.5万只，"三有"鸟类57种37.8万只。所记录的水鸟种数和数量，均刷新了历史纪录。

40余万只洞庭湖区越冬水鸟中，湖南东洞庭湖国家级自然保护区就占了大约23万只。这和近年来国家在长江流域大力整治污染，全面加强长江生态环境保护密不可分。

湖南各级党委、政府坚持贯彻"共抓大保护、不搞大开发"的理念，还洞庭一湖碧水。湖南东洞庭湖国家级自然保护区管理局机关人员表示："污染源治理、湿地修复、欧美黑杨清理、渔民上岸等一系列卓有成效的保护措施，使得我们的湿地质量得到提升，水质持续改善。"

环境改善后的洞庭湖，为鸟类提供了可持续的良好栖息环境。

春暖花开的3月，40余万只鸟类在洞庭湖过完"寒假"，启程北迁。如此壮美的景象，为长江沿岸人与自然和谐共处，作出了最美诠释。

麋鹿奶爸宋玉成：我帮麋鹿安家，麋鹿也帮我安家

唐代诗人白居易在题为《首夏》的诗中写道："麋鹿乐深林，虫蛇喜丰草。"

1998年长江洪水泛滥，一群麋鹿从湖北石首洄水迁移到湖南

来。这种古老而神秘的珍稀动物选择来洞庭湖扎根，繁衍生息，为当地湿地的生态多样性增添一笔神奇的色彩。

2022年3月24日，在湖南东洞庭湖国家级自然保护区的麋鹿救护中心，麋鹿点点产下了第五胎。

人称"麋鹿奶爸"的宋玉成，是湖南东洞庭湖国家级自然保护区管理局副总工程师。小麋鹿出生后，他每天都笑意盈盈。

眼前这头小麋鹿出生才3天，全靠母乳喂养，一直与点点形影不离，十分活泼可爱。

宋玉成回忆，2012年3月，保护区工作人员在巡查时，救起一头刚出生两天的小麋鹿，母鹿可能在生产时受了惊，把刚生下来的宝宝遗弃在草地上。因为小麋鹿身上有很多斑点，于是取名叫点点。它也是洞庭湖区第一头人工喂养长大的麋鹿。

麋鹿是国家一级保护动物。"喂养麋鹿幼崽是件很耗精力的事情，很需要技巧，"宋玉成笑着说，"人工喂奶，24小时不能间断，2个小时就要喂一次，方式不对它们不吃。人直接喂到嘴里是不喝的，只能把奶瓶夹在胳肢窝里，或者两腿之间，模仿母鹿，它们才会抢着来喝。"

对于宋玉成来说，每一头人工喂养的麋鹿就像自己的孩子一样，尤其是救助的第一头麋鹿点点。它活泼好动，一点都不怕人。

2016年底，工作人员将救护的一头雄性麋鹿与点点配对，从2018年开始，点点每年产下一胎小鹿，到今年已经是第五胎。

"点点的第一个孩子叫'小不点'，第二个孩子叫'小乖'，第三个孩子叫'三三'……"关于麋鹿点点的一切，宋玉成如数家珍，"现在这只还没取名呢。"动物的繁衍迁徙，生生不息，令人不禁慨叹生命的神奇。

夜宿渔船、钻芦苇荡、学习在沼泽行走……工作10年来，每一

东洞庭湖的注滋口和红旗湖，是麋鹿的主要栖息地

次开展调查、每一次救助麋鹿，宋玉成都冲在最前面。

比起坐在办公室，宋玉成更愿意用脚步丈量洞庭湖，追寻麋鹿的踪迹。

钻进四五米高的芦苇荡，宋玉成用双脚蹚出一条路，径直往深处走。"你看，这是麋鹿留下的蹄印。"在一片裸露的草滩，终于觅到麋鹿留下的踪迹，他兴奋地端起相机拍个不停。结合芦苇倾倒的范围和麋鹿的粪便数量，可以大致判断麋鹿种群的数量和活动路径。

目前，东洞庭湖的注滋口和红旗湖，是麋鹿的主要栖息地。

3—5月是麋鹿产仔的季节，鹿妈妈怀胎9个多月，每胎只产一头幼崽，"新生儿"约10斤重、80厘米高。然而，涨水期正值新生麋鹿的生长期，一旦大水漫过来，刚出生的麋鹿可能被水淹死。

宋玉成说："小麋鹿满月后能长到一米二的高度，泅水的本事也会增强不少。"

此前，宋玉成和同事们一道开展了汛期调查，摸清了东洞庭湖近200头麋鹿的汛期迁徙路线。涨水时，麋鹿为了逃生会一直往高处跑。为此，保护区在湖洲建设了两个"高地"——生境岛，供麋鹿遇水时紧急避险。

"我们只有调查清楚麋鹿的逃生路线，才能把生境岛建在对的位置上。"

宋玉成和妻子唐欢是因为麋鹿而相识。唐欢是岳阳电视台记者，在一次麋鹿调查报道中和宋玉成结识。2014年，他们结为夫妻，把家安在洞庭湖畔。

宋玉成的女儿6岁了，她从小就喜欢跟着爸爸一起探索麋鹿的秘密。"我帮麋鹿安家，麋鹿也帮我安了一个家。我想，这就是洞庭湖赐予我的缘分吧。"

洞庭渔家父子接力，守护江豚的微笑

《岳阳楼记》中描述的洞庭湖景象，如今又重现在世人面前：坐在飞驰的快艇上，沙洲上的风景在倒退，落日余晖洒在波光粼粼的湖面上，此为"浮光跃金"；偶尔停留时，清风拂过，湖面吹皱的涟漪逐渐弥散开来，巨大的湖面就像一面碧绿的镜子，是为"静影沉璧"。

何东顺是"渔三代"。他的爷爷一生在洞庭湖打鱼为生，父亲何大明延续了爷爷的生活方式。何大明熟悉洞庭湖每一个港汊，身手敏捷，天生就是一把捕鱼的好手，年轻时在这一带远近闻名。

1995年，何东顺出生在洞庭湖。在他的记忆中，小时候最开心的事情就是父亲开船，自己坐在船顶上吹着风，看着广阔的湖面。小学三年级的时候，何东顺第一次见到圆乎乎胖墩墩的江豚，父亲告诉他，这就是渔民口中的"江猪子"。

那时的小男孩或许也没有想到，未来会和江豚结下不解之缘。

二十世纪八九十年代，洞庭湖水草鲜美，水生生物资源十分丰富。然而，多年来湖区因无序采砂遭到破坏，同时网箱扎堆，鱼类栖息地生态遭到破坏，洞庭湖渔业资源持续减少。

何东顺回忆，2003年，父亲何大明在捕鱼时遇到了一对受伤、并被困在芦苇荡中的江豚母子。这一次，何大明做了一个特别的决定：他每天悉心照料这对母子，直到它们康复。

"江猪子"的生存环境受到了严重威胁，这件事触动了何大明的内心。

渔民们明白，再不择手段地捕鱼，生态环境只会越来越差，湖里终将无鱼可捕。于是，何大明和同伴一起商量，决定做一点力所能

跃出湖面的江豚

及的保护洞庭湖的工作。

他们加入环保公益组织，劝人们不要用"断子绝孙"的方式捕鱼。2015年，渔民们申请成立了湖南省岳阳市东洞庭生态保护协会。

那时，何东顺已是一名大学生，在省会长沙读书。寒暑假回到家，他都会陪父亲巡湖。

为了保持长江水生生物多样性，2021年1月1日，长江干流、大型通江湖泊和重要支流正式开始为期十年的全面禁捕。渔民上岸，开始了"人退鱼进"的历史转折。还有相当一部分上岸渔民加入护鱼员队伍，完成了从"捕鱼人"到"护鱼人"的转变。

大学毕业后，何东顺辞掉长沙的工作，向父亲郑重提出，要回到洞庭湖，继续生态保护事业。

上阵父子兵，何大明感到很欣慰。他知道何东顺回来，是希望为母亲湖护出一个更好的未来。

2021年渔民上岸后，何东顺发现有大量渔网遗弃在洞庭湖，水退之后，沉在湖洲上的渔网通常和湖草搅在一起，鸟觅食时非常容易因被渔网缠住受伤。他带领协会成员在洞庭湖自然保护区内寻找被遗弃的渔网，找到后剪掉或烧毁。

在何东顺父子的努力下，2021年，洞庭湖煤炭湾水域建立了东洞庭湖黑鹳流动守护站。这种被誉为"鸟中大熊猫"的国家一级保护鸟类全球大约仅3000只。"去年冬天，我们发现有100来只黑鹳在这里栖息，包括东洞庭和南洞庭，这是个令人惊喜的数字。"

何东顺向父亲建议，保护工作范围应当慢慢扩大，逐步扩展到生物多样性保护、船舶空气污染防治等领域；关于生态环境公益宣传的工作也要着手做起来，要带领小朋友从小就认识洞庭湖，热爱大自然。

"年轻人青出于蓝，有想法，有干劲！"何大明笑呵呵地说道。

何东顺透露，现在洞庭湖大约有120头江豚，而在2006年左右，只有85头左右。

得益于多年的巡护，只要何东顺下湖，就知道能在哪儿看到江豚。

"通常它们都有自己的领域，每天下午的时候游玩的范围会广一些，这时候下湖比较容易发现它们的踪迹。"江豚一般4—7月产仔，一胎通常只生一头。何东顺盘算着，过段时间，说不定又能看到小江豚了。

何东顺希望自己能继承父亲的衣钵，终生以保护洞庭湖为事业。同时，他也想象着不久的将来，找对象结婚生子，等孩子长大了，他也带着孩子去巡湖，去看"江猪子"。

"小朋友长大了，我就鼓励孩子做洞庭湖生物多样性研究。我们每一代人，都要把我们的母亲湖守护好。因为，这是我们的家。"

渚清沙白鸟飞回，麋鹿飞奔江豚跃。

大江东流，奔腾不息。洞庭湖边，绿意盎然。

这幅"诗意地栖居"的生态画卷背后，是湖南坚持"共抓大保护、不搞大开发"，坚定不移走"生态优先、绿色发展"之路的有效实践。

人不负青山，青山定不负人。我们有理由期待，这样一幅水清岸绿、河畅景美、人与自然和谐共生的画卷会变得越来越生动，越来越美好。

（作者：李璐）

沙洲村：延续"半条被子"的荣光

幸福档案

郴州市汝城县文明瑶族乡沙洲瑶族村是"半条被子"故事的发生地。2016年10月21日，习近平总书记动情讲述了"半条被子"的故事。

念兹在兹，近四年后，2020年9月16日，习近平总书记考察湖南的第一站，便来到沙洲瑶族村。红色热土沙洲，"半条被子，温暖中国"，这是初心的暖、民心的暖、幸福的暖。

"半条被子"的温暖感动中国，而故事的发生地沙洲瑶族村（以下简称"沙洲村"）则成为见证共产党人初心的红色地标。

1934年11月，沙洲村，3名女红军借宿村民徐解秀家中。临走时，女红军们把自己仅有的一床被子剪下一半给徐解秀留下了。徐解秀老人说，什么是共产党？共产党就是自己有一条被子，也要剪下半条给老百姓的人。

"半条被子"，照见最质朴的善良与担当。延续这份温暖，如传递火炬，接力相继，代代传承。

沙洲村全景

善善相传：父女跑起公益接力赛

"沙洲村民建房子，不侵山不侵水，与自然为善；前排房子自觉低于后排，不搞'后来居上'，与邻居为善。"沙洲村老村支书朱小勇引以为傲的是乡亲们的大爱与善良。

游客经常发问："'半条被子'的故事为什么会发生在沙洲村？"

朱小勇认为：沙洲人讲究"来的都是客"，徐解秀肯定会给女红军打开大门。

徐解秀打开大门后，军民情浓、冷暖牵挂，80多年后仍让整个中国动容。

深受"半条被子"精神的感召，沙洲村民风依旧淳朴。村民干完农活，随手扔于山间地头的农具，哪怕过了十天半月，依旧在原地。绝大多数村民家，除了睡觉时间，其他时段从来不关门，也从来没有丢过财物。

卸任村支书一职，朱小勇没有"无官一身轻"，而是担任了沙洲村好人协会、村民理事会等"四会"总会长，成为村民自治"大管家"。

村民们爱积干柴，以备用红白喜事。各家干柴零零散散地堆于山脚，有碍村容。一刀切，全部都运走？朱会长不那么干，再小的事也带着最大的善意去办：把干柴拢到一块，上面用彩条布遮盖，既不折腾村民让大家心里舒坦，又留住了沙洲村独特印记。

朱小勇写下会长心得，发布在"沙洲志愿红"公众号上，同一天，这个公众号还发布了朱梦嘉的文章。朱梦嘉是朱小勇的女儿，沙洲村青年志愿者服务队队长。父亲会长，女儿队长，父女跑起公益接力赛。

城区常见"红马甲"，农村不多见。沙洲村仅五六百口人，就有三四十个年轻人争当志愿者，火红风景给红色地标添温暖。

朱梦嘉从小便沉浸于红色故事中。在韩田小学读书时，校园内红军总政治部旧址改建成了女生宿舍，朱梦嘉恰巧住在毛泽东、张闻天、王稼祥住过的房子里，汲取了"最好的营养剂"。

在长沙念完大学，朱梦嘉返乡当了"半条被子的温暖"专题陈列馆的一名讲解员，日日宣讲红色故事。

从父亲身上，朱梦嘉感知到善意的宽度：沙洲村民建新房时，相邻巷道统一宽1.8米，但朱小勇多留了1.5米，他家巷道宽3.3米，以方便村民来往于沙洲民俗广场。

一代接一代，为善涓流潺潺。朱梦嘉带领志愿者细心呵护"一老一小"，给五保老人打扫卫生，给留守儿童赠送文具……青年志愿者服务队创建包片联户日访夜谈制，朱梦嘉联户帮扶7户村民，其中朱志才老人家，她每周都会拜访，陪老人聊天解闷。

向善是一种力量，朱梦嘉对这份温暖的传递有了更深的认识："乡村最暖是乡情！乡村振兴要让更多乡村留得住乡情。"

温暖传递：共享一个摊位

春日沙洲，"半条被子"雕像斜后方，刘春香依旧是最早一位出摊者。

刘春香是汝城县文明瑶族乡良田村人，本乡沙洲村"半条被子"故事吸引游客来"打卡"，她便随着人流来到沙洲民俗广场摆地摊，卖干货。

文明乡里更要讲文明。2020年9月，沙洲民俗广场的摊位统一提质，走向标准化、有序化，并公开投标招租。刘春香没能成功竞标。

一个小摊子，牵系一家子。刘春香的丈夫打着零工，收入"一眼望得见底"。两口子上养老下育两个女儿，小摊子是全家指望，是"新的经济增长点"。

沙洲村民朱国旺中标了六号摊，他和妻子朱美香都乐意与刘春香共享一个摊子。双方互不乱价、互不抢客、互相照应。真算是山重水复疑无路，柳暗花明又一村。

爱画牡丹的朱国旺说："当年，三位女红军能与沙洲乡亲共享一条被子；而今，我们怎么不可以与同乡村民分享一个摊子呢？"朴实话语既显露出朱国旺的君子风度，又表现出沙洲村民与人为善的淳朴厚度。

现在，刘春香经营着一个完整的摊子。怎么来的？谈及此事，刘春香眼圈泛红、沉默半晌：朱国旺走了！2021年10月，朱国旺患上重病不幸去世。

刘春香（左）和朱国旺夫妻

朱国旺住院期间，妻子朱美香需到医院陪护，夫妻双双都出不了摊。闲置摊位是个"黄金码头"，有人找到朱国旺想转租。朱国旺态度鲜明，只要刘春香愿意，就不会转给其他人。

接手一个完整的摊子，刘春香怀揣一颗感恩的心，接力传递善意。

朱国旺与刘春香共享一个摊子，暖心故事经媒体报道后，不少来沙洲的游客一眼就认出刘春香，共聊"半个摊子"话题，顺便买些干货、土特产。六号摊人气攀升。

感召的力量：从"半条被子"到"两双鞋垫"

离开沙洲村的时候，陈娟娟哭了，眼泪打湿了两双绣花鞋垫。她说，这是她继续前行的最好礼物。

"沙洲女儿"陈娟娟即将奔赴新岗位，村里一位大姐连夜赶制出两双绣花鞋垫相赠，她对待陈娟娟就像对待自己的女儿一样。

彼时，陈娟娟以选调生身份，任汝城县文明瑶族乡党委副书记、沙洲村党支部副书记。

陈娟娟是"95后"，祖籍江西鹰潭，在湖南度过了童年，视湖南为"第二故乡"。中山大学硕士毕业后，陈娟娟带着"选调生""高材生"光环，2019年7月开始服务于红色热土沙洲村。沙洲村微信群里、田间屋场，她左一声"大哥"右一声"大姐"，叫得勤叫得欢。

入乡随俗，陈娟娟先闯语言关，力争"一个月听得懂，三个月说得顺"，讲好俚语村言，才能更好地入驻群众心田。

世上无难事，只怕有心人。按照运用频率的高低排序，陈娟娟把普通话与当地方言转换，整理出"十大备忘词"：

1. 吃饭了吗＝师都发没

2. 喝杯茶＝饮北错

3. 谢谢＝嘎去哦（语速快一些）

4. 不用不用＝嗯枕嗯枕

5. 会说一点点＝喂义嗲杰

6. 在这里（哪里）＝才给几（矮几）

7. 回家＝西归

8. 开会=开灰

9. 好吃好吃=好使好使

10. 漂亮=浩烧币

当陈娟娟能用流利的方言打招呼时，不少村民感觉"她把自己当沙洲人了"。

胸怀"一家亲"情愫，陈娟娟决意不辜负乡亲们任何一次呼唤与求助。她创新推行马上办、网上办等"五办"服务模式：村级有办理权限的事项，当场办结；村级无直接办理权限的事项，利用网上服务平台受理代办……惦记群众每一个"问题"，办好群众每一件"小事"。

你把群众装在心里，群众就会把你举过头顶。2021年2月主持沙洲民俗广场摊位第二次招标时，陈娟娟亮明自己"一碗水端平"的立场："我是个外地人，在沙洲没亲戚，不会徇私偏向。"此话立马遭到村民反驳："谁说你在沙洲没亲戚，你就是沙洲的女儿。"响应声四起。

2022年3月22日，陈娟娟写下告别感言：是沙洲乡亲滋养了我的青春，做基层干部是如此幸福、如此满足。当年，女红军把沙洲乡亲当亲人，剪下半条被子送给徐解秀。如今，沙洲乡亲已把我当亲人，绣花鞋垫垫实了我前行的脚步。

从"半条被子"到"两双鞋垫"，跨越88年时空，续写生动新篇。

"我来是来服务大家的，但收获最大的不是村民，而是我。"陈娟娟感悟到，"一家亲"三个字，是基层干部服务群众的路径皈依、情感源流。

沙州村里，不只是陈娟娟，一批又一批的驻村干部追随"半条被子"的温暖，在此收获了精神的力量。

　　一张规划图里如何留得住"乡愁与乡情"？为了做好沙洲红色景区规划，原郴州市城市规划设计院副院长李飞跃吃住都在工地，这样的生活长达半年。

　　倒塌房屋废弃材料用来垒砌菜园子；雨污分流，引滁水环流房前屋后，增添村庄灵气……让沙洲村望得见山，看得见水，记得住红色与乡愁。

　　"在这里，读懂了乡村。"被太阳晒得黝黑的李飞跃说。

　　"你帮村民办好小事，村民助你干成大事。"郴州市派驻沙洲村的乡村振兴工作队队长、驻村第一书记谭诗华说，他最大的收获是参悟出基层工作的"大小"辩证法。

　　基层服务，开门就是群众"小事"，办"小事"见真章。2021年5月27日，驻村工作队抵达第一晚，就召集村民代表开会，专问民生"小事"。因为"小事"背后往往隐匿"大事"。走村串巷一个月，开板凳会、夜谈会，驻村工作队梳理出一件村民最着急最渴望化解的事：村里人口增长与现有住宅不平衡的矛盾。沙洲村虽产业兴了、人气旺了，但聚居地面积不到一平方公里，加上村庄要统筹规划、要守住生态红线，无处建房让不少村民的安居梦无处安放。逢年过节，有的村民家男客歇一间、女客歇一室，不是睡沙发，就是打地铺。

　　怎么办？找"余地"！远离景区，在龙山开辟30多亩地集中建设"幸福新村"。待村民搬进了新房子，空出的老房子引进民宿公司经营，村集体能真金白银地进账，村民共享红利、共同富裕。2021年9月，"幸福新村"开工，幸福的味道弥漫。

　　"小事"办妥了，"大事"干开了。湖南（沙洲）红色文旅特色产业园挂牌后，小山村有了大视野、形成大格局。

　　企业次第入驻，青年主动返乡，游客络绎不绝，小山村正日新月异地刷新着容颜。

当年采写了"半条被子"故事的《经济日报》原常务副总编辑罗开富已九赴沙洲，他感叹："沙洲村变得更年轻了。"

让红色沙洲乡风更淳、乡情更浓、乡亲更富、乡村更美，在新时代焕发新荣光。"让村民房前屋后的流水沟里，都有小鱼儿嬉戏！"谭诗华诗意地畅想沙洲未来。

时光已酿成美酒，这美酒"全体都有"，属于这座"温暖"地标的所有奋斗者！

（作者：陈乘）

山河智能：专注创新23年，"创"出一片山河

幸福档案

山河智能装备股份有限公司，总部位于长沙，以装备制造为主业。公司于1999年创建，一路走来，从寂寂无闻的作坊式企业，跻身全球工程机械企业50强、世界支线飞机租赁前三强。

2020年9月17日，习近平总书记来到山河智能考察，对山河智能的创新精神表示赞赏。总书记强调，自主创新是企业的生命，是企业爬坡过坎、发展壮大的根本。

拿几十万元就想进军工程机械市场，做梦！

这个梦，爱"折腾"的何清华，就做成了！

1999年的夏天，已经年过半百的何清华，怀着产业报国理想，在长沙观沙岭租赁的几间闲置厂房中，开启了创业历程。

当时，工程机械行业可以说是风起云涌，国际、国内老牌巨头竞争激烈。谁也没有想到，这个靠着客户的预付款才得以起步的企业，能够在那个巨头林立的时代，脱颖而出。

谁做好过冬的准备，谁就能熬到春天。

创新，是何清华为山河智能装备股份有限公司（以下简称"山河智能"）"过冬"储备的最好的粮食。

从液压静力压桩机，到研发出200多种具有自主知识产权和核心竞争力的装备产品，山河智能攻克了不少"卡脖子"难关。

从创办时"窝"在河西观沙岭，到入驻星沙经济技术开发区，23年来，山河智能从寂寂无闻的作坊式企业，一步步成长为全球工程机械企业50强。从无到有、从有到精、从精到最，创新，尤其是先导式创新，已经作为一种"基因"植根于企业的生命之中。

出发、创新，再出发、再创新，何清华是这样，何清华带领下的山河人也是这样。

掘金小挖，挖出新路

创业最初，国内工程机械龙头企业的主打产品一般以混凝土机械、起重机械等重型机械为主，而挖掘机市场几乎被国外品牌占领。

"我就不信中国自己造不出上档次的挖掘机！"何清华把破局的希望放在小型挖掘机（以下简称"小挖"）上。

没有技术，就自己研究、摸索；缺乏配套供应，就一个一个的零部件去突破。

凭着湖南人的霸蛮劲儿，仅4个月，何清华和团队成员就完成了从图纸设计到样机制造，推出了首台与国际接轨的小挖。

山河智能至今流传这样一个故事：在首台小挖样机即将下线之时，驾驶室的门却怎么也关不紧，一时之间又难以找到合适的配套锁具。何清华在仔细查看后，当即拎着扳手和螺丝刀一路小跑，来到自己的汽车旁，毅然把车上的门锁拆卸下来，安到了挖机门上，结果问题还真解决了。

靠着小挖国内独家的竞争力，山河智能在成立第一年就进入了中国机械工业百强企业之列。

何清华的目标，远不止此。

山河智能用4年时间，建立起挖掘机的设计体系、工艺体系以及结构件、覆盖件、装配等关键生产线，并成功打入发达国家市场。

过往破局的征程，激励着新一代山河人奋勇争先，"挖"出新路。今年33岁的山河智能挖机研究院第一研究所所长秦文凯，就是其中之一。这些年，在秦文凯和新一代山河人的努力下，微小挖机越来越"聪明"，越来越节能。

2022年1月6日，山河智能自主研制的首款纯电动微小挖机成功下线。

秦文凯介绍，这款电动智能挖掘机机身预留快充、慢充2种充电接口，快充1小时即可充满电，充满一次电就可以工作一天。电机输出效率高达95%，比传统燃油机提高一倍多。

从2001年小挖问世，到如今拥有从0.8吨到160吨的微、小、中、大全系列挖掘机产品，其中在欧洲市场的保有量超过2万台，山河智能产品在智能化、节能化方面走在世界的前列。

山河智能在挖掘机方面的耕耘，是中国制造走向世界的一个缩影。

23年来，山河智能研发出200多种具有自主知识产权和核心竞争力的高端工程装备产品，出口到100多个国家和地区。

向上突破，创出新高

创新，这也是基础装备事业部第三研究院院长陈梓林进入山河智能12年来感触最深的一个词。

2022年1月7日，山河智能举办了地下工程装备全球发布会。

发布会上打头阵的世界最高全液压履带桩架，就是陈梓林和他的团队研发出来的。

回忆起那段研发时光，陈梓林用了"没日没夜"这四个字。

2021年新年伊始，因为韩国市场的需要，38岁的陈梓林接到了超级桩架的新项目。

彼时，国内最高的桩架是48米，日本一知名企业制造的桩架标高有61米，但实际应用是54米。

高度越往上，技术难度越大。

"做！要做就做世界第一！"接到这个项目，陈梓林他们把桩架的高度设计定在了62米。

地下工程装备全球发布会

"之前开发的产品，市场上基本有同类型的机型可借鉴。但超级桩架没有任何的图纸可以参考，时间紧，工程量又大。"为了更好地了解客户需要、贴近市场，山河智能在韩国成立了研发中心，陈梓林在韩国驻扎了两个半月。

"立柱上面的重量越轻，就越能展现企业的技术优势。"工作十余年来，陈梓林一直在和桩架打交道。如何解决桩架立柱的重量与稳定性的问题，是他这几年一直关注的焦点。

立柱作为桩架的身体，它的稳定性直接决定了施工的精度和质量。"62米，对稳定性有非常高的要求"，陈梓林介绍，"下面重，上面轻，这样才安全。但为了保证顶端的平衡，市场上的立柱多是个头大，底盘小，这样机器在使用过程中稳定性不足。"

"这个问题一定要攻克，形成我们产品的技术优势。"靠着之前的技术积累，陈梓林多次和团队成员远程连线，经过反复讨论、制作方案图纸、综合计算，最终得出一个完美的解决方案——立柱自适应弯矩平衡技术。

这无疑是一次超越。陈梓林介绍："这个超级桩架顶端的重量，只有之前市场上通用桩架的四分之一。"

研发过程中的难题不止于此，陈梓林说："比如原定的图纸已经画好，客户临时提出新需求，希望解决桩架使用过久会导致晃动的问题，拆装上能便捷，可以参考日本某车辆的结构来做。"

在这一点上，他们与客户产生了分歧。"何老师反复强调，绝对不能抄别人的。"这是每一个山河人的默契。

经过攻关，团队研发了上下车快捷分离技术及结构。无须大型吊车辅助，实现了超大型桩架上车和下车快速可靠装卸，拆卸及运输难题迎刃而解。

从拿到订单、市场调研到方案设计和制造调试，这个十余人的团队只用了五个多月的时间，突破了正常的技术周期和生产周期，并且多项关键核心技术为世界首创。

这一次的经历提振了陈梓林和团队成员的信心。"这种世界级难度的机器，我们都把它做出来了，还有什么不能做到？"

后起之秀，干出新局

2022年2月15日，正值元宵佳节，山河智能高空机械事业部车间内，近100台电动剪叉式高空作业设备陆续装车，准备发往北京、广州、武汉、义乌等地。

这是山河智能高机设备虎年首次批量发货，也创下了单日最高发货量纪录。

这一批发货的设备，蕴藏着高空机械事业部剪叉式高空作业平台研究所副所长姚高长等人的心血，也是他在山河智能工作两年多来交出的答卷。

姚高长所在的高空机械事业部虽然成立不到三年，但取得的成绩非常亮眼。他们研发的剪叉车产品不仅畅销国内市场，在欧美、韩国市场也大放异彩。

工作以来，让姚高长感受颇深的是，公司对研发人员的重视与培养、对产品先进性的持续苛求。"虽然工作很辛苦忙碌，但获得感也更足，做事更有激情。"

让姚高长感到自豪的，5G智能高空作业平台当属其一。近年来，山河智能突出智能制造主攻方向，将"5G+工业互联网"技术与旗下拳头产品紧密结合。

在2021长沙国际工程机械展览会上，山河智能的5G智能高空作

山河智能5G智能高空作业平台

业平台一经亮相，就惊艳全场，真实上演"运筹帷幄之中，决胜千里之外"。

姚高长介绍，5G技术在高空作业平台上的应用，可以有效解决高空作业平台操作面临的高空挤压、触电、地面行走等风险。未来可以实现足不出户实时操控千里之外的高空作业平台，通过5G技术赋能，可实现高空作业平台无人化、智能化。

"创新将始终是山河智能的灵魂。"何清华相信，未来的山河智能，将是国内外更具影响力的工程机械企业，将在中国工程机械版图上扮演更重要的角色。

春天，空气中到处弥漫着希望的味道。

一个规模更大、新品更多、国际范更足的山河智能，正在腾飞。

（作者：何青）

岳麓书院：一座书院千年传承

幸福档案

岳麓书院，我国著名的"四大书院"之一。2020年9月17日下午，习近平总书记来到湖南大学岳麓书院考察调研，勉励青年学子们不负青春、不负韶华、不负时代，为实现中华民族伟大复兴贡献聪明才智。

今天，新时代青年们，接过历史接力棒，牢记总书记嘱托，将个人理想与祖国发展需要紧紧相连，用自己的实际行动续写新的荣光。

湘江西岸，麓山脚下，岳麓书院矗立千年。

在书院的讲堂内，摆放着两把椅子，以此纪念开启书院伟大历程的"朱张会讲"。

1165年，张栻受邀执教岳麓书院。随后以"心怀天下、敢为人先"之心，邀请师承闽学的理学大师朱熹前来讲学，开创兼容并蓄之先河，提出"传道济民""经世致用"的人才标准，铸就融合儒家筋骨和楚蛮血性的湖湘文化。

1917年，湖南公立工业专门学校校长宾步程，手书"实事求是"四个大字，以此作为校训，制成匾额悬挂于书院讲堂。这是书院精神的又一次升华，成就了湖湘文化的另一个高峰。

千余年里，岳麓书院多次毁于战火，其废墟状态最长达到百年之久，但它的思想与教育体系从未间断，成为奠定三湘大地的文化基石，是湖湘文化的精神滥觞。

"惟楚有材，于斯为盛"，挂在岳麓书院门前的八个大字，是激励无数湖湘学子向心中梦想出发的动力之源。

2020年9月17日下午，细雨中的岳麓书院迎来了习近平总书记。

紧张、兴奋、激动，是每一个在场的湖大师生共同的感受。在岳麓书院的门口，面对闻讯赶来的湖大学子，习近平总书记嘱咐大家要不负青春、不负韶华、不负时代，珍惜时光好好学习，掌握知识本领，树立正确的世界观、人生观、价值观，系好人生第一粒扣子，走好人生道路，为实现中华民族伟大复兴贡献聪明才智。

赓续与传承，为读懂湖湘文化精神之所

习近平总书记对岳麓书院和中华优秀传统文化都有着很深入的研究，这是总书记到岳麓书院考察调研时，在现场的郑明星最深刻的印象。

现任岳麓书院文物工作办主任、副研究馆员的郑明星，1998年从湖南邵阳师专（今邵阳学院）毕业，在邵阳某乡村中学当老师，教语文课。那时的他就对传统文化有着浓厚的兴趣，时常惋惜于传统文化的断层，常利用业余时间阅读如陆九渊、王阳明等文化大师所撰写的书籍。

1999年的某天，到湖南大学看望同学的他，在同学的带领下，

由宋真宗亲笔题写的"岳麓书院"匾额

第一次走进岳麓书院。那时的他，对这里还一无所知。

还记得那天也下着蒙蒙细雨，书院里人不多。当他慢慢走过大成门，进入大成殿，便看到挂于墙上的孔子像。回过头，又见立于户外的孔子铜像。那一刻，他似乎感受到穿越千年的儒学经典变成一种可感的力量击中了自己。"好像是穿越了。"他打趣地说。就在那一刻，他做了一个实实在在的决定：来这，做些有意义的事。

岳麓书院能有现在的样子不容易。郑明星介绍，1981年，受湖南省委委托，湖南大学开始岳麓书院的修复工作，1984年岳麓书院文化研究所正式成立，杨慎初任第一任所长。新时代书院人又一次开启了书院的复兴之路。而对湖湘文化乃至整个中华文脉都举足轻重的"实事求是"四字匾额，也是在那时重见光明。

"实事求是"源于班固的《汉书·河间献王刘德传》"修学好古，实事求是。"

那时的宾步程一定不曾想过，他手书的这四个大字会在不久后被一个青年演化成推动中华民族走上复兴大道的力量之源。

郑明星介绍，从岳麓书院各时期史料来看，这块匾额自抗战时期起便不见踪迹，大概率在战火中被损坏、遗失。岳麓书院修复工作开启后，由于原匾额仅有的图片非常模糊，仅看出字体有汉隶的影子，又因"实事求是"源于《汉书》，以杨慎初为代表的第一代书院人即决定借鉴汉代典籍与碑刻重书"实事求是"。

他们查找翻阅了《石门颂》《华山庙碑》《乙瑛碑》等大量汉代碑刻，借鉴字体表达，重书"实事求是"，让这块浓缩着中华文脉精华的匾额再一次挂于岳麓书院讲堂之上，与代表"朱张会讲"的那两把椅子交相辉映。

岳麓书院于1986年招收了第一届，也是唯一一届历史学专业的大专生，之后招生中断。直到1990年，第一批专门史硕士研究生进门，岳麓书院才正式恢复招生。

郑明星是幸运的，当他2000年考入岳麓书院文化研究所攻读硕士学位时，书院的修复与研究工作已有了一定的基础。他回忆自己入院学习那几年，说当时只有一个专业即中国思想史，而每一届也只有3—5个学生。

郑明星毕业后选择留在书院工作，主要负责书院文物的整理、展示、保护和研究。2016年10月，岳麓书院创建1040周年之际，郑明星主持完成了"岳麓书院历史陈列"设计和布展工作。2021年9月，6集大型历史人文纪录片《岳麓书院》播出，郑明星作为学术撰稿人，主持撰写了30余万字的学术脚本。岳麓书院的千年历程，就在这一砖一瓦、一字一句、一帧一画中变得鲜活可见。

宋真宗题写的"岳麓书院"四个大字，一挂便是千年；公元1165年，由张栻撰写的《岳麓书院记》首次道出岳麓书院"传道济民"的办学宗旨；嘉庆年间，山长袁名曜带着学子们在大门外挂起"惟楚有材，于斯为盛"八个大字，至今仍是无数湖湘学子向前的不竭动力。

郑明星现在手头上最主要的工作就是整理和研究研究岳麓书院

中镶嵌的110余块碑刻，悬挂和收藏的290余块匾额和楹联。也正是一辈辈书院人不断的传承与赓续，才让文物与历史再一次展现人前，让岳麓书院与其承载的湖湘文化触手可及。

现在的岳麓书院，拥有历史系、哲学系、考古文博学系3个教学机构；建有湖南省重点研究基地（机构）3个（湖湘文化重点研究基地、中国四库学研究基地、岳麓书院国学研究与传播中心），拥有中国历史研究所、中国哲学研究所、中国思想文化研究所等10多个科研机构。

郑明星笑称自己的工作无法带来直接的经济效益或社会效益，但他已经做了22年。总书记在岳麓书院考察调研时强调传承与弘扬好中华优秀传统文化，而一辈辈书院人的传承与赓续只为湖湘大地精神的皈依之所变得丰满、生动。

专注与坚守，为回首时的无憾

2020年9月17日下午，习近平总书记在岳麓书院考察调研时，观摩了一堂思政课，当时授课的老师，是湖南大学马克思主义学院教授龙兵。

2021年3月6日，习近平总书记在看望参加全国政协会议的医药卫生界、教育界委员时指出，"大思政课"我们要善用之，一定要跟现实结合起来。上思政课不能拿着文件宣读，没有生命、干巴巴的。

从1997年兼任思政课老师到2000年全职教授思政课，20多年来，龙兵一直在钻研思政课，他创设的"移动"思政课堂，长期位于湖南大学学生最喜爱的课程榜榜首。

在岳麓书院、中共湘区委员会旧址、新民学会旧址等地，龙兵

龙兵给学生们讲思政课

的思政课讲出了不一样的味道。

开设"移动"思政课堂的想法来自一次上课的瞬间。龙兵回忆，那时他刚刚从事思政教育不久，正在给学生们讲毛主席的《论持久战》。正在投入讲解的他，忽然看到台下一名学生空洞的眼神，他意识到，学生没有代入感，很难感同身受。

只有感同身受，才有发自内心的感悟。他开始探索"移动"思政课堂，带着学生走进岳麓书院，感受中华优秀传统文化；带着学生踏上曾被日本飞机轰炸的图书馆遗址，了解那段苦难与屈辱；带着学生参观新民学会旧址，感受先辈们的觉醒与奋斗。

龙兵说，总书记肯定了自己的"移动"思政课，嘱咐他要把课堂教学和实践教学有机结合起来，充分运用丰富的历史文化资源来讲清楚为什么历史和人民选择了共产党，选择了社会主义。这让龙兵觉得自己20多年的坚守方向对了，特别值。

龙兵不仅通过自己的思政课感染学生，还通过生活中的一言一行感染他们。他时常利用业余时间到学生宿舍进行走访，了解到学生家中有困难，他就会慷慨解囊。近几年来，龙兵陆续资助了10余名学生。

来自新疆的哈萨克族学生沙尔合提跟龙兵说，自己的母亲本想亲自向他道谢，但因不会普通话，只能让自己代为转达。那一刻龙兵觉得很幸福，因为爱可以穿越语言的障碍，直抵人心。

来自西藏的桑姆，毕业后在西藏山南市洛扎县拉康镇人民政府工作，扎根基层。她说是龙老师帮她渡过难关，龙老师是学生的贴心人，她也要帮更多的人解决问题，做百姓的贴心人。

思政课是落实立德树人根本任务的关键课程。龙兵说，等他退休后，回顾起这一辈子，引导了学生走正路、引导了学生为我们中华民族的伟大复兴奉献青春，这是他作为一个思政老师最大的幸福。

钻研与创新，为不负青春韶华

2020年9月17日，习近平总书记在岳麓书院考察调研，湖南大学土木工程学院2015级博士研究生陈谨林正是现场众多聆听总书记嘱托的学生之一。

在那个细雨蒙蒙的下午，正处于十字路口的陈谨林突然看清了方向。习近平总书记对青年学子们的殷殷嘱托，让他明白了为什么做，清楚了该怎么做。

1987年，陈谨林出生于江西省赣州市唐江镇竹下村。2007年高考填报志愿前的那个晚上，陈谨林竟梦到岳麓山下的一座古建筑，红墙青瓦，古香古色。梦中的他被那种氛围吸引。醒后，他上网搜索，发现岳麓山下真有个古建筑——岳麓书院。似乎有一种力量牵引着他报考了湖南大学。

　　本科毕业之后，陈谨林继续攻读硕士学位，师从我国桥梁工程专家陈政清院士，专注于磁阻尼技术的研究，开启了科研之路。

　　2012年，陈谨林跟随团队老师和师兄前往厦深铁路榕江大桥，那是我国磁阻尼技术在实际工程上的第一次应用。他们在榕江桥上待了一个星期，见证了阻尼器安装到桥上的整个过程。那一刻，当年指引着他报考湖南大学的力量似乎渐渐清晰。

　　硕士毕业后，陈谨林进入一家大型国企工作，但他并未满足，依然与导师陈政清院士保持密切学术联系，几乎将休息时间全部投入到陈院士团队的磁阻尼技术研究当中。

　　2015年，为了让新型磁阻尼技术能够更好地落地应用，陈政清院士团队开始筹建公司。当收到老师的召唤，陈谨林毅然辞掉了稳定的工作，回到湖南大学继续攻读博士，跟着老师全心投入科研和创业。

　　陈谨林深知磁阻尼技术对加快和保障我国基础设施建设的重要作用。通过不懈的努力，在陈政清院士的带领下，陈谨林和伙伴们不仅在科研上有了革命性的突破，还应用他们研发的磁阻尼技术将北京大兴国际机场、上海中心大厦等大型建筑的抗风抗震能力提升至国际领先水平。同时，还在世界最高建筑——摩洛哥努奥三期吸热塔上应用上"中国制造"，让我国在磁阻尼技术上实现从"跟跑"到"领跑"的飞跃。

　　陈谨林先后发表高水平学术论文5篇，获得国家专利12项，参编规范2项。2019年获得中国"互联网＋"大学生创新创业大赛主赛道全国总决赛金奖，成为湖南大学第一个得此殊荣的学生。

　　2020年9月，陈谨林再一次面临选择，这次他犹豫了。公司已走上正轨，现有的技术已有稳定的应用，只要稳扎稳打，公司业绩不成问题。但做科研总有攀不完的"珠峰"，是否要进一步深入研究，向着世界之巅进发?

就在那时,习近平总书记来了。岳麓书院门口的小广场上,那番殷殷嘱托,让陈谨林想到了曾经牵引着他来到湖南大学的那股力量,想到了自己的初心。那个决定就是一瞬间的事。此刻,敢为人先的湖湘精神成为他的底气,唯有不断突破"卡脖子"技术,打破西方的技术垄断与封锁,才算不负青春,不负韶华。将科研成果应用在建设社会主义现代化国家的伟业中,才是自己的初心与幸福。

从岳麓书院到湖南大学,千百年来,传道济民、经世致用的精神不变,心怀天下、敢为人先的信念不减。无数青年学子、科研工作者正伴着岳麓书院的四季,在某个看似不起眼的角落中默默耕耘。或许,谁也不知道心中的理想哪一天会成真,但心有归处,便是幸福。

(作者:陈珉颖)

马栏山视频文创产业园："中国V谷"腾"云"而飞

幸福档案

马栏山视频文创产业园坐落于长沙市开福区浏阳河畔。该园区以数字视频内容为核心、以文化创意为龙头、以高科技为支撑，致力于建设中国一流的文创内容基地、数字制作基地、版权交易基地。

2020年9月17日，习近平总书记来到马栏山视频文创产业园。总书记指出，文化和科技融合，既催生了新的文化业态、延伸了文化产业链，又集聚了大量创新人才，是朝阳产业，大有前途。

自从为黑白电影里的雷锋"戴"上小红花后，00后向灵敏便深深爱上了电影修复。

修复胶片是细致的工作，数字化处理、画面和声音修复、上色调色、合成输出，每个环节都要对每一帧画面进行琢磨，还得不断创新。入职一年，向灵敏已经参与完成《雷锋》《国歌》《毛泽东在一九二五》和《刘少奇的四十四天》等经典红色电影的5G云、4K、AI等技术修复和上色，成为业内的小工匠，有着自己的团队。

红色经典影片《雷锋》数字修复后"彩色"亮相

创新、创造、创意是马栏山与生俱来的灵魂，园区所有企业不断推动内容创新与技术研发相互融合，用技术服务内容，以内容服务人民。与此同时，越来越多像向灵敏一样的年轻人涌入园区，从节目策划到撰写文本，从视频拍摄到产品包装，从电影修复到动漫制作，他们每天脑洞大开，为的就是让文创作品插上创新的翅膀。目前，在园区的从业人员超过5万人，平均年龄26.7岁，青年创业者占近90%。青年当家、文创为魂、科创作翼，成就了马栏山的青春脉动，朝气蓬勃。

浏阳河畔，崛起"中国V谷"

马栏山其实没有山，但绝对是中国视频文创产业的高地。集聚着一大批业内"黑马"与"独角兽"，这里是名副其实的"中国

V谷"。

马栏山的老住户说，这"V"是九曲浏阳河的第八道湾；来追星打卡的粉丝们说，这"V"是与明星合影时比心的手势；而在此创业的新媒体人更喜欢说，这"V"是视频的英文单词video的首字母。

马栏山的故事要从20世纪末说起。1996年，湖南广播电视台迁址于此。1997年元旦，湖南电视台上星，改为湖南卫视。马栏山下，电视湘军红遍中国，周边衍生出很多电视、影视、视频制作和文创类上下游企业。

然而，直到2014年，马栏山还是长沙市内面积最大、人口最多、违章建筑较密的"城中村"。2017年，马栏山片区完成拆迁后，长沙拒绝了各大地产商抛来的橄榄枝，将马栏山规划为视频文创产业园。12月20日，马栏山视频文创产业园正式揭牌，规划总面积15.75平方公里。

湖南省委、长沙市委对马栏山视频文创产业园的规划有精准的定位：以"文化+科技"为发展方向，以数字视频为核心，以高科技为支撑，集数字视频、创意场景、软件业、宣展平台、版权交易及相关衍生产业为一体的具有国际影响力的"中国V（video）谷"。

打造"中国V谷"的最大底气，是园区强劲的发展势头。

2.8万平方米的马栏山创智园186天建成并成功运营；1.5万平方米的众创园70天完成装修并投入使用；马栏山艺术地标芒果广场、全省最大的智慧演播厅乐田智作科技文创基地、马栏山区域能源服务站等多个重大项目先后开工和竣工。

一个个项目建设正酣，给了马栏山视频文创产业园发展无限的想象空间。有了硬件，规模效应凸显，创业者们纷纷被吸引了过来。

长沙有氧致新文化传播有限公司2017年入驻马栏山视频文创产业园，大型节目制作、晚会制作播出是他们的主营范围。后来公司新增了短视频制作业务，但苦于没有好的合作伙伴，刚开始着实让公司商务总监王杰伤透了脑筋。但很快，在园区组建的企业家交流群里，她找到了目标对象——入驻文创园的主打短视频制作的企业。于是，王杰找到了对方，双方迅速在短视频制作、运营这条产业链上进行深度合作。王杰说，园区是她创业坚强的后盾。

目前，马栏山园区已经落地马栏山动漫影视大厦、绿地星城光塔、湖南创意设计总部大厦等一批重大项目。出版湘军也被吸引过来。2022年1月10日上午，中南国家数字出版基地马栏山园区开工奠基仪式在马栏山视频文创产业园举行，湖南出版"梦工厂"正式启航，标志着湖南出版全面进入马栏山。借助"文化+科技"，项目将集聚短视频、融媒体、数字出版、数字教育等新产业新业态，让湖南出版更具现代感，同时为湖南出版高质量发展提供强劲引擎，推动湖

马栏山视频文创产业园

南出版从"总体引领"实现"全面领跑"。

芒果TV国际版APP目前下载量超6100万，覆盖全球195个国家和地区，突破疫情阻碍，推动文化"出海"。乐田智作马栏山视频文创基地3月投产，拥有国内首个SA 5G影视专网，实现拍、传、存、编、虚拟于一体的全方位数字智能演播服务……

马栏山没有山，却正在以无形的"高峰"开始声名远扬。一座承载着湖南"文化强省"梦想的千亿级文创新城正阔步走进人们的视野。

腾"云"驾"数"，科技赋能文创

"客官，里边请，上茶嘞。"

随着马栏山视频文创产业园首席技术专家周苏岳一声吆喝，一顿别致的"下午茶"被端了上来。不过，这可不是咖啡馆里的茶点，而是由马栏山沉浸式数字视频空间厨房打造的数字视频"下午茶"。

头道茶，是用数字钢筋水泥构建的380米"星城光塔"；第二道小吃是中国传统神话《山海经》在马栏山数字视频产业云底座上制作的动画串烧……一共7道"茶点"，在马栏山独一无二的P2.0点距14K环幕结合立柱屏和顶屏构建的空间厨房里，由炫酷的全景声音效和回放系统"烹饪"推出，令人叹为观止。

两年前，周苏岳从北京一路南下，几乎走遍了国内大大小小园区，最终选择了长沙的马栏山视频文创产业园。他喜欢这里，这里有一群真正想干事的人，决策速度非常快。

一边是朝气蓬勃的园区，一边是拥有技术的达人，双方一拍即合。周苏岳顺理成章成为马栏山视频文创产业园首席专家。用技术推动影视行业变革，是周苏岳一直以来的追求。2010年，他及团队在

《山楂树之恋》电影制作中导入数字无压缩记录及制作工艺，开启中国电影数字化制作先河；2019年，引入4K影视数字底片修复技术及工业化工艺，让经典国产影片《开国大典》光彩重现。

建楼还不够，还得建链，一条与"文化+科技"息息相关的产业链。2021互联网岳麓峰会上，由华为和马栏山视频文创产业园联手打造的马栏山·华为云音视频产业创新中心揭牌成立。中心聚焦于音视频制作全链上云，包含综艺、影视、动漫游戏等，未来将建成4条生产线，构建30个以上应用场景和联创场景。国防科技大学、湘潭大学等高校也走进园区，联合园区共建视频超算平台，共研基础操作系统和视频处理核心应用软件；解决视频技术领域"卡脖子"问题；同时聚焦"未来电影"，搭建园区企业合作机制；引进北京冬奥会导演团队，建设XR（扩展现实）虚拟影棚，让元宇宙在马栏山绽放绚丽之花。马栏山视频产业云平台、5G高新视频多场景应用国家广电总局重点实验室、下一代互联网宽带应用国家工程实验室马栏山研究院、天河区块链研究院，这6个机构被称为马栏山的"1中心、1平台、4个研究机构"。"视频是算力、带宽和存储的密集型产业，这些就像是给视频企业搭建了一条'高速公路'，你只需要全力奔跑。"周苏岳说。

2022年3月30日，周苏岳迎来他在马栏山工作两周年纪念日。当年他来园区第一天提出的目标，如今已全部达成：以马栏山视频产业云为底座的火石共享制作平台建成1年多时间里，就生产了4K《乘风破浪的姐姐2》《守护解放西》，4K修复AI上色的《雷锋》《毛泽东在一九二五》《刘少奇的四十四天》《国歌》等一系列精品力作。

周苏岳的成功，见证的是马栏山打造数字产业示范区的坚实步伐。马栏山将以高新视频为切入口，聚焦虚拟数字人和元宇宙前沿技术研发和场景应用，推动应用软件、视频装备国产化，建设全国一流

107

的数字资产交易平台，推动产业转型升级发展。

以湖南广电多年深耕音视频产业为基础的马栏山，有更大的抱负：2021年，马栏山计划实现营收500亿元，完成税收28亿元，引进企业超过1000家。而更大的目标是，到2026年，马栏山将引进培育在内容制作、分发传播、用户服务、技术支撑等领域有自主知识产权和核心竞争力的企业累计超过8000家，高新技术企业累计达120家；新建3家省级以上科技创新平台，制定5个音视频领域行业标准。

总有人问周苏岳，元宇宙的未来是什么模样，他也经常会思考。在他看来，元宇宙是数字态的显示和传输，马栏山正在利用视频产业云应用生态层次结构创建属于自己的元宇宙。而当4岁的儿子缠着自己要玩3D建模积木时，他惊喜地发现，自己心心念念的元宇宙，竟然已经在孩子心里生根发芽。

守正创新，讲好中国故事

在全球瞩目的北京冬残奥会上，马栏山企业千博信息的人工智能手语惊艳亮相，"她"精准的手语手势让听障人士也可以同步了解冬奥赛场的最新动态。这得益于AI技术的强大支持，以及背后一支高素质、懂技术、有情怀，愿意坚守听障人士需求的团队。

晏响玲便是其中一员。晏响玲专攻人工智能手语播报，基于千博手语大数据平台打造了智能手语双向服务系统，重点关注听障群体相关的公共服务、社交和教育领域。大家不断攻坚克难，只为搭建一座桥梁。北京冬残奥会的热度未减，千博信息与5G高新视频多场景应用国家广电总局重点实验室联手打造的"卫视直播版AI手语播报系统"呼之欲出。2020年6月20日起，长沙广电新闻中心在主新闻栏目《长沙新闻》直播中正式启用人工智能AI手语翻译，虚拟主播闪亮登场。这也是人工智能AI手语翻译技术在全国城市广电的直播类新闻节目中首次运用。

"习近平总书记指出，文创产业要牢牢把握正确导向，守正创新，努力实现社会效益和经济效益有机统一，我们会一直努力。"晏响玲说。

创新创意百舸争流，红色经典乘风破浪。《开国大典》的修复得到了一致肯定，红色电影修复提上日程。龙新滨，从事电影胶片颜色管理近16年，2020年6月从北京来到马栏山，成为云上栏山科技有限公司后期技术总监。

2020年，湖南省委宣传部、长沙市委宣传部组织马栏山视频文创产业园启动红色经典影像修复工程。技术团队通过5G云、4K、AI修复上色等技术手段，让1963年的影片《雷锋》从黑白变成了彩色，令观众感叹"雷锋叔叔变成了雷锋哥哥"。77分钟的影片，署名为"雷锋志愿者·马栏山智造"，来自长沙理工大学、长沙学院、长沙民政职业技术学院的大学生们也参与其中。

长沙理工大学设计艺术学院2019级本科生刘晓茹说，在修复影片的过程中对雷锋精神信念的能量、大爱的胸怀、忘我的精神、进取的锐气有了更深刻的理解和领悟，能为红色文化的保护与传承出一份力，让大家觉得责任重大、使命光荣。

长沙学院艺术设计学院动画专业的郭韵杰在寒假期间加入到雷锋志愿者数字修复训练营。将老旧胶片通过数字化仪转成数字视频后，先经过AI修复，再由人工精修，消除画面中的划痕、脏点、闪烁等，让影片变得清晰细腻。按每秒24帧计算，娴熟掌握这门"绣花功夫"的老师傅，一天仅能修复几十秒。作为新手，更得认真细致。

"每一帧画面都需要我们做到极度精致，这个过程就是践行雷锋的'钉子精神'。"郭韵杰说。

而随着AI技术的优化迭代，修复效率将逐年提升，到2025年，修复师将能够每天修复数百秒经典视频。而马栏山的目标是，通过5年时间完成100部影视作品制作，在马栏山打造全国最大的4K红色经典影像修复、存储、传播、发行和传承教育基地。

守正创新，犹如定海神针，引领着马栏山文创人前进的方向。

湖南广电技术调度中心联合华为自主研发的4K时空凝结系统各项指标国际领先，运用于《舞蹈风暴》节目制发并获《人民日报》两次"点赞"。芒果TV《功夫学徒之走读中国》将中国扶贫的故事进行"国际表达"，网络播放量破亿。中广天择传媒制作的警务纪实观察类4K真人秀节目《守护解放西2》在B站"出圈"、火爆全网，全方位展现了互联网时代群防群治工作的"长沙样本"。银河酷娱参与制作的《特赦1959》获得第32届中国电视剧飞天奖优秀电视剧奖、第30届中国电视金鹰奖优秀电视剧提名。

马栏山明星企业知了青年联合创始人陈娓娓，一直关注女性独立自强的话题。她带领团队专注于视频内容制作，用纪录片记录83岁的"感动中国人物"樊锦诗用一生守护敦煌国宝，90后中美混血女摄影师德清独自从纽约闯荡到青藏高原，把高原牦牛绒织成围巾，登上巴黎顶级秀场……陈娓娓镜头下女性的自强故事，也映射出她自己的影子。

在银河酷娱的办公室墙上，有一幅"导向金不换"的题词，这是银河酷娱创始人、首席执行官李炜创业之初便定下的初心，也是所有马栏山文创人内心的坚守。

（作者：杨艳）

二、时代答卷

全面小康，一个时代的庄严使命和承诺。

我们都是答卷人！

宏大叙事，砥砺奋进，波澜壮阔——

我们将答卷写在一个个群体上，腰包鼓了，底气足了，生活品质极大地提升了。

我们将答卷写在各条战线上，技术进步了，生产大发展了，物质前所未有地丰富了。

我们将答卷写在大地上，山清水绿，城市璀璨，美丽富饶。

我们将答卷写在一张张编织得细密的社保网上，病患有靠，衣食无忧。

我们的答卷上，写下了酣畅淋漓的两个大字——

幸福！

现代化新湖南建设蹄急步稳

变迁数据

2021年湖南地区生产总值46063.1亿元，其中，第一产业增加值4322.9亿元，增长9.3%；第二产业增加值18126.1亿元，增长6.9%；第三产业增加值23614.1亿元，增长7.9%。按常住人口计算，人均地区生产总值69440元，增长7.8%。三次产业结构为9.4∶39.3∶51.3。

——数据来源：湖南省2021年国民经济和社会发展统计公报

1965年1月4日，第三届全国人大第一次会议在北京闭幕。在这次会议上，周恩来在政府工作报告中正式提出"四个现代化"的战略目标。"四个现代化"是激励几代中国人接续奋斗的宏伟目标。

作为享誉全国的鱼米之乡，着力推进农业现代化建设、构建现代农业产业体系，成为建设现代化新湖南的重要任务之一。唯落实，见担当。近年来，湖南不遗余力地推动农业机械化和高标准农田建设，"藏粮于地，藏粮于技"，助力端稳中国"饭碗"。

实现农业现代化离不开工业现代化的升级。打造国家重要先进制造业高地，是建设现代化新湖南的强大支撑力量，是湖南肩负的"国之重任"。

从"靠天吃饭"到"手机种田"

长沙市望城区高塘岭街道新阳村村民肖定最深刻的童年记忆，便是在稻田里劳作的场景。地处湘江边的新阳村田块平整、视野开阔。肖定的父亲当年是村里的种粮大户，家里租了上百亩水稻田。每到"双抢"时节，肖定便和父母、姊妹一起下地，每天忙得两头不见天。

一蔸一蔸地割稻子，一脚一脚地踩打稻机，一担一担地运送稻谷……即便如此勤劳，还要祈求风调雨顺，尤其收获的季节要有好天气。稻谷多，又没有足够的晒谷坪，每年晒谷子是最烦心的农活。有时候刚把稻谷铺晒在大大小小十几个分散的晒谷坪，还没来得及收就被雨淋湿，让人感到无助。

2016年3月8日，习近平总书记来到十二届全国人大四次会议湖南代表团参加审议，要求湖南着力推进供给侧结构性改革，着力加强保障和改善民生工作，着力推进农业现代化，让广大人民群众有更多获得感。

近年来，湖南牢记总书记嘱托，着力推进农业现代化，提升农业生产力水平。生产力的飞跃，催生了生产关系的变革，激发了广大农民的积极性。一大批懂技术、善经营的新型职业农民应运而生，肖定就是其中的代表。

成年后的肖定曾南下打工，原本打定主意不再回家务农，后来因结婚重新回到家乡。

2014年3月，肖定辞去了原来的工作，回到了养育自己的家乡，5月便开始风风火火地进行创业，先是创立了广源种植专业合作社，后又成立了全能农机专业合作社。

如今，在合作社的烘干车间里，5组巨大的烘干机并排矗立，稻谷的传送、烘干、入库、装车全部实现自动化，一天可烘干60吨稻谷。在以前，60吨稻谷需要20天才能晒干，还得全是晴天。

广源种植专业合作社成立之初，肖定曾一度四处借钱，主要用于购置农机。随后几年，合作社一步步购齐了收割机、烘干机、旋耕机、抛秧机、植保机等，实现机械化一条龙作业。

农业机械化是农业现代化的基础，更是农业发展的未来。

肖定成立全能农机专业合作社后，为农户提供农业机械服务，集中"托管"土地，让他们当上了"甩手掌柜"，并一步步"消灭"了周边抛荒农田。

机会总是选择有准备的人。肖定坚定地走农业机械化道路，为全能农机专业合作社打下良好的基础。望城区将其建设的湖南首个无人农场选址在了新阳村，肖定成为无人农场的负责人。

无人农场引进罗锡文院士团队的无人农场关键技术，种植袁隆平院士团队选育的优良水稻品种，选用中联重科生产的国内先进农机装备，能够实现水稻耕、种、管、收生产环节全覆盖。

无人农场涵盖了高标准农田、智慧农机、智能灌溉、天空地一体化精准农情遥感监测系统四大板块。综合运用生物技术、信息技术和智能农机，通过系统监控，用手机或者电脑就可进行远程遥控，大部分能实现农机自动从机库到田里作业再回到机库。

还有一些环节实现了少人化，比如插秧和抛秧，农机可实现一键自动驾驶，只需要有一个人装填秧苗。以前耕种200亩地需要二三十人，现在只要两三个人就可以了。

建设无人农场是肖定的农业梦想里最绚丽的一个。在她看来，无人农场的本质是用机器代替人，用生产力的革新解决谁来种地的

新阳村湖南首个无人农场，一台无人驾驶的收割机自动把粮食卸到运粮车上

问题。

无人农场试点成功后，农民通过手机操控机械就可种田，一个人可种几百亩甚至上千亩、上万亩。

据测算，新阳村的无人农场可减少田间用工70%，节水20%，节约肥料投入50%，减少农药投入30%，提高工作效率30%，增产10%。

从"鱼米之乡"到"制造高地"

益阳沅江市草尾镇上码头村地处八百里洞庭腹地，属于南洞庭湖的冲积平原，是国家重要的商品粮生产地。中联重科智慧农业示范基地就在这个村子，面积约400亩。

春耕时，中联重科智慧农业示范基地用上了一台秧盘育种精量播种的机器——中联重科钵式育秧播种机。这台机器专为有序抛秧而设计，可依次完成秧盘输送、底土装填、洒水、播种、装盘覆土等动作。

当地种粮大户周波表示："有了中联重科的各种'神器'，我种田更加有信心了！以前主要是凭经验，现在我可以通过手机实时查看田间的情况，还有预测、作业的相关提醒，非常方便。可以说，我们种田是遥控飞机打农药，穿着皮鞋收稻谷，玩着手机管田间，农业生产非常有科技范！"

农业实现现代化，离不开工业的现代化和产业的转型升级。

这些年来，湖南人凭着敢为人先的精神，靠着科学谋划和前瞻布局，攻坚克难、爬坡过坎，从农业大省迈向制造业强省，在转型升级中华丽蜕变。

目前，湖南制造业门类比较齐全，31个制造业行业大类均有分布。产业发展形成新优势，已有装备制造、材料、消费品3个万亿级产业，电子信息等16个千亿级产业。正在打造工程机械、先进轨道交通装备、航空动力等三大世界级产业集群，电子信息、新材料、新能源与节能等三大国家级产业集群。

科技创新实现新突破，一批高层次人才加快聚集，一批关键核心技术取得突破，一批大国重器脱颖而出。比如，时速600公里以上的高速磁浮交通系统、IGBT（绝缘栅双极型晶体管）芯片、国产大飞机C919起落架及机轮刹车系统等填补国内空白，铁建重工"京华号"国产最大直径盾构机成功下线，"两芯一生态"成为全国信创产业重要技术路线。这是湖南现有的"基本盘"和"硬实力"。

2021年，拉林铁路开通运营，在这条铁路上跑的"复兴号"列车是油电混合高原动车，属于世界首创。其牵引电机是由湖南株洲制造，整车生产也主要是在株洲。在"复兴号"列车上，司机通过传输速度百兆级的控制网络、信息网络，能够看到列车的系统运行工况，实时动态掌握风险。列车运行时在电力、柴油两个动力系统之间自由切换，乘客乘坐体验平顺舒适。

中车株洲电力机车研究所的研发人员在短短7个月的时间里就完成了"高原绿巨人"交流传动、牵引控制项目的研制任务，向世界展现了中国的研发实力。

2020年9月，习近平总书记来湖南考察，赋予湖南"三高四新"战略定位和使命任务。其中"打造国家重要先进制造业高地"，一方面是对湖南发展的肯定，另一方面是对湖南未来的期待。

从"创新平台"到"留住人才"

科技进步是确保生产力提升的重要保障，高端人才则是科技进步的重要保障。如何能把人才引得来、留得下、用得好，事关社会经济发展的速度和高度。

2017年底，湖南出台《芙蓉人才行动计划》，以"十大支持""十大放开"等务实举措，全面育才、引才、聚才，打造人才集群，以人才发展引领支撑创新发展、开放发展。

任小梅来到湖南、留在湖南、为湖南发展作贡献的故事就是当前湖南打造一流人才生态环境，吸引高端人才的一个缩影。任小梅籍贯是四川雅安，2017年从英国牛津大学博士毕业后受邀进入圣湘生物工作。

入职后不久，她就在购房、子女入学、出行、就医等方面，享受到了各项优惠政策。如今，任小梅已经落户长沙，成了一名"新长沙人"。

2020年抗击新冠肺炎疫情最艰难的时刻，任小梅和团队成员一起主要负责新冠核酸检测试剂的临床测评和协调工作。为了抢时间，他们夜以继日地工作。在任小梅和同事们的一起努力下，最终圣湘生物成为国内最早获批新冠检测产品的6家企业之一。

为了吸引高质量人才，湖南着力建立健全院士带培机制，创新人才"一站式"服务机制，推动一批领军型、科技型人才脱颖而出，提升了湖南在关键领域的科研高度，也提升了湖南生产力发展的速度。

湖南加快建设长株潭国家自主创新示范区、湘江新区、中国（湖南）自贸试验区、岳麓山大学科技城、马栏山视频文创产业园、岳麓山种业创新中心、岳麓山工业创新中心等"三区两山两中心"平台，高标准建设岳麓山实验室，优化提质在湘国家重点实验室和工程技术中心，整合重组省级重点实验室，加快建设产业研究院、中试基地，争取国家战略科技力量布局。鼓励科技领军人才"揭榜挂帅"，赋予科学家更大技术路线决定权、更大资源调配权、更大经费支配权，以一流生态激活创新创造"一江春水"。

近年来，湖南先后推出"人才新政"、"链长制"、"房住不炒"、优化营商环境等举措，社会经济发展的整体环境不断向好，互联网、人工智能、新材料、新能源等一批驱动型、基础性、赋能型产业通过不断地补链、强链、延链，得到较快发展，为湖南工业的持续转型升级创造了良好条件，奠定了坚实基础。

以中联重科为例，近年来，不断加速数字化、智能化、绿色化转型升级，并强化新数字、新能源、新材料等新技术融合创新，为公司高质量发展奠定了基础。

2021年，中联重科以中联智慧产业城为核心打造了14座"灯塔工厂"。其中，"挖掘机械智能制造示范工厂"项目入选国家智能制造试

中联重科生产的智能农机在厂内进行调试

点示范工厂揭榜单位。

坐落在长沙市望城区的中联重科高机智能工厂，是全国第一座高空作业机械制造智能工厂，拥有国内首条全工序联动的剪叉智能生产线，结构线、涂装线、装配线这三大作业线全部实现了高度自动化。

得益于生产线的数字化、智能化升级，这里的每条生产线平均每12分钟下线一台产品，年产可达到 2.7 万台。

湖南立足农业现代化发展需要，在"打造国家重要先进制造业高地"的战略定位上，细分出了"打造智慧农机新高地"的目标，重点打造汉寿、双峰两个农机制造基地，建设双季稻全程机械化示范区、丘陵山区设施农业示范区、数字农业示范区等"一中心两基地三示范区"，推进"三高四新"战略落实落地。

如今的湖南，科技催生"智造"，数字改变工厂，手机操控"铁牛"，田野充满"智慧"，生产力水平正在实现飞跃，生产方式悄然发生着历史性变革。湖南，在建设社会主义现代化的新征程上阔步向前。

（作者：王义正）

湖南城镇居民收入跨越式提升

变迁数据

截至2021年末，湖南省常住城镇人口3954万人，人均地区生产总值达到69440元，城镇居民人均可支配收入44866元，较上年增长7.6%。

——数据来源：湖南省统计局

穿越时空回到1949年，当年湖南全省城镇居民家庭人均现金收入不足100元。70多年来，湖南实现了从贫困落后到全面小康的跨越，经济规模不断扩大——GDP总量在1993年突破千亿大关，2008年跨上万亿台阶。自从2010年GDP总量进入全国前十之后，目前已经连续12年保持全国十强。2021年，湖南省以46063.1亿元的GDP总量位居全国第九。与此同时，全省各项惠民政策不断升级，更多增收红利持续释放，全省居民转移净收入、财产净收入全面增加，并且都实现了两位数较快增长。

2020年，湖南省城镇非私营单位在岗职工平均工资为82356元；而在1950年时，湖南城镇职工平均工资仅288元。

城镇居民收入的增长，直接表现在银行存款的变化上。1950年末，全省金融机构人民币存款余额只有4400万元。2021年末金融机构本外币各项存款余额62891.0亿元，其中住户存款余额达到了35531.4亿元。对很多人来说，原来靠工资糊口难有积蓄，现在实现了有房有车有积蓄。

"大河满小河溢"，当财富增长成为当前中国万千普通家庭的主旋律时，国富民安成为这个时代的关键词。

"人情账"见证时代发展

以常德市桃源县为例。2011年，桃源城镇居民人均可支配收入13320元。2015年，全县城镇居民人均可支配收入23420元，同比增长8.4%。2018年，全县城镇居民人均可支配收入30021元；城镇居民人均生活消费支出22076元；城镇居民人均住房面积57.8平方米。到2020年，全县城镇居民人均可支配收入33999元，同比增长3.9%，城镇居民人均住房面积59.65平方米。

数字变迁的背后，反映的是普通老百姓钱袋子渐渐饱满的事实。

居住在桃源县盘塘镇社区的居民杨才林，有一摞从1976年起开始记录的"人情账"。厚厚的"人情账"里，详细记录着诸如儿女嫁娶、家庭乔迁等重大喜庆活动的人情收入。

40多年"人情"的数字变化，尽显时代变迁、社会发展。

"1976年，大女儿出生，亲朋好友送来的'人情'大部分是鸡蛋10个或20个，糖半斤或一斤，只有少数经济条件不错的送来的是2元、3元钱；1984年起新屋，收到的'人情'以5元钱、10斤鸡蛋为主……"

"1998年，在镇上自建上下五层楼新家，收到邻居'人情'200

杨才林家的"人情账"见证收入增长，时代变迁

元，"杨才林说，"2002年，大女儿出嫁时，收到的'人情'已经实现1000元大额的突破了。"杨才林最后记录的"人情"日期是2016年。"家里添了二胎孙女，我们不愿麻烦大家所以没有办酒席，可亲戚朋友们还是随了礼。"

显而易见的一大变化是：从1976年到1996年的20年间，杨才林家的人情收入保持着"钱、粮、物"三个类别；到了1998年，这本"人情账"上就再也没有"粮、物"的记录，全部体现为"钱"。

请客办酒的方式也发生了巨大变化：2002年前，都是请街坊邻居帮厨，在自家屋前搭灶生火，在屋内摆桌子吃流水席；2002年后，客人来了直接被带到镇上的饭庄或酒店包席，凑齐一桌就可开席，再也不用自家生火做饭了。

"人情"账本的变化，生动体现了人们收入的日益增长。从最初的2元、3元，到2016年的最高单笔人情收入2000元，翻了几百倍。

"这说明了老百姓生活日渐富足。"湖南大学经贸学院副教授肖海翔说。

经营性收入等成为增收新动能

根据湖南省统计局研究报告，湖南人劳动报酬演变的其中一个特点是：总量持续较快增长。具体来说，从1978年至2011年，湖南工资总量增长了106.6倍（按现价计算），年均增长15.2%。

"十三五"期间，随着湖南市场经济体制不断完善，市场活力逐渐显现，居民增收更是从"依赖工资性收入"转变为"多元化收入支撑"。其中，2016年，湖南居民人均经营净收入为4234元、财产性收入为1504元；到2019年，两者分别增长至5609元、2089元，增幅均超过30%，在居民人均可支配收入中的占比也双双上升。

在长沙高桥汽配城做生意的张炜，现在公司一年营业额两三千万元，不仅解决了二十几个员工的就业，还成为纳税积极分子。

张炜在仓库检查产品

国家近年积极推进的税费改革，不仅大大提升了城镇居民的实际收入水平，也让张炜这样的创业者拍手叫好。

"个税改革后，有员工一年可减少缴纳近千元个人所得税，这是国家尊重劳动、尊重劳动者的具体体现。"个税降低，相当于涨工资，无疑是一大利好。湖南辰州矿业有限责任公司有2000多名一线员工享受到了免缴个税优惠。减免个人所得税，相当于国家替企业给员工发红包，帮企业拴心留人，企业和员工都有实实在在的获得感。

税收数据显示：2018年10月至今，湖南个税改革实现减税约200亿元，947万纳税人直接受益，人均减税2100元。持续推进的减税降费，优化了收入分配格局，让居民腰包更鼓。

城乡居民经营净收入、财产净收入等收入的增长，为拉动湖南居民增收注入了新动能，全省居民收入结构正在不断优化。

收入增加带动生活提质

随着城乡居民生活质量不断提升，人们对生活品质、品位有了更高的追求。

衣，从穿暖到穿美、穿出时尚；食，从吃饱到吃好、吃出健康；住，从有所居到更敞亮、更宜居；行，从便利通畅到快捷舒适。餐饮、健康、教育、旅游、文娱等服务性消费持续快速增长，在居民人均消费支出中占比逐渐达到一半左右。

越来越多的人有钱有闲，"诗和远方"更加触手可及。从小就喜欢驾驶的张炜，在长沙奋斗多年后添置了越野车。他住的房子，也从刚来长沙时在八一路的小弄堂租住的不到二十平方米的格子间，变成了位于雨花亭附近的一套复式房，面积有两百多平方米。此外他购买了不少股票、理财产品。有朋友称赞他："从原来的一穷二白到现在的千万身家，你是这个时代的弄潮儿。"

2012年大学毕业，选择在长沙安家的刘曼，现在是湖南一家民营企业的员工。至2019年，七年间，她先是买了一套小户型，后又在梅溪湖买下了一套三居室。她说，出生于农村的她曾经不敢想，自己能在一座省会城市落脚。"是社会的飞速发展，让我这样普通农村家庭出生的人，也有了安居城市的机会。"

在长沙黄花综合保税区，来自大西洋的波士顿龙虾经过18小时飞行后抵达长沙。这里每周海鲜进口量超500吨，而它们最终走向的是市民的餐桌。

最近，64岁的长沙居民姜国英请亲戚在渔人码头团圆聚餐。"养老金足够，请客没压力。"谈起现在的生活，她脸上洋溢着笑容，"养老金年年涨，现在每月能领到4000元。"截至2021年底，湖南已实现职工退休养老金17年连涨，退休人员获得感持续增强。

在益阳安化县，68岁的钟奶奶正在吃着水果沙拉，她笑称自己体重已经破百，不得不加入"减肥大军"——而在饥荒严重时，她曾经只能靠树皮与野草果腹。

这是每天发生在三湘大地的故事。每个故事背后，是普通市民越过越甜的小日子，是生活无忧的满足感。从温饱不足到人民幸福，老百姓钱袋子越来越鼓。

很多时候，置身大时代的人们发觉很多事物都是慢慢变化的，一开始很慢，大部分人都觉察不到。等大家都察觉到了，这时，面对的已是一个全新时代。对，眼下就是这样一个新时代，一个大时代……

（作者：杨斌）

农民收入增长从小步快走到大步向前

变迁数据

2021年，湖南农村居民人均可支配收入达到18295元，比上年增长10.3%。城乡居民可支配收入比值由上年的2.51缩小为2.45。

——数据来源：湖南省2021年国民经济和社会发展统计公报

打开湖南建设小康社会历史长卷，广大农民从解决温饱到全面小康的变迁，是一抹瑰丽的风景。

改革开放以来，尤其是党的十八大以来，湖南农村基础设施建设投入更大，文化生活更丰富，产业更兴旺。湖南农民从靠天吃饭生活艰难，到免除农业税收入看涨，这些变化，离不开党和政府执政为民的科学决策，也凝聚着农民群众努力打拼的辛勤汗水。

好生活的底气来自于农民身上鼓起来的腰包。1949年，湖南农村居民人均可支配收入为45.23元。到2021年，湖南农村居民人均可支配收入达到18295元。从农村收入数字变化来看，这是一个了不起的"湘村"巨变。

摸索解决温饱，确立小康目标

在很长时间内，农业生产是农民唯一收入来源。新中国成立初期，湖南农业产值不高，农民收入低。1949年，湖南农业总产值为15.84亿元。

土地改革后，农业生产力获得解放。1950年，《中华人民共和国土地改革法》颁布，地主阶级封建剥削的土地所有制被废除。到1952年，湖南农业生产已经恢复并超过了历史最高水平。

新中国成立以来，湖南农业生产不断从实践中总结经验，生产力水平持续提高。1964年5月15日，省委向全省推广汉寿县小港十三队经营管理经验。该队在发展集体生产中，"因事制宜"，建立多种多样的包工责任制，做到"人人有事做，事事有人管，账目按月清，收入分配好"。这种生产责任制有效地改善了经营管理，促进了生产的发展。

改革开放以后，农村经济迎来新的发展机遇，发展村级集体经济被提上重要日程。1990年3月，省政府转发《关于进一步发展村级经济的报告》，要求各地进一步提高认识，增强发展村级集体经济的责任感和紧迫感，争取在两三年内，消灭村办企业空白村，使一半左右的村办企业年纯收入过万元。

1991年，湖南确立了今后10年的主要奋斗目标：实现国民生产总值在1980年的基础上翻两番，人民生活达到小康水平。那时，在农民眼里，小康离自己还有点远。这一年，湖南农民人均收入688.91元。

1996年，对于渴望摆脱贫困的农民来说，是一个重要年份。当年10月，省委、省政府召开全省扶贫开发工作会议，动员全省人民向贫困宣战。会议要求用5年时间解决省内贫困人口的温饱问题，这是对党中央、国务院提出的到本世纪末基本消除农村贫困战略任务的具体落实。会议提出，在扶贫攻坚战中，要由救济式扶贫转向开发式扶贫，由"输血式"扶贫转向"造血式"扶贫。

脱贫和小康，脱贫是基础，脱贫了才能奔小康。1996年12月，湖南召开农村小康建设座谈会。会议提出，要进一步统一思想，把奔小康作为总揽农村工作全局的中心，在全省迅速掀起一个"议小康、干小康、奔小康"的新热潮。当年农民人均纯收入1792.25元。

小康目标，让农民充满干劲。1997年，湖南农民人均年收入首次跨入2000元大关，达到2037.06元。

免除农业税，减轻农民负担

进入21世纪，农民收入引发全社会广泛关注。农民收入不高的重要原因之一，是农民身上的负担比较重。如何减轻农民负担，成为主政者思考的重大问题。

2000年8月，省委、省政府发出的《关于切实做好当前减轻农民负担工作的紧急通知》提出：严格执行农民合理负担"一立三年不变"的政策；全面做好农民负担卡的发放工作；严格依法征税；坚决制止乱收费、乱集资、乱罚款和乱摊派，加强对农村基层干部和农民群众的教育；严肃查处加重农民负担的违法、违纪案件；认真搞好农民负担问题的自查自纠。

随即，一个个政策措施相继出台。2001年2月，湖南召开全省农村工作暨农村税费改革工作会议。会议决定农村税费改革的基本内容为"三个取消、一个逐步取消、两个调整和一项改革"。

2002年4月，湖南召开全面推行农村税费改革工作会议。会议决定：取消乡统筹费、农村教育集资等专门面向农民征收的行政事业性收费和政府性基金、集资；取消屠宰税；逐步取消统一规定的劳动积累工和义务工；调整农业税和特产税；改革村提留征收使用办法。为确保农村税费改革工作的顺利执行，省委、省政府颁布《湖南省农村税费改革实施方案》。会议的召开和《方案》的执行，大大减轻了农民负担。

为了使农民负担切实减下去不反弹，2004年3月，省委办公厅、省政府办公厅印发《关于减轻农民负担的意见》，要求各地把减轻农民负担坚决落到实处。

2005年，减轻农民负担迎来历史性一刻，全省实行农业税全额免征。由此一项可为农民免除税负13.6亿元，历时2000多年农民交国税的历史从此结束。这是农村税费改革的重大突破，极大地调动了农民的积极性，又一次解放了农村生产力。

长沙县春华镇农民张金华说："种田不交税，开天辟地第一回，感谢党和政府对农民的关怀！""税费改革后，咱这每年要交的钱真是少了一大笔。"长沙市岳麓区莲花镇龙洞村村民张运东回忆，"当时就想着如果能把剩下要交的农业税都免了，那日子就更好过啰！"

"以往每到元旦，镇上的征税人员都会挨家挨户收税，2005年元旦却没看到征税人员的影子。"长沙县高桥镇村民宋加伟至今保留着一沓厚厚的农业税完税凭证。以宋加伟的四口之家为例，2002年这个家庭缴纳的农业税为240元。"240元看上去不多，但当时够一家人吃两个月了。"宋加伟说，"全面取消农业税后，家里相当于每年可增加240元的收入。"

免征农业税大大激发了农民种田的积极性，许多"洗脚上岸"、外出打工的农民又"脱鞋下田"，抛荒的农田又成了"抢手货"。

2005年全省粮食播种面积7823万亩，总产量达571亿斤。农产品区域布局进一步优化，初步形成优质稻米、柑橘等十大优势农产品产业带和粮油棉麻、肉奶水产等五大产业链，各类农产品基地达3300万亩；农产品精深加工度提高，农业产业化龙头企业进一步发展壮大。

2005年，农民人均纯收入由2001年的2197元增加到3118元。

此后，湖南农村居民人均收入呈现加速增长态势。"十五（2001—2005年）"期间，农村居民人均收入增长900多元。进入"十一五（2006—2010年）"以后，农村居民人均收入在3年内便增长了近1400元。

决胜脱贫攻坚，迈入全面小康

2012年11月，随着党的十八大召开，湖南农村经济发展翻开了新的一页，农村收入增长迈上新台阶。

2014年2月，省委办公厅、省政府办公厅印发《关于创新机制扎实推进农村扶贫开发工作的实施意见》，全省精准扶贫有序推进。7月，制定《贫困村识别和建档立卡工作方案》，确定8000个省级贫困村（后合并为6920个）的规模，成为全国第一个出台精准识别方案的省份。10月，湖南成立以省长为组长，省委副书记和分管副省长为副组长的省扶贫开发领导小组，省扶贫办等42个部门为成员单位。11月，省农信联社扶贫小额信贷投放试点启动，开启全国扶贫小额信贷的先河。后来又出台相关政策指导全省建立起县乡村三级金融扶贫服务体系，实现了对贫困村扶贫小额信贷业务全覆盖，为农村脱贫奔小康注入金融活水。2014年，农村居民人均可支配收入突破万元，达到10060元。

2015年，湖南开始选派干部开展驻村帮扶，当起农村贫困百姓脱贫增收的得力助手。当年2月，省委组织部、省扶贫开发领导小组办公室出台方案，明确参与驻村帮扶的省直和中央驻湘单位共189个，分别安排在51个国家、省扶贫开发工作重点县。2017年，省派工作队增加到225支，全部派往贫困县中的贫困村。

因病致贫的邵阳县罗城乡保和村村民唐响生，在精准扶贫政策和驻村帮扶人员的帮助下开始养猪。一开始，因疾病失明的唐响生来养猪，并不被人看好。然而，经过一段时间"摸着"养猪的尝试后，他渐渐适应了在看不见的情况下制作猪食和去猪圈喂猪。

唐响生最初养的两头猪后来生了6头小猪，慢慢又生了4头。当"猪家族"扩大到60多头时，唐响生还掉了债务，并成功脱贫。他还带着自己80多岁的母亲，住上了家电和家具一应俱全的三层楼房。唐响生平时喜欢拉二胡，现在拉出来的尽是幸福的旋律。

随着一个个贫困户脱贫，一个个贫困村脱贫出列，从2017年开始，湖南开启贫困县脱贫摘帽进程。

2017年，张家界市武陵源区和怀化市洪江区2个省级贫困县率先脱贫摘帽。这一年，湖南农村居民人均可支配收入为12936元，增长8.4%。

2018年，湖南扶贫开发再度升级。当年6月，省扶贫开发领导小组实行省委书记、省长"双组长"制，同时新增13个省直部门为成员单位。这一年，祁东县、双牌县、江永县等7个县市区脱贫摘帽。全省农村居民人均可支配收入为14093元，增长8.9%。

2019年，全省贫困县脱贫摘帽开始迎来高峰期。平江县、宜章县、汝城县等17个县市区实现脱贫摘帽。这一年，农村居民人均可支配收入达到15395元，增长9.2%。

2020年，邵阳县、隆回县、洞口县等20个县市脱贫摘帽。

至此，全省51个贫困县全部成功脱贫摘帽！

不仅如此，更多的农民通过传统手工艺、通过新型养殖、种植业，走上了富裕的康庄大道。其中不少人，还带领了相当一部分农民也跟着富了起来。

岳阳县新墙镇清水村村民李思文很早就出去做生意了。然而，10年前，跳出"农门"很多年的李思文又回来了。吸引他回村的是当地一个欣欣向荣的产业——葡萄种植。隔行如隔山，第一次从事葡萄种植很难赚到钱，他刚开始只是抱着试一试的心态。没想到，当年他就从地里"刨"到了2万元利润，不但没亏本还赚到了钱。这下，李思文看着自家的葡萄地，两眼放光，仿佛看到了宝贝。

正在葡萄大棚中忙活的李思文

90%换成新苗，从单一品种增加到4个品种……在李思文大手笔投入后，他的3亩葡萄地的收益像开挂了一样，一路"蹭蹭蹭"地往上涨，2019年达到4万元，翻了一倍。

这些年来，在湖南有不少像李思文一样的农户，纷纷被吸引回村，种果树、种花、种草……经济上也取得了不错的回报。湖南农村因为更多农民的回归，更加欣欣向荣，蒸蒸日上。

长沙市望城区湘江村村民谭佩群一家在改良传统手工艺上闯出了一条路子。她今年58岁，做腐乳已有35年。作为当地邱氏腐乳制作技艺传承人，她改良了传统工艺，提升了腐乳生产的效率和品质，使当地腐乳产业经济效益获得显著提升，助力湘江村成为远近闻名的小康村。

传统方法制腐乳，时间长、产量少、工艺复杂、操作烦琐，谭佩群一家在很长一段时间内，只能开着一家豆腐店，靠卖腐乳半成品来养家糊口。

2015年，谭佩群儿子邱舟回乡创业，邱氏腐乳迎来一代新人。很快，邱氏腐乳制作技艺得到了改进，小石磨变成了现代化磨浆机，30平方米的家庭小作坊变成了300平方米的规模厂房，生产时长缩短了15%。营业执照上的"兴旺豆腐店"变成了"邱氏豆坊"。邱氏豆坊改进了产品包装，并通过开设线上直营店和线下网点扩展销售渠道。邱氏腐乳受到越来越多消费者的好评，市场空间进一步扩大，品牌效应逐渐显现。每年寻味而来的游客络绎不绝，北京、上海、广州等一线城市乃至海外的订单不断增多。邱氏豆坊年收入从几万元增长到近百万元。

先富，不忘带动后富。尽管如今邱氏豆坊卖腐乳成品比半成品的利润更高，但考虑到周边村民需要购买邱氏腐乳的半成品进行加工赚钱，因此邱氏豆坊一直保留了腐乳半成品的生产。村民们靠着邱氏

说起腐乳制作，谭佩群露出了幸福的笑容

腐乳的半成品进行腌制加工销售，在旺季一个月能挣一两万元，是当地不少农户每年的一笔固定收入。

　　从面朝黄土背朝天在地里手工劳作到操控机械进行现代化农业生产，从维持手工作坊到兴办农业企业，湖南农民眼界开阔了，收入翻倍了，生活更上了一层楼。

（作者：吴公然）

消费让生活更美好

变迁数据

2021年，全年全省居民人均消费支出22798元，比上年增长8.6%。城镇居民人均消费支出28294元，增长5.6%；农村居民人均消费支出16951元，增长13.2%。

——数据来源：湖南省2021年国民经济和社会发展统计公报

从放下票证本刷新"三大件"，到网购天下货追求个性新消费……湖南人购物篮里的故事，印证着时代的变迁。

衣、食、住、行、用、购、娱，消费的方方面面构成了人们物质生活的基本面貌。几十年的社会变迁历程中，消费是一杆标尺，衡量着湖南人的生活如何"芝麻开花节节高"。

"买什么"的升级

改革开放以来，随着社会发展，市场供应从紧缺到丰裕，湖南人的消费不断升级。

根据湖南省统计局对外公布的数据，2021年湖南居民人均可支配收入为31993元，城镇居民人均可支配收入为44866元、人均消费支出为28294元，农村居民人均可支配收入为18295元、人均消费支出为16951元。回看1978年，湖南城镇居民人均消费支出仅290元；农村居民人均消费支出仅140元。40多年间，消费增长百倍，城乡居民消费差距也在不断缩小。

收入"水涨"，消费"船高"。从吃饱穿暖到消费多元化，购物篮里的变化折射湖南人从贫困到温饱再到全面小康，奔赴美好生活的历史性跨越。

中国人生活消费里的标志性产品"三大件"，基本保持着十年一刷新的速度。

1978年，株洲人唐赛兰刚从湖南师范大学毕业，被分配回家乡当高中教师："那年我工资三十九块五，算是高工资。"那时结婚要"三大件"——手表150元，"二八大杠"自行车170元，缝纫机130元，都是要指标要票券才买得到的紧俏商品，需要小两口甚至背后两个家庭的多年积攒才能置办整齐。

那时的"衣食"全凭票证供应，每人每月27斤到31斤的粮食定额，加上油票、布票、豆腐票、副食本、工业品券……只能有啥买啥。

十多年后，拎着菜篮的唐赛兰已感觉不到票证的作用，自由市场里不需要粮和副食本。1993年，中国正式取消了粮票制度，"菜篮子里的最后一张票证"就此消失！

此时的湖南，许多人已体验过开架自选的超市和商城，而老"三大件"手表、自行车、缝纫机早已风光不再，大家向往的"三大件"变成了彩电、冰箱、洗衣机，"最好是进口货"。

21世纪初，唐赛兰发现新的"三大件"又成了手机、电脑和

1994年，株洲市株百商场，电视机柜营业员为顾客现场调试彩电

空调。

现在，她已说不清什么是如今的"三大件"。房子、汽车和智能家电？或许每个人的选择都不一样吧。

改革开放以来，中国经历了食品、服装、家电、住房、汽车等商品消费扩张浪潮。从追求数量到追求舒适，"人民生活更加殷实"的内涵变得丰富。

餐饮消费早已不是绝大多数中国人消费中的大头。居民家庭中食物支出占消费总支出的比重被称作恩格尔系数，不同于其他大多数经济学指标"越高越好"，恩格尔系数是"低些更好"。在国际上，这一指标常常用来衡量一地人民的生活水平：生活越贫困，恩格尔系数就越大；生活越富裕，恩格尔系数就越小。

湖南城镇、农村居民恩格尔系数分别由1978年的57.4%、69.9%，下降到2019年的27.9%、28.8%，分别下降了29.5个百分点和41.1个百分点，均达到联合国划分的20%至30%的富足标准。

"三大件"的变化见证了以耐用消费品为代表的国民消费产品的变迁。以"三大件"为标志的耐用消费品每百户拥有量，一直是居民消费统计数据的重点内容。

现如今的统计数据中，自行车、手表和缝纫机早已不再统计，冰箱、洗衣机、彩电每百户拥有量不断攀升，而移动电话、电脑、空调和家用汽车这些曾经的奢侈品已经走入寻常百姓家，成为新的统计项目。

根据《湖南统计年鉴2021》记载，截至2020年末，湖南城镇居民平均每百户拥有家用汽车43.2辆，移动电话274.8部，计算机73.5台，洗衣机104.7台，电冰箱106.1台，彩色电视机119.6部，空调182.8台；农村居民平均每百户拥有家用汽车20.9辆，移动电话288.4部，计算机27.7台，洗衣机90.6台，电冰箱104.6台，彩色电视机115.9部，空调72.4台。

近年来，随着收入水平的不断提高、刺激消费政策的不断出台，居民消费潜力加速释放，家用电器升级换代加快，智能家电等各类电子产品广受青睐。2021年，全省居民消费中汽车类增长10.2%；绿色智能商品中，可穿戴智能设备零售额增长18.5%，智能手机增长17.6%，新能源汽车增长61.9%。

消费观的转变

曾经，湖南人把食品、衣服作为消费主角，如今，旅游、健身、学习成为重要选项。经济学中，把这样的变化叫作从生存型消费向发展型消费的转变。

"钱要花在看得见的地方"，80后黄寒的记忆中，父母总是唠叨这句话。"看得见"的标准是，有限的钱要买最多的东西。黄寒说，父母的观念是"一块钱能买一个馒头对付一餐，那十块钱就要买十个馒头吃十顿"。

但黄寒认为，只要不浪费，花自己的钱，为什么不对自己好一点。从黄寒这一代人开始，生活逐渐从窘迫走向富裕，他们消费时不再盯着"最多的馒头"。

渐渐地，这场漫长的家庭争论中黄寒开始占据上风。原因很简单：一家人的工资卡上，不论退休、在职，每月的存入金额都在或快或慢地上涨。而商场、网店里商品琳琅满目，宣传广告更是纷至沓来，刺激人们的购物欲望。

黄寒的父亲学会了网购，在手机上淘宝不亦乐乎；母亲也不再反对全家下馆子，有时还会认真品评餐厅某道菜，说："回家就做给你们吃。"

食品消费之外，精神消费的可选择性也有很大变迁。随着物质生活日渐丰裕，人们将消费的眼光投向精神文化领域，不再斤斤计较于花钱是否"看得见"。

从读大学起，黄寒和朋友们就在为爱好花钱。有人喜欢买书，有人喜欢弹吉他，而黄寒则是一个资深影迷。他和朋友们热衷于比拼阅片量，大家还经常交流观后感、写影评。

有人说他这是文艺青年的做派。黄寒会笑着怼回去："千万别说我文艺，现在的孩子才是真文艺。"

公司里新来的年轻人，坐着高铁跨城追话剧、看演出，观剧日记记了一大本；还有人周末专门打卡城中的美术馆、博物馆，为此专门做了一本笔记当攻略；楼下的大哥每逢假期必安排亲子游或全家游；亲戚家的小姑娘报班学古筝、学插画，声称"总有不为考试的学习，才能滋养灵魂"……各类文化大餐、体验消费成为新时髦。"诗和远方"变得触手可及，幸福感也越发浓烈。

改革开放后，经济社会的发展对人的素质也提出了更高的要求。城乡居民学文化、上名校、学技术的意识增强，更加注重文化教育，对子女和自身教育培训更舍得投资。同时，随着生活水平提高，旅游成为居民消费新时尚，团体旅游、自驾游的人数不断增加，春节、国庆等节假日各类旅游活动丰富多彩，居民旅游消费成为热点。

湖南人消费支出里的分类数据在消费性支出中的占比很有代表性：1980年至2020年城镇和农村居民医疗保健支出占比分别由0.6%、1.6%上升至8.8%、11.4%，文教娱乐用品及服务分别由7.7%、3.9%上升至12.5%、11.9%，交通和通讯支出分别由1.5%、0.3%上升至13.9%、11.6%。井喷的消费需求之下，更多文化娱乐、教育培训、游学旅行等消费热点还在孕育当中，精神消费成为消费新方向。

个性的释放

供给端的日益丰富，让湖南人购物时能更从容地选择，消费开始追求个性的释放。

款式单一、颜色相近，这是新中国建立初期市场供应全面紧张时人们的衣着景象。不仅仅是服装，由于供给能力不足，吃穿用的品类，各地人们的消费选择也往往趋同。改革开放后，迎来消费市场的大繁荣，社会商品选择日益丰富多样，消费成为年轻人表达个性的方式。如今差异化、个性化成为许多品牌推广的制胜法宝。

进入新时代，90后成为消费主力军，他们成了个性化消费的中坚力量。为迎合年轻人的消费诉求，商家们挖空心思想创意，都希望

长沙市五一路商圈

能打造"潮"牌。长沙就有不少本土网红"潮"牌，让这座城市充满了"潮"味儿。

20世纪90年代末出生于湘西的慧敏，在长沙求学4年，喜欢上了长沙的"潮"味儿。

"对我们而言，和几十块的外国品牌咖啡比，十几块的国潮风奶茶更有魅力，衣服、鞋子和包包，更愿选择小众款和新国货，感觉是为我们而设计。"慧敏说，她们这代年轻人已告别对国际大牌的迷恋，更追求文化上的认同。

在周末，慧敏会约上好友去看电影、去听音乐剧、去逛书店。她发现，身边的90后们都很舍得为自己的兴趣爱好买单，懂得用艺术装扮生活，他们会购买线上课程，设计个性化旅行路线。很明显，这些消费习惯体现的是新一代年轻人全新的生活方式。

根据国家统计局湖南调查总队对外公布的数据，2021年湖南城乡居民人均教育文化娱乐支出 3061 元，增长18.3%，是8项消费支出中增速最快的。

改革开放后40多年来，透过一幕幕的消费之变，我们可以发现，人们的幸福感，在"能"消费、"敢"消费到"乐"消费的演变中更加充盈。

（作者：向婉　曾小颖）

城镇居民住房条件节节攀升

变迁数据

2021年湖南全面推进城镇老旧小区改造工作，新开工改造城镇老旧小区3529个，涉及居民50万户。全省完成住宅开发投资4164.61亿元，城镇居民人均住房面积52.3平方米。

——数据来源：湖南省住房和城乡建设厅

"安得广厦千万间，大庇天下寒士俱欢颜"，房子于中国人来说，自古以来就有着不同寻常的意义。从平房到楼房，从福利房到商品房，湖南人的居住环境发生了翻天覆地的变化，居住空间也得到了巨大改善，百姓的安居梦正照进现实。

曾经：最大的梦想是做饭不用等，洗澡不用排队

2021年初，28岁的朱文在株洲购入自己人生中的第一套房，他说："去年添了二胎，四房成为刚需，虽然背了房贷，但仍感觉干劲十足！"

2020年的长沙梅溪湖片区，商品楼林立

"记得小时候，家里土砖垒的地基，泥砖堆的墙，上二楼要借助木梯子，年幼的我每次上楼都战战兢兢，一边回头监督姐姐扶稳梯子，一边紧紧抓着梯子往上爬。"朱文回忆，"这是爷爷手里起的房子，当时不兴雇工人，请人帮忙但得管饭，顿顿白米饭且不能缺肉，乡里乡亲忙了一个月，才把曾祖父留下的茅草房换掉。"

茅草房换成土砖房，这是新中国成立初期，农村住房变迁的一小步。

而在城里，筒子楼是第一批居民楼。住惯了平房的人，第一次住进楼房还很兴奋。但并非所有人都有机会住进筒子楼，83岁的长沙市民张月容回忆说，能住进筒子楼里，是一件会让人羡慕的事情。

20世纪60年代，张月容和丈夫住在学校的筒子楼，长长的一条走廊贯穿整个楼层，走道两侧是一扇扇的木门，推开门就是一户人家……"两室一厅正好能住下一家三口，没有单独的厨房和卫生间，整个走道里油盐飞溅、人声鼎沸。每到做饭时，都会上演锅碗瓢盆'交响曲'。"

回忆那时，张月容依旧怀念隔壁邻居的辣椒炒鸡蛋，和夏天拿一把蒲扇聚在院子里大树下唠嗑乘凉的日子。但转念想起筒子楼的诸多不便，张月容皱了皱眉。"上厕所要排队，洗澡要排队，做饭也要排队……"张月容笑着说，"我30岁时最大的梦想是做饭不用等，洗澡不用排队！"

1953年，长沙市居民人均居住面积仅为3.87平方米。1958年，长沙市按照"六个统一"（统一规划、统一设计、统一建设、统一组织投资、统一分配、统一管理）的原则规划第一批住宅小区。长沙北郊、南郊工业区的伍家岭、砂子塘成为试验场，建湘新村和砂子塘小区建成了长沙最早的住宅小区。这两个最早的小区，以公共楼梯间为中心入口，一梯两户或一梯三户，甚至一梯四户，户内两室或三室，自来水入户，有卫生间、厨房。

不过，住单元楼并不比住筒子楼舒服多少，依旧是一个家庭分配一间房。一家六口人挤在一个房间，搭个阁楼，四个小孩睡阁楼。82岁的曹娭毑在建湘新村住了50年，那段拥挤的艰难岁月，曹娭毑在多年后想起，依旧满是唏嘘感慨。

后来：为"走出筒子楼"而奔走奋斗

51年前，周女士从长沙黄泥坑搬进了白沙路57号一间37平方米的筒子楼，即便房子里没有单独的卫生间，每个楼层的住户共用厕所，但在那个年代，能从平房搬进楼房，就是一件倍有面子的事儿。

随着人们改善居住环境的渴望日益强烈，筒子楼逐渐不合时宜。

1980年，机床厂对接人民新村，对单位职工实施福利分房。因为是厂里的技术骨干，陈贯德分到人民新村的一套20多平方米的房子，告别了跟别人抢厨房、厕所的日子。陈贯德回忆，他第一时间跟父母通报了这个好消息，看到房子，只觉得楼很高，也很整齐。陈贯德为居住环境的改善而倍感欣喜，他没有想到，后来换房子能成为司空见惯的事情。

1978年，邓小平指出："解决住房问题能不能路子宽些，譬如允许私人建房或者私建公助，分期付款，把个人手中的钱动员出来，国家解决材料，这方面潜力不小。"1980年，邓小平又一次发表了关于住房问题的重要讲话，认为不但新房子可以出售，老房子也可以出售。他还提出买房可以分期付款、提倡个人建房等设想。邓小平的两次讲话，为这一亟待解决的民生难题指明了方向，也拉开了我国住房制度改革的大幕。

这一时期，中国进行了住房改革的实践性探索，诸多创新迈出了第一步：1979年第一个商品住宅项目获批，1980年第一家房地产公司成立，1985年第一笔住房按揭贷款发放，1987年第一宗土地公开拍卖……

1991年8月28日，湖南省政府发出《关于加快城镇住房制度改革的通知》，提出我省"八五"期间城镇住房制度改革的目标是：所有城镇都要实行以提高租金，出售公有住房，组织职工个人集资、合作统建住房，建立住房基金，加强房地产管理为主要内容的改革；公有住房租金要逐步提高到能够补偿维修费和管理费，力争达到按维修费、管理费、折旧费3项因素计算的标准。1991年，长沙、衡阳、株洲、湘潭、岳阳、邵阳6市陆续出台房改方案；1993年前，全省所有城镇房改方案分批出台。

以长沙为例——

1978年，党的十一届三中全会后，长沙市成立住宅统一建设指挥部组织全市的住宅建设，以缓解城市居民居住问题。同年，长沙开辟人民新村、五一新村、雅塘村、陡村等住宅小区。

1982年至1983年，长沙投资13000多万元用于住宅建设，全市人均居住面积增加到了6.28平方米。

1984年起，长沙市开展了住房制度改革。到1991年底，长沙市共有房地产企业22家。1992年，长沙市批准成立各类房地产开发公司134家，1993年迅猛增加到317家。

1994年，省政府印发《湖南省城镇"安居工程"实施方案》，并决定从8月起，全面实施城镇"安居工程"，从1994年起用5年时间基本解决人均居住面积在6平方米以下的居民住房问题。

1999年长沙市商品房销售额首次突破10亿元，投资与销售成倍增长。1999年至2004年长沙市房地产开发投资近500亿元，商品房销售1200多万平方米。

随着市场经济体制逐步得到确立，1998年，长沙开始进行住房体制改革，取消福利分房政策，推行住房商品化。自此，住房成为商品进行交易，长沙房地产行业逐渐兴盛并得到长足发展。

2020年，长沙城镇居民人均住房面积约为41.2平方米。2021年长沙全市房地产开发投资2236.12亿元，比上年增长19.7%；全年商品房销售面积2605.79万平方米，增长9.5%；商品房销售额2620.32亿元，增长19.3%。

湖南其他市州也走过了类似的历程。2021年，湖南省城镇居民人均住房面积达到52.3平方米。

如今：配套设施好了，住得越来越舒服了

令长沙市民王锦华印象比较深刻的是，在20世纪90年代，他在井湾子买了一套房，7楼，顶层。那个时候，长沙的住房尽管比以前多了很多，但大多数还是"个子不高"的；有地下车库的很少，地上停车位也不多；小区里的绿化也一般般。进入21世纪后，长沙的住房建设进入了高速发展期，房子越来越高，越来越多了。小区里的绿化也越来越好了，不少小区建得像花园一般。同时，大家也不用像以前一样爬楼梯了，因为都是电梯房了。王锦华心生羡慕，于是，一家人一商量，2010年在河西四水厂附近买了一套房。18楼，有电梯，住在里面，推开窗可以看见湘江，心里的喜悦难以言表。他老婆腿脚不太好，不用再像以前那样每天辛苦地爬楼梯了。当然，现在若买点米油回家，他也不用像以前辛苦地背着上楼了。

进入21世纪后，社会经济快速发展，城市面貌日新月异，老百姓的住房问题已经基本解决，如何提升生活品质成为了新的向往。

除了像王锦华一样"重起炉灶"买新房的人之外，还有一部分人住在二十世纪八九十年代的老房子里，他们也想住得更好一点、更舒服一点，但又因为房子住久了有感情了不想搬，或者是经济方面的原因没法搬，那怎么办呢？

办法很快来了，那就是老旧小区改造。

岳阳市湘爱园片区建成时间早、规划滞后，管线老化严重、部分线缆裸露，且小区内乱搭乱建情况较为普遍，许多居民还在房前屋后搭建临时性设施、圈地种菜。小区公共空间受到严重挤压，环境"脏乱差"，严重影响居民生活，群众非常不满。

同样的窘境也发生在长沙天心区坡子街街道青山祠社区的中意宿舍。"小区广场以前坑坑洼洼，要多乱有多乱，私拉乱接的电线像蜘蛛网一样密密麻麻。很长一段时间小区坪里还有个垃圾山，有些白色垃圾还挂在树上，住在'中意'却实在是不满意。"市民欧阳仲凯说。

这一切因老旧小区改造彻底改变。

拆除违建、更换管网、加装电梯……城镇老旧小区改造的大规模实施，让"脏乱差"的老旧小区变为"净畅美"的文明社区，群众的获得感、幸福感日益增强。

2021年9月，湖南省政府出台《关于全面推进城镇老旧小区改造工作的实施意见》，重点改造2000年底前建成的城镇老旧小区。湖南省住房和城乡建设厅对外公布的数据显示，截至2021年12月底，全省2021年计划改造3529个小区（涉及50万户），已开工3600个，开工率达102%。

湖南的不少地方在启动老旧小区改造之前，广泛召集楼栋组长、居民代表，召开屋场恳谈会、磋商会，聚焦各类问题。省住建厅相关数据显示，截至2021年12月中旬，全省既有住宅加装电梯累计已超过5000台，其中2021年当年通过联合审批新增加装电梯达到3825台。

老旧小区改造不是"一锤子买卖"，后续管理和维护是改造效果可持续的关键。株洲市荷塘区对于改造后条件成熟的小区，积极引导成立业委会，协商引进有规模、有实力的物业公司；对于暂不具备条件引进物业公司的小区，按照"党建引领、党员示范、发动群众、小区自治"治理思路，逐步完善小区治理长效机制。

湘潭金马水果市场曾是有名的马路市场，老旧小区改造项目启动前，四面八方的居民都来这里赶集。卖蔬菜的、卖干货的、卖衣服的摊贩们聚在一起，吆喝不断，给交通、消防安全带来了重重压力。

改造后，取缔了金马水果市场小区内的赶集场地，投资新建一处临时赶集场地。湘潭大道与板马路周边区域乱停乱放乱摆的现象减少了，群众赶集更安全了。小区业主停车难的问题，则通过清理场地、修整苗木、合理规划空间后，新增多个画线停车位来解决。就连小区南部废弃的一块荒地，也摇身一变成了花木葱茏的"口袋公园"。滑滑梯、健身器材应有尽有，还有阿姨们跳广场舞的专门场地。居民彭光明在这里住了15年，对小区新貌赞不绝口："以前这里荒土、菜园、臭水遍布，真正看不上眼。现在拆除了违章建筑，市场和小区分离，停车有序，老人和小孩都有了休闲的地方，大家都很满意！"

从筒子楼到单位福利房、商品房，再到现在的老旧小区改造，万家灯火下，城市边界在扩张，家也从狭小变得宽敞，从平房变成高层，从有房住变为住好房。房子越来越大，生活越来越美。老百姓居住环境巨变的背后，是个人、家庭命运与国家命运的紧紧相连。

（作者：卢欣）

新型城镇化进程如巨浪般奔腾

变迁数据

湖南城镇化率由1949年的7.9%、1978年的11.5%，提高到2021年的59.71%，湖南省常住人口6622万，城镇人口达3954万人。

——数据来源：湖南省住房和城乡建设厅

城镇化是人类社会发展的必经阶段，也是现代文明的重要标志。

截至2021年末，湖南省常住人口6622万，城镇人口达3954万，城镇化率为59.71%。

从乡村走向城市，从乡村变为城市，新型城镇化进程如巨浪般奔腾向前。以人民为中心，推进新型城镇化，其根本目的是满足人民群众美好生活需要。从1978年的11.5%，提高到2021年的59.71%，湖南城镇化率不仅仅是个数字，更是湖南大力提升新型城镇化质量、营造美好人居环境的体现。从村民到市民，湖南将继续推进"以人为核心的新型城镇化"。

易地扶贫搬迁成为湖南城镇化"奇兵"

湖南省邵阳市武冈市的农民唐许青，终于在59岁这年以一种自己都没想到的方式，住进了这辈子都梦寐以求的楼房。

2018年2月26日下午，武冈市湾头桥社区居委会25组（原合龙村5组）唐许青站在湾头桥镇易地扶贫搬迁集中安置点前，望着自己家的房子，虽然已经拿到了钥匙，但他似乎仍然不敢相信自己一家人能住上这么大的新房。

唐许青的新家是三室一厅，还有阳台和杂物间。客厅十分敞亮；厕所干湿分离，还装了抽水马桶；厨房与客厅隔断，燃气灶、抽

2018年，唐许青站在新房前

油烟机一应俱全。这与商品房相比别无二致。

湾头桥镇的易地扶贫搬迁集中安置点还配套建设镇综合服务平台，设商贸中心、电商中心、物流中心、客运中心四个功能区，帮助搬迁群众脱贫致富和后续发展。

在湾头桥镇的易地扶贫搬迁集中安置点，像唐许青这样乘着时代的东风进城上楼的农民共有300多户，合计1000多人。

在脱贫攻坚时期，易地扶贫搬迁既是脱贫攻坚的重要抓手，同时也成为湖南加速城镇化的重要驱动力。

岳阳平江县洪家塅安居小区是湖南省易地扶贫搬迁集中安置投资规模最大、安置人数最多、设施配套最全的安置项目，用地面积69亩，总建筑面积16.73万平方米，共有11栋楼。其中住宅9栋，安置了来自四面八方136个贫困村的1932户，7518人。这类易地扶贫搬迁安置区，将不同偏远地区的群众汇聚在一起，催生了新的经济、文化土壤。人口的大量集中，也催生了新的城镇。

尤其是一些距离城市较近的集中安置区，更是一步到位实现城乡融合。例如坐落在湖南省沅陵县沅陵镇的太安社区，居住着1392户5331人，其中绝大多数都是从周围的农村汇聚而来的易地安置户。太安社区距离沅陵县城仅3公里，在社区里，有便民服务中心、卫生健康服务中心、幼儿园、银行、超市、污水处理站、公交站等公共服务设施，让进城农民的教育与医疗不输在起跑线上，大大提升其获得感、幸福感，真正过上了城市生活。

"十三五"期间，整个湖南共有69.4万人通过易地扶贫搬迁上了楼、进了城，成为湖南城镇化浪潮中的一员。

走向富裕的农民是城镇化的主力军

与易地扶贫搬迁群众这支湖南城镇化中的"奇兵"相比，近年来随着湖南农业农村的高速发展，富裕起来的农民才是城镇化的主力军。

生产力的变革催生了生产关系的变革。随着农业现代化的不断推进、农业产业化的发展，农民也不再是传统意义上的"在泥土里讨生活的人"。

株洲市炎陵县中村乡的村民便是如此。深藏于罗霄山的中村乡是瑶、畲等少数民族散居区域，也是长株潭地区唯一的少数民族之乡。曾经这里交通不便，经济落后，生活穷苦。近年来，得益于好时代、好政策，村里黄桃产业高速发展，炎陵黄桃从深山里的"小果果"变成了当地果农致富的"金疙瘩"。出去打工的人看到村里种黄桃也能致富后，纷纷返乡加入，人口回流比例高达70%以上。原来村里80%都是土坯房，现在村里90%以上都是砖混结构的楼房；原来有辆摩托车就是村里人人称羡的事，现在村里70%的家庭都买了小汽车。得益于黄桃产业发展，中村乡人均收入实现翻番。一座新兴城镇正在罗霄山下拔地而起。而中村乡村民的生活，也逐步向市民看齐。

2015年7月，省委、省政府印发实施了《湖南省新型城镇化试点工作总体实施方案》，宣告全省新型城镇化试点工作全面启动。根据该方案，湖南共在5个地级市（城市群）、15个县市区（新城），还有28个建制镇设立新型城镇化试点，通过试点地区先行先试。

先行一步的长株潭地区成为全省城镇化的样板地区。如今，走进阡陌乡间早已难见固有印象中的低矮农村房，反之独院多层的乡村别墅越来越多，并且房子逐渐向主干道或者行政中心聚集，分散的村落越来越聚合，逐渐形成一个个崭新的城镇。

湘乡市昆仑桥街道城南村由于背靠湘乡城区，这里的村民大多较为富裕，村里早已是别墅排成排。西湖潭村位于浏阳市永安镇西北部，距长沙市区24公里，面积8.9平方公里，共有村民889户3586人。5年前，这里迎来了一场蝶变，短短数年就从薄弱村崛起为集体经济强村，随之而来的是一场"居住革命"。

得益于全国农村集体经营性土地入市在此率先试点，西湖潭村改革盘活了沉睡的土地资源，将350多亩荒山变身为现代化产业园，壮大了村级集体经济，也让村民走向了富裕。

村集体通过园区厂房租赁的方式，与村民共享改革成果。按照市场租金每平方米每个月10元计算，村民占整个项目10%的股份，即获得每平方米每月1元的收益，约合1亩地1年收益8000元。其中村民获得70%，村集体获得30%。在产业园中，有三栋楼并不是厂房，而

西湖潭村产业园

是按照城市商品房标准建造的单元楼，村集体为村民们预留了"上楼"的机会。新兴的产业小镇也反哺了当地的经济，流动人口也带来了新的发展窗口。村民们或进厂工作，或当私营店主，日子过得红火，村民也变成了市民。

城镇化需要"相加"，更在于"相融"

生产力的进步、生产方式的变革，让农民的生活方式发生了翻天覆地的变化。

让农民进城上楼的城镇化，不仅仅是农民的生产生活在物理空间上的转移，也不只是一种社会身份属性的改变，而是某种系统性的变革，是一项长期的、综合的、多元的复杂工程。

习近平总书记指出，要把乡村振兴战略这篇大文章做好，必须走城乡融合的发展之路。2020年，省委、省政府制定出台《关于建立健全城乡融合发展体制机制和政策体系的实施方案》（以下简称《方案》），为全省推进城乡融合发展提供了根本遵循。《方案》明确指出，要将城市与农村、工业与农业作为一个统一的整体来考量，用全面而系统的方法改革创新城乡融合发展新机制，坚持以深化户籍管理制度改革、农村农民资产运行方式改革、权利置换制度改革等综合配套改革为动力。

近年来，湖南在这些方面都进行了十分有益的探索，并取得了相当可观的成效。

唐许青家所在的武冈市湾头桥镇易地扶贫安置点，13栋楼的一楼被统一改造成了门面房，共有160个门面，门面租金年收益有60余万元，都统筹作为搬迁户后续扶持资金。在当地政府的努力下，楼下的门面房开设了多个劳动密集型的扶贫车间，加工生产手机数据线、毛绒玩具、服装等产品，为楼上的住户提供家门口就业的机会。湾头桥镇易地扶贫安置点还为每户搬迁户，在安置点附近匹配了一定面积土地作为菜园。

在西湖潭村，随着园区功能定位的适时调整，如今产业园内除家居产业链外，还成了金阳新城蓝思、惠科等重点企业上下游产业的聚集区。如今，产业园内已有数十家企业入驻，项目全部建成后可新增就业岗位超过5000个。这对于住在产业园内的西湖潭村人而言，将会实现家门口就业的愿望。

城乡二元融合发展，并不仅仅是稳住进城农民的收入的问题。随着收入的增加，农民对美好生活的需求也不断提升。城镇化后的农民对教育、医疗、就业、饮水安全、金融服务、养老等都有了更高的需求。以武冈市为例，早在脱贫攻坚阶段，当地在教育、医疗、就业、养老、饮水安全等多个领域，均立足长远、立足全域，推进城乡融合。比如斥资2.17亿元，通过提质改造、完善配套原有39个水厂，完成覆盖196个村的管网延伸工程和新建小型供水工程、水池水井建设等项目982个，实现安全饮水全覆盖，农村自来水普及率达85%以上。养老方面，在对原有敬老院提质改造的同时，针对特困人员、贫困对象、空巢老人等6类群体，施行3类费用管理，由单一入住特困人员的"基本养老"模式向"基本养老+小康养老"模式转变。

根据以上所提2020年的《方案》，到2022年，湖南城乡要素自由平等流动体系基本形成，长株潭城市群等经济发达地区和城市郊区在体制机制改革上率先取得突破。到2035年，湖南的城乡融合发展体制机制更加完善，城乡发展差距和居民生活水平差距显著缩小，基本公共服务均等化和农业农村现代化基本实现。到21世纪中叶，湖南的城乡融合发展体制机制成熟定型，城乡全面融合，乡村全面振兴，全省人民共同富裕基本实现。

当前，湖南正在加快形成释放"人"的活力、激活"地"的潜力、激发"产"的动力、打造"乡"的魅力的政策体系，用市场机制的动能推动城乡要素双向和谐自由流动，使劳动力、资本、技术等生产要素在城乡之间无缝对接、优化配置、充分融合。深入推进新型城镇化进程，积极推动有能力在城镇稳定就业和生活的农业转移人口进城落户。鼓励引导各类人才"上山下乡"，积极推进城乡"校联体""医联体"建设，支持基层运用双向兼职、技术入股等形式柔性引才用才。完善农村土地承包制度，落实第二轮土地承包到期后再延长30年政策。加快完成农村承包地确权登记颁证，推进林权登记，加强确权登记数据信息化管理应用。

城乡融合发展带来新一轮红利，一定能让湖南农民进城进得更安心，上楼住得更安心，市民当得更舒心。

（作者：王义正）

信息化浪潮深刻影响日常生活

变迁数据

截至2022年1月末，湖南移动电话用户数达到6976.01万户；固定宽带用户数达到2344.12万户；移动互联网用户数达到6104.91万户。

——数据来源：湖南省通信管理局

刷脸通关、在线购物、手机支付、网络预约……信息化发展为人们的日常生活提供了极大的方便。信息化技术飞速发展促进了产业变革，极大地提高了社会生产效率。

2021年，湖南数字经济增长17%。自20世纪50年代中国开始信息化进程，时至今日，信息化已深度融入湖南人生产生活的方方面面，也在不知不觉中改变你我日常的衣食住行。

数字湖南：看湖南敢为人先

湖南信息化发展的里程碑，应该是1983年，那一年中国第一台亿次巨型计算机——"银河－Ⅰ"计算机在长沙诞生，填补了国内巨型计算机研制的空白。

10年后，1993年2月25日，国防科技大学承担的"银河智能工具计算机系统"在长沙通过鉴定，标志着中国成为世界上独立设计和制造通用人工智能计算机的国家之一。自此，湖南在计算机科学领域的地位进一步巩固，为后来的世界计算机大会永久落户长沙，奠定了坚实基础。

1994年，中国全功能接入国际互联网，信息化的浪潮汹涌而来。1999年末，《湖南省信息化建设规划纲要》正式出台，湖南与信息化时代正式相拥。该纲要提出，2000年，湖南要建设5项重大信息化应用工程：洞庭湖防汛调度指挥决策信息工程、湖南省宏观决策信息网工程、湖南计算机网络互联工程、长株潭区域信息化示范工程、湖南省社会保障信息系统工程。

为保障湖南省信息化和信息产业健康发展，2004年7月30日，省十届人大常委会第十次会议审议通过《湖南省信息化条例》。这是全国首部省级地方性信息化综合法规，在全国率先依法引导、规范、促进信息化和信息产业发展。

2004年，湖南开始规划3G网络，电脑办公逐渐成为新潮，有远见且有条件的人们开始争相学习电脑操作，湖南的中小学课堂里，多了一门计算机课。此后，逐渐走入移动互联网时代，信息化与人们的生产生活开始联系紧密，部分行业开始将计算机作为提质增效的关键工具，但在当时的社会治理方面，信息化应用程度还很有限。

湖南开启信息化立法工作后第8年，2011年，省委、省政府又一次高瞻远瞩地把握住时代发展脉络，印发《数字湖南建设纲要》，作出了建设"数字湖南"的重要决策。从此，数字湖南成为全省经济增长的"倍增器"、发展方式的"转换器"和产业升级的"助推器"。

同年4月，长株潭城市群被工业和信息化部批准为国家级信息化和工业化融合试验区。

与此同时，随着数字化生活走入寻常百姓家，湖南也将其作为持续改善民生、增强人民幸福感的重要抓手，开始推动社会各领域信息化全面发展，让广大人民群众共享信息化成果。

党的十八大以来，党中央高度重视发展数字经济，将其上升为国家战略。当今时代，数字技术、数字经济是新一轮国际竞争的重点领域。历来敢为人先的湖南，自然在数字经济发展中当仁不让。

2014年9月，首届互联网岳麓峰会召开，并在几年间耕耘成为中国乃至全球的互联网行业性品牌；2014年10月9日，长株潭城市群同北京、上海、天津等城市一道被列为"宽带中国"首批示范城市；2016年8月29日，湖南省14个市州全部完成数字城市地理信息基础工程建设，建成以"一网一库一平台"为核心的"数字湖南"基础工程体系，建成122个覆盖全省域基准网站，全省21.18万平方公里实现矢量电子地图全覆盖：这都是湖南省推进信息化建设的重大标志性事件。

自2019年起，数字湖南成果频频涌现。2019年6月14日，全国首辆5G技术控制的新能源公交车亮相株洲；9月9日至11日，首届世界计算机大会在长沙举行，且经国务院批复同意，大会永久落户长沙，长沙有了推动计算机产业高质量发展的国际交流平台。

计算机及其相关领域的加速发展，推动了我省移动互联网、智能网联汽车、人工智能、5G及应用等产业同步发展。2019年9月26日，开放道路智能驾驶长沙示范区在湖南湘江新区正式启用。2020年9月，工信部批复支持湖南（长沙）创建国家级车联网先导区，吸引华为、百度、舍弗勒等20多家行业巨头、340多家配套企业落户，自动驾驶出租车、智能环卫车陆续上线，智能网联汽车产业生态逐步完善。

2020年，4G网络全面覆盖城乡，5G基站建成2.9万座，实现14个市州城区5G网络覆盖；自主可控计算机、高端芯片及信息安全等领域技术创新取得突破，涌现"天河"系列超级计算机、飞腾中央处理器+麒麟操作系统、高压高功率密度绝缘栅双极型晶体管（IGBT）芯片及其模块等一批自主创新重大成果。

2021年9月，湖南成功举办首届北斗规模应用国际峰会；12月，全国首部网络安全和信息化地方性法规诞生在湖南……

近年来，数字经济的作用越发凸显，成为撬动经济增长的新杠杆。以农产品销售为例：依托电商平台、直播带货等新模式，解决了"怎么卖"的问题；依托智慧冷链物流、全程视频质量监控等，更好地解决了"怎么运""如何管"的问题，助力农产品实现产销两旺。

智联万物，数联未来。数字经济已经成为构建未来竞争优势的关键一招。湖南省政府工作报告指出，2022年，湖南要继续提升数字驱动力，力争数字经济增长15%以上，打造产业发展、政务服务、社会治理等十大数字化应用场景，加快培育"大智移云"战略性新兴产业，壮大先进计算、北斗应用、超高清视频、智能网联汽车等优势产业，布局光电信息、量子信息、人工智能等未来产业。

数字产业：从制造到"智造"点燃增长引擎

数字产业化，产业数字化。

从田地里的遥感设备，到工厂里的智能机器人，再到商店里的智能点单结账，今天，各行各业无不透着越来越浓重的"数字味道"，转型升级中的各个产业有着越来越高的"数字含量"。

无数字，不经济。2020年，全国农业、工业、服务业数字经济渗透率分别为8.9%、21.0%和40.7%。

湖南的数字经济，可从2011年印发《数字湖南建设纲要》说起。这一年，湖南全省信息产业产值突破1000亿元，成为湖南工业继机械、石化、食品、有色、轻工、冶金、建材之后的第8个千亿产业。

2011年，全省近300家企业完成企业信息化试点计划，与湖南电信合作，完成了3000余家"数字企业"创建任务；射频识别技术（RFID）和全球定位系统（GPS）等物联网技术在交通、邮政和物流领域得到广泛应用，城市公交IC卡基本普及。

彼时，移动互联网尚是一片蓝海市场，信息化加持工业生产所提高的生产效率及生产水平已是初见端倪。湖南信息产业的异军突起加速了湖南传统产业两型化、优势产业集聚化、高新产业规模化发展态势的形成。

2016年9月6日，2016中国（长沙）智能制造峰会开幕式在长沙举行。湖南以这次智能制造峰会为契机，在国家工信部等有关部委的支持指导下，充分发挥智能制造对传统产业转型升级的促进作用、对新兴产业发展的引领作用，深入推进湖南制造业供给侧结构性改革，推动"湖南制造"向"湖南智造"跨越。

2020年11月28日，2020长沙网络安全·智能制造大会在长沙国际会展中心召开，大会分享网络安全和智能制造新技术、新产品和新应用，全面展示网络安全和智能制造新动态、新成果和新经验。

2022年3月，湖南首家世界级"灯塔工厂"花落长沙，博世汽车部件（长沙）有限公司通过45个结合自动化和人工智能的第四次工业革命应用场景，实现碳中和，保持住了市场领先。它是省工信厅首批发布的十家"5G+工业互联网"示范工厂之一。

位于长沙的三一集团18号厂房里，一名技术工人凭借一台电

2020长沙网络安全·智能制造大会现场

脑就可以为每个工位提供物料和零部件提取、配送服务；加入了视觉识别模块的智能焊接机器人可以自动识别物料、进行焊接；重型AGV（自动导引运输车）满载物料在厂房内川流不息；在智能化系统的指挥下，上百台机器人协同作战……

随着量子点激光器、碳化硅芯片、6英寸分子束外延装备等重大技术突破，如今，自主可控和信息安全产业链形成湖南特色，移动互联网产业成为湖南新名片。

2020年湖南省数字经济规模约为1.148万亿元，同比增长13.4%。2021年，湖南数字经济增长17%，规模以上电子信息制造业、软件和信息技术服务业营业收入分别增长23.2%、44%。

根据湖南规划，到2025年，省数字经济规模进入全国前10强，突破25000亿元；数字经济占GDP比重达45%；将湖南建设成为全国数字经济创新引领区、产业聚集区和应用先导区。

数字生活：世界在湖南人眼前平面展开

互联网缩短了人类交往距离，它将全世界拉平在一张屏幕上。

许多湖南人的上网初体验，便是网络聊天室。2021年，在我国10.32亿网民中，即时通信、网络视频、短视频用户使用率分别为97.5%、94.5%和90.5%，用户规模分别达10.07亿、9.75亿和9.34亿。以QQ、微信为主的即时通讯，让天南海北的人在互联网上相知相识。

长沙外卖骑手吴骏和他的妻子陈霞便是因微信群结缘。"我俩都喜欢宠物，2016年在微信群里认识的，当时我养的斗牛犬，她养的泰迪叫'萌萌'。"吴骏说。

陈霞是网购平台的忠实用户。"隔三岔五一个包裹，怀孕后衣服买得少些了，各种孕期需要的东西买得多了。"陈霞说。足不出户，她在网上便能全球购。

全方位为人们的生活提供便捷，是信息化带给湖南人最大的实惠。

高铁刷脸通行，预约挂号一键可约，无人驾驶触手可及，审批登记线上"秒办"，智慧药房机械取药发放，还有远程医疗、远程办公、智能家居等，如今，数字化应用场景已在湖南遍地开花。

但数字化的意义还远不止此，意义更为重大的是，国家信息化的发展，让人们在信息获取上，跨越了曾经的城乡鸿沟。过去村里人想了解外面的世界，得去市里的报亭，如今农村的小孩从出生开始，就与城里的孩子面对同一个互联网，能在互联网中获取相同的信息，感受同一个世界。

2020年，"学校联网攻坚行动"和"多媒体教室全覆盖攻坚行动"顺利完成，"我是接班人"全省网络大课堂和"上联名校、下联村小"网络联校建设大力推进，教育优质均衡发展取得成效。远程教育，能让身处大山的孩子，和长沙市里的孩子上同一堂课。2022年3月8日，长沙市芙蓉区东风小学作为长沙市基础教育网络主校，牵手娄底市双峰县荷叶镇花贝学校，宁乡煤炭坝镇贺石小学、联华小学，同上一堂云课堂，这样的城乡同教模式，正在湖南多地进行实践。

通过互联网，人们能学到绝大多数自己想学的知识，它让终身学习成为可能。益阳市赫山区衡龙桥镇湘江西村杨利明和杨迪两父子，都不曾在学校学过农业种养，却通过互联网的学习，承包了千余亩菜地，办起了合作社和蔬菜加工企业。

闲暇时，杨迪在家里用智能电视和智能音响与朋友欢歌；杨迪的妻子在长沙工作，通过手机可以看到益阳家里监控画面中小孩的一举一动。

数字改变社会、服务个体。信息化的浪潮，让湖南人与世界在云端相见，与幸福在身边相遇。

（作者：刘志雄）

教育在与时代的共振中高速发展

变迁数据

截至2021年末，湖南有普通高校114所。研究生教育毕业生2.7万人，普通高等教育毕业生39.4万人，中等职业教育毕业生20.6万人，普通高中毕业生39.4万人，初中毕业生84.0万人，普通小学毕业生88.7万人。在园幼儿229.4万人。小学适龄儿童入学率100%，高中阶段教育毛入学率94.28%。

——数据来源：湖南省2021年国民经济和社会发展统计公报

古往今来，教育承载着太多期望和梦想。时代越是向前，知识和人才的重要性就更加突出，教育的地位和作用就愈发凸显。新中国成立至今，湖南教育在与时代的共振中，写就一本波澜壮阔的上学简史：

1949年，湖南在园幼儿仅978人，到2021年，在园幼儿达到229.4万人；新中国成立初期，湖南小学教育净入学率仅20%，到2021年，湖南小学适龄儿童入学率达到100%；1949年，全省高中阶段毛入学率是1.5%，到2021年，这一数据是94.28%……

如今，湖南教育已不再底子薄、基础弱，"有学上"已经实现，"上好学"正在成为现实。

"有学上"：超大班额清零，家门口学校好而不贵

严莉玲家住长沙市岳麓区高鑫麓城小区。2020年，岳麓区教育局将高鑫麓城小区配套幼儿园转办成公办幼儿园，为高鑫麓城小区业主子女及周边适龄儿童入园提供普惠的学前教育资源。

如今的严莉玲逢人就说："家门口就有公办幼儿园，孩子出门就有学上，让人感觉特别幸福。"严莉玲所说的幸福，是肺腑之言，也说出了许多人的心声。

现代都市生活节奏快，对于大多数年轻父母们而言，最头疼的莫过于接送孩子上下学。

早晨送孩子上学，上学路上总是拥堵，不早点出门就会迟到；下午放学得接孩子回家，偶尔加班只能让老人接孩子，但是又不放心。接送孩子上学真是让不少上班族家长操碎了心。

家门口就有好学校，成为千千万万家长的共同心声。近年来，湖南大力推进落实《湖南省中小学校幼儿园规划建设条例》，确保新楼盘配套学校同步规划、同步建设、同步验收，增加学位供给。

此外，湖南还从增加公办园学位入手，破解幼儿"入园难""入园贵"问题。

数据显示，截至2021年底，湖南近两年增加公办园学位52万余个，公办园幼儿占比达到53%；近三年累计投入372亿元，增加义务教育学位132万个，超大班额实现清零，大班额占比降至0.56%，大班额、超大班额降幅居全国首位。

从整个教育版图来看，这是中国推进教育公平的一个缩影。回顾中国教育发展的历史，有几个时间节点，意义非凡。

2004年，国家西部地区"两基"攻坚计划启动；2007年春，免除全国农村义务教育学杂费；2007年秋，实施新的高校和中职学校家庭经济困难学生资助政策；2008年9月1日，中国实现城乡义务教育全部免除学杂费……

21世纪初，中国绝大部分地区实现了基本普及九年义务教育，基本扫除青壮年文盲的"两基"目标。

从2004年开始，几年时间内，中央投入100亿元建设8300多所寄宿制学校，解决学生"进得来"的问题；实施"两免一补"政策，解决学生"留得住"的问题。

中国教育大提速从义务教育发轫，让家住贫困地区偏远山村的孩子们也有了上学的机会。

"上好学"：贫困乡村孩子享受优质教育资源

"有学上"远远不够，还得"上好学"。教育，是阻断贫困代际传递的根本之策。

2015年，湖南仍有51个县尚未脱贫摘帽，有78.6万余名义务教育阶段建档立卡家庭子女入学需要政府提供保障。

教育扶贫路上，不能让一个孩子掉队。

湖南在全国率先出台教育扶贫规划，明确了功能型教育扶贫基本定位。从2015年到2020年，湖南构建起从省教育厅厅长到市（州）教育局局长，再到县（市、区）教育局局长的"三级局（厅）长"抓扶贫，从幼儿园园长到小学校长，再到初中校长的"三级校（园）长"抓扶贫的工作格局。

五年间，湖南研发运用教育精准扶贫"一单式"信息系统，督促地方落实"三帮一"劝返复学，累计劝返13855人次，控辍保学实现应返尽返。

五年间，湖南在全国率先推行"以学籍地资助为主、以户籍地资助为辅"的政策，家庭经济困难学生资助率100%，学生资助实现应助尽助。

五年间，湖南新增14.6万多个学位，"全面改薄"工程累计支出320多亿元，学位保障实现精准供给。

朵朵"芙蓉花"，三湘吐芳华。学有所教，学有优教，为贫困地区的教育发展，带来了实实在在的变化。

巍巍大乘山下，资水穿城而过。小镇里的一所百年老校，因为爱心的滋润，正焕发出勃勃生机。娄底冷水江市禾青镇芙蓉学校，前身为资西禾青文昌宫义学，开办于1906年。走进校园，现代化的塑胶球场焕然一新，多媒体教室、理化生实验室和仪器室、音体美劳功能室一应俱全。春日暖阳下，学生们朝气蓬勃，笑容灿烂。

七年级2101班的蒋芳同学就读学校寄宿班。她的家庭条件不是很好，学校不仅减免了她的住宿费，还为她提供了困难补助。这让年少的她，脸上的笑容又多了起来。若不是禾青镇芙蓉学校的帮助，蒋芳的求学梦可能难以梦圆。

2016年至2019年，湖南下拨乡村教师津贴16.08亿元，让优秀人才扎根贫困地区教书育人。截至2020年底，湖南为全省贫困县定向培养乡村教师21354名，安排特岗教师17789名，3217名建档立卡贫困户家庭子女成为乡村教师公费定向扶贫培养对象。

怀化芷江县芙蓉学校的向指君同学这几年变化很大。初入学校时，他很不自信，甚至说话还有些结巴。老师们不断鼓励他，经常给他创造展示自我的机会。

在"邮政杯"2020湖南日报朗读者大赛上，向指君终于站在了

怀化芷江县芙蓉学校的孩子们阳光自信

舞台上，稚嫩但不怯场，最终获得三等奖的成绩。2021年，他又登上这个舞台，沉稳、自信的他这次获得了一等奖。

常德蒙泉镇芙蓉学校被称为一所"油画学校"。这所学校有高标准的5人制足球场，场地平整有弹性，在全县堪称一流。从一个落后的乡村学校脱胎换骨一跃成为全县一流学校，这让村民们兴奋不已："新学校太美了，像个'油画学校'，孩子们在这里上学真是幸福。"校长易长辉说，如今新招教师进行分配时，我们学校成了香饽饽，老师们都争着来，学校不再为优秀师资发愁。只要用心留住老师，就能提高教学水平，守住发展动力。

湖南自2017年启动芙蓉学校建设，目前全省101所芙蓉学校全部建成并投入使用，招收学生12万余人。贫困偏远乡村的孩子们，在家门口就能享受到优质的教育资源，是幸运，也是幸福。

"学得好"：找准人生赛道，人人都可出彩

这几年，湖南职业教育迎来了发展的春天。

以前谈起职校生，社会上存在一些偏见，一些家长认为孩子只有考上名牌大学才有前途。

事实上，条条大路通罗马，很多从职校毕业的蓝领，因为技术高超，成为行业翘楚。

株洲的易冉，2000年从技校毕业，现已成为中车株洲车辆有限公司首席技能专家、高级焊接技师。在焊花飞舞的花样年华中，她把自己"焊"成了一朵名副其实的"花"。

回想起刚到车间的情景，易冉说："噪音很大、非常热，环境很艰苦。不仅如此，我还被分到一个典型的苦脏累班组——欧清莲班组。"然而，这些都没有难倒易冉，她抓住一切机会不停学习。

2007年，作为车间新产品电焊班长，她带领班组团队实施出口澳大利亚市场、合同价值3亿多元、用于矿石运输的重载高速铁路货车第一台整车的试制。澳方客户以强硬的口气要求，所有焊缝缺陷为零，不允许有丝毫瑕疵。这样精准的手工操作要求，相当于数控机械手的精细标准。

近于苛刻的要求，激起了易冉这个湘妹子的"霸蛮"劲，中国的技术工人，不能在外国人面前丢脸！她带领班组同事夜以继日探索，终于成功总结出一套易掌握、确保质量的新焊法。平时冷若冰霜的澳方监造专家，对她竖起了大拇指。

后来，在德国举办的"嘉克杯"国际焊接技能大赛上，她作为大赛唯一的女选手，与众多强手同场竞技，荣获了大赛特别奖。德国

媒体称她为："中国电焊花木兰！"

"普通工匠也能为祖国争光。"易冉说，作为新时代的劳动者，她将继续用手中的焊枪，书写大国工匠的荣光。

湖南职业教育的优势，让人才红利不断释放。如今，一批批新生代"芙蓉工匠"从湖南职业院校走出来，服务湖南，走向全国，迈向全球。

随着湖南装备制造、轨道交通、建筑、杂交水稻等湖湘企业纷纷"走出去"，仅2017年，全省高职院校毕业生在"走出去"企业就业人数就达24000余人。

机会和荣耀，属于有准备的人。只要找准了人生赛道，人人都可出彩。

中建五局的邹彬，凭借精益求精的砌砖技术完成了人生逆袭，先后获得第43届世界技能大赛中国区砌筑项目冠军、全国劳动模范、中国青年五四奖章、全国技术能手等荣誉，从小小砌墙匠成长为大国工匠。

1995年，邹彬出生在湖南新化一个普通的农村家庭，年少时便跟随父母亲在工地四处打工。所有脏活、累活，他都肯干。在工地、在中建五局高级技工学校（长沙建筑工程学校），看到别人砌好的墙，他会仔细观摩，拍下来回去慢慢研究。大家都去休息了，他还在操着泥刀勤奋练习。

最终，他凭借勤学苦练的过硬本领、精益求精的工匠精神，代表中国在世界大赛中获奖，实现了中国在这个项目上零的突破。

"在公司，能够帮助工友做好砌墙这份工作，我觉得挺好的，有一种被需要的幸福感。"这是邹彬经常说的一句话。他的青春故事，他的成才成长，也是"幸福都是奋斗出来的"生动写照。

湖南是职教强省，2021年高职毕业生人数为21.35万人，这为全面落实"三高四新"战略定位和使命任务提供了有力的人才支持和技能支撑。

多年来，内涵发展、特色发展、优质发展的路径，让湖南职业教育整体发展水平进入全国职业教育"第一方阵"。

育才造士，国之根本；千秋基业，人才为先。湖南职业教育是如此，高等教育亦是如此。

目前，湖南拥有"双一流"大学5所，位列全国第8位；"双高计划"高职院校11所，居全国第5位，是名副其实的科教大省。

在湖南，从"学有所教"到"学有优教"，教育把幸福的种子播撒在三湘大地，改变了千千万万人的命运。

（作者：潘锦）

医疗改革撑起全民健康保护伞

变迁数据

2021年末，湖南拥有卫生机构55682个，其中，医院1716个，妇幼保健院（所、站）136个，专科疾病防治院（所、站）78个，乡镇卫生院2099个，社区卫生服务中心（站）970个，诊所、卫生所、医务室12200个，村卫生室37082个。卫生技术人员50.6万人，比上年增长1.1%。其中，执业医师和执业助理医师19.2万人，注册护士23.9万人。医院拥有床位39.0万张，增长3.6%。

——数据来源：湖南省2021年国民经济和社会发展统计公报

健康是幸福生活的重要指标。没有全民健康，就没有全面小康。

如今，大病上三甲医院，头疼脑热进社区医院，亚健康去专科医院，已然成为市民治病保健的日常状态；从赤脚医生到家庭医生签约服务，再到远程医疗共享资源……无论是在城市还是在农村，看病难、看病贵的问题已经得到很大缓解。

"十三五"期间，湖南把人民健康放在优先发展的战略地位，实施健康湖南行动，坚持保基本、强基层、建机制的基本原则，围绕重点领域和关键环节，深化医改，着力提升医疗卫生服务水平，不断增强人民群众的健康获得感。

据《湖南省2021年国民经济和社会发展统计公报》记载，截至2021年末，湖南拥有卫生机构55682个，其中，医院1716个，妇幼保健院（所、站）136个，专科疾病防治院（所、站）78个，乡镇卫生院2099个，社区卫生服务中心（站）970个，诊所、卫生所、医务室12200个，村卫生室37082个。卫生技术人员50.6万人，比上年增长1.1%。

还有数据显示，湖南人均预期寿命从2015年的75.9岁提高到2019年的77.1岁，全省婴儿死亡率、5岁以下儿童死亡率、孕产妇死亡率分别由2015年的3.92‰、6.14‰、1.421‰₀下降至2019年的3.03‰、5.07‰、0.949‰₀，优于全国"十三五"目标值。

随着医疗技术水平和服务能力不断提升，医疗保障制度日趋健全，从缺医少药到病有所医，湖南努力为千千万万城乡居民撑起健康保护伞。

从"赤脚医生"到"家庭医生"

"只需轻轻一扫这个健康码，您的信息就出来了。"郴州汝城县沙洲村村医朱连梅向前来看病的村民演示着就医流程。现在，村民能在这个设施完善、药品齐全、服务便捷的村卫生室里看病，这凝聚了几代人的心血。

朱连梅家的祖宅是红军长征时的卫生部旧址，奶奶常常提到，旧时卫生部条件简陋、卫生员工作辛苦。在20世纪70年代，大队没有村卫生室，也没有正儿八经学过医的人，村民患病了基本上是硬扛，

沙洲村新建的设施完善、药品齐全、服务便捷的村卫生室

实在扛不住了，才到镇上进行治疗。到了80年代，朱连梅的妈妈毅然选择了去县城接受医疗培训，掌握了一些医疗卫生常识和简单的疾病诊疗知识，回村后便承担起了村里的医疗工作，成为一名赤脚医生。当时只能在自家简陋的十几平方米的土坯屋里坐诊看病。村民有个头疼脑热的，都会来找她。不管多晚多累，她都会马上诊治。

岁月如梭，沧海桑田，转眼到了2007年，村里建了新的卫生室，面积60多平方米，配备了一些简单的医疗设备，村里的医疗水平因此得到了改善。

2017年，随着沙洲红色旅游景区的建立，村里新建了村服务中心，配备了卫生室，面积有80多平方米，里面配置了电子显示屏、新药柜，药品有60多种。

在村里的大力支持下，朱连梅在湘潭医卫职业技术学院学习了3年，并于2018年正式成为一名乡村医生。

一转眼到了2022年，沙洲村卫生室又有了新变化。现在，村卫生室增添了自动除颤仪、中频治疗仪、血压计、治疗台等设备，药品也有100多种了。卫生室还装了新的医保报账系统，群众看病产生的医药费在卫生室就可以按70%比例进行报销。病人看病扫一扫二维码，便能清晰获得个人基本信息，节省了就诊时间，简化了就医流程，有效提高了诊疗效率。"现在卫生室医疗设施完善，基本能满足病人需求。"朱连梅说。

基层医疗卫生服务能力直接关乎广大人民群众的健康权益。沙洲村卫生室是湖南农村居民看病就医有地方、有医生、有保障的一个缩影。

据《2021年湖南蓝皮书》记载，全省1533个建制乡镇卫生院2名及以上全科医生配备率达100%，村卫生室合格乡村医生配置全覆盖，村卫生室标准化建设率达96.82%，解决了新中国成立以来村卫生室配置的问题。

"十三五"期间，湖南着力加强基层医疗机构建设，提升基层医疗卫生服务能力。村卫生室是农村三级医疗预防保健网的"网底"，更是建设的重点。

2019年，"基本消除村卫生室'空白村'"列入湖南省政府重点民生实事项目，湖南大力加强村医配备和村卫生室建设。2019年，全省各级财政投入1.2亿元，解决村卫生室"空白村"无业务用房或房屋建设不达标的问题，明确村卫生室建筑面积为60平方米以上，设有诊断室、治疗（处置）室、药房、观察室、公共卫生服务室等"五室"。

湖南通过本土化乡村医生培养和安排，统筹辖区内合格乡村医生使用、医生招聘、乡镇卫生院服务派驻等4个举措，确保每个村卫生室至少有1名合格村医。2019年，全省首次实现了行政村村卫生室、乡镇卫生院全科医生、县级二甲公立医院"三个全覆盖"。

加强医疗条件标准化建设的同时，基层医疗卫生服务"软实力"也在不断提高。

"十三五"期间，湖南出台了《促进人才向基层流动实施方案》《关于进一步加强基层医疗卫生服务能力建设的若干政策措施》等一系列政策文件，启动实施乡村医生本土化培养，通过财政拨付、社会支助、个人自费等方式，加大了培养力度，促进基层人才队伍建设。

另外，湖南省近年来坚持推动家庭医生签约服务，打通健康便捷服务"最后一公里"。这也是破解大医院"拥堵病"，建立有序的就医秩序，促进医疗资源合理配置、均衡布局的好办法。

永州江永县源口瑶族乡卫生院的陈英豪，就是一位签约家庭医生。首良明是他的签约服务对象。首良明住在距离乡政府最远的白俸村里。每次接到电话后，陈英豪都会准备好所需物品，带上团队开着服务车赶往首良明家。签约3年来，通往首良明家的那条狭窄的山路，他不知道来来回回走过多少次。每次看完病，首良明都拉着陈英豪的手感激不已。"服务签约对象之路的确艰辛，但看到他们脸上的笑容，我的苦和累都烟消云散了，觉得所有付出都是值得的。"陈英豪说。

为了让优质资源下沉，大医院"牵手"县医院，县医院"联姻"乡镇卫生院、村卫生室，立足居民健康需求和疾病谱的变化，组建医联体，积极推进分级诊疗制度，缓解群众看病难、看病贵问题。在此情况下，远程医疗应运而生。病人通过远程医疗诊室，不出远门就能享受到大医院专家诊疗服务。

2022年初，娄底新化县金凤乡村民曾全提起儿子通过远程会诊治病时的经历，感慨万千。

曾全的儿子多处问诊，都没有查出病因。当地医院将其病历、影像资料等上传远程医疗系统，与湖南省人民医院儿科专家视频会诊，查出孩子得的是一种遗传性血液病。根据专家指导，完善其他检查后，再次通过远程会诊制定治疗方案，及时安排住院床位，解决了看病难、住院难问题。经手术治疗，曾全的孩子现已完全康复。

从医院就医到家庭医生签约服务，再到远程医疗的出现，湖南城镇医疗卫生体系逐步健全，覆盖城乡的三级医疗卫生服务网络已建成，基本医疗公共服务均等化不断推进。医疗卫生服务的发展，给人们带来的不仅是便利，还有更充分的保障。

从高额医药费到"应保尽保"

俗话说："人吃五谷杂粮，哪有不生病的？"如何在人生的脆弱时刻获得一份安全感，至关重要。

2013年初，56岁的株洲市民黄跃玲右眼看东西突然变得歪歪扭扭的，不久便蒙上了一团黑影，眼底还不时有出血现象。去医院检查，才发现是得了一种叫"湿性黄斑变性"的眼疾。这种眼疾，从某种程度上来说，是一种疑难杂症，只能注射一种叫"雷珠单抗"的进口药，症状才能得到缓解。当时该药的单价是9800元一支，使用须自费。

一边是价格不菲的针剂，一边是即将失明的眼睛，黄跃玲在家人的劝说下，咬咬牙，还是注射了雷珠单抗。注射过后，黄跃玲的右眼渐渐恢复了视力。可到了2020年，她的眼疾有复发迹象，只好再次上医院，准备注射。这时，她得知了一个好消息，该药经过两次降价，已由原来的9800元一支降到了4300元一支，并被纳入医保，可以报销9针，报销比例达70%。更让人欣慰的是，早在2013年12月，中国制造的康柏西普眼用注射液也被国家食品药品监督管理总局批准用于治疗湿性年龄相关性黄斑变性，价格是进口药价格的65%，患者可以根据实际情况自主选择。最初注射雷珠单抗，所在医院必须具备相关仪器设备，由受过玻璃体腔内注射技术培训的有眼科资质的医师进行操作。当时符合条件的医院和医生，在株洲寥寥无几。如今，随着医院设备条件的升级以及技术的普及，以株洲市中心医院为例，这里所有的眼科医生都能担当此任。

这场跨度将近10年的治疗，让黄跃玲很是感慨。在医疗体系日渐完善、先进的今天，一场眼睛遭遇的劫难，并没有让她的生活质量显著下降。

近年来，医药价格逐步回归合理水平，越来越多的常用药、救命药被纳入医保目录，让人们看得上病、看得起病、看得好病。

据《中国的全面小康》白皮书记载，截至2021年6月底，全国基本医疗保险覆盖超过13亿人。"应保尽保"，也成为湖南"十三五"医保事业发展中的亮眼之笔。"十三五"以来，湖南省在医保待遇、医保改革、机制完善、管理服务等方面均取得了显著成效，医疗保障事业实现了快速发展，群众获得感不断增强。

2020年，湖南省基本医疗保险参保率为96.7%，其中，贫困人口参保率达到100%，贫困人口综合保障报销比例达到87.55%。

从"全民健身"到"健康密码"

过去民间有句老话："山中常有千年树，世上难得百岁人。"改革开放40多年来，这种说法被权威数据一次次打破。

截至2020年末，湖南省60岁及以上人口为1321.31万人，占总人口的19.88%。其中，80岁及以上高龄老人193.43万人，百岁及以上老人3193人。纵观全国，中国人均预期寿命从1981年的67.8岁增长到2019年的77.3岁。根据《健康湖南"十四五"建设规划》，到2025年，湖南人均预期寿命争取达到78.6岁。

活过100岁，已经不是一个遥不可及的目标。

随着生活水平的全面提高，人们的获得感、幸福感、安全感逐渐提升。有利于健康的生活方式不仅在老年人的养生学里被传播，也在80后、90后、00后的观念里生根发芽。

每天工作之余，80后媒体人邓晶琎都会和同事相约去附近的公园跑步。她们期待，在春暖花开的日子，去参加一场马拉松比赛。这只是邓晶琎定下的一个小目标，更远大的目标是，她希望自己能够活到120岁。

全民健康才能托起全面小康，全民健身必定是其中重要的一环。

2021年，湖南省人民政府印发《湖南省全民健身实施计划（2022—2025年）》，明确了发展目标：着力构建县市区、乡镇（街道）、行政村（社区）三级全民健身设施网络，提质城市社区"15分钟健身圈"，建设农村社区"30分钟健身圈"。到2025年，人民群众的体育健身意识和体质健康水平持续提高，全民健身公共服务体系进一步完善，形成"全社会参与、全方位推进、全人群受益"的具有新时代特征和湖南特色的全民健身发展新格局。

人民健康是民族昌盛和国家富强的重要标志。对健康而言，预防是最经济、最有效的策略。

"十三五"期间，湖南启动实施"健康湖南行动"，组织心脑血管疾病防治行动、妇幼健康促进、健康知识普及等15项重大专项行动，落实疾病预防和健康促进的政策举措，保障和提升全省城乡居民健康水平，推动卫生健康工作理念、服务方式从"以治病为中心"向"以人民健康为中心"转变。

2016年起，湖南连续7年将实施妇女宫颈癌和乳腺癌"两癌"免费检查纳入全省重点民生实事项目，2021年，全省完成"两癌"检查103万余人，14个市州超额完成任务，大大提高了"两癌"早诊早治率，有力保障了广大妇女生殖健康和生命安全。

2017年起，湖南每年将孕产妇免费产前筛查纳入全省重点民生实事项目，累计开展孕产妇免费产前筛查近200万人，对产前筛查结果为临界风险或高风险孕产妇进行了后续的干预诊断，有效降低了出生缺陷发生率。

重大疾病防控成效显著，人民群众健康素养不断提升，健康获得感、幸福感和生活质量越来越高。

近几年，破解生命科学"密码"的好消息也不断传来。

2021年11月18日，中南大学湘雅医院正式成立脑科学与人工智能研究中心。未来3至5年，中心将持续与国防科技大学计算机学院、国家超级计算长沙中心等机构合作，致力于推进脑科学产学研一体化进程，探索精神心理疾病的脑机制，发展以人工智能技术为导向的数字心理疗法，推动脑疾病和精神心理障碍的诊断、治疗、康复、预防，并在人脑智能与潜能的开发等领域进行开拓性的研究。

2022年2月18日，湖南省人民医院血液科迎来了1999年出生的彭旭等3名志愿者，他们捐赠造血干细胞，为血液病患者带来生命的希望。

近年来，干细胞科技在生理学、遗传学和医学领域都炙手可热。仅仅是干细胞中的脐带间充质干细胞，目前就已发现至少可以治疗疾病140余种，包括心脑血管系统、神经系统、骨和关节系统、消化系统、内分泌系统、生殖系统等疾病，以及用于提高免疫力、抗衰老、美容、亚健康的调理。

如今，有利于健康的生活方式、生产方式、经济社会发展模式和治理模式正在形成，人们孜孜以求的健康生活正在成为现实。

（作者：刘璇）

社会保障为人民生活安康托底

变迁数据

2021年，湖南城乡居民基本养老保险参保人数3443.6万人；城镇职工基本养老保险参保人数1849.5万人，基本医疗保险参保人数6748.7万人；参加失业保险职工人数687.4万人，参加工伤保险职工人数853.3万人；参加生育保险职工人数652.8万人；年末领取失业保险职工人数17.2万人；获得政府最低生活保障的城镇居民39.0万人，发放最低生活保障经费21.0亿元；获得政府最低生活保障的农村居民145.3万人，发放最低生活保障经费47.2亿元。

——数据来源：湖南省2021年国民经济和社会发展统计公报

一笔雪中送炭的钱，为绝望中的人重新点亮了希望之光，这就是社会保障。

1997年，长沙市城市居民最低生活保障制度实施，困难群众衣食冷暖有了保障。1949年，医疗资源极度匮乏，医疗保障零基础，到2021年，湖南基本医疗保险参保人数6748.7万人，基本医疗保险参保覆盖率为101.91%，"小病靠扛、大病靠天"的历史一去不返；2010年至2021年，湖南失业保险参保从399.5万人增加到687.4万人，短暂失业不必再慌张无助……

民为邦本，本固邦宁。从无到有，从弱到强，从农村到城镇，从城乡居民到专业人群，湖南社会保障不断改革、发展、完善，为湖南人民撑起了一把"防护伞"，编织了一张兜底保障网。

医保：社会的"压舱石"

"农村医保太好了，终于让我不再为多年的支气管炎看病发愁了！"走进邵阳新邵县龙溪铺镇卓笔村，86岁高龄的村民曾胡云喜笑颜开，他说自己是农村医保政策最大受益者。

原来，曾胡云家有7口人，四代同堂，家庭负担很重，他本人年轻时就患上支气管炎，因没有钱看病，一拖就是几十年。

但自从有了农村医保，曾胡云就有了安全感。2018年，他看病共花费了4306.04元，农村医保报销了3697元，后期还有追补金额。"相当于自己没有掏腰包！农村医保让我们都能看得起病了！"

因病致贫、因病返贫，是奔小康路上的"拦路虎"，而基本医疗保障制度是人民健康幸福生活、社会和谐稳定的一块"压舱石"。

说到医保的好处，郴州市市民李明德深有体会。2018年，他做过心脏支架手术，需要长期服用波立维（硫酸氢氯吡格雷片）。波立维是一种进口药，最开始时，他买的是75毫克一片，一盒7片装，价格是142元，后来降到了107元。每天服用一片，需要15元，李明德算了一笔账，单这项花销，每年需要5000多元。降价后，一盒波立维只需要17.6元。"服用波立维的花费现在一年只需918元，实在是太感谢医保了！"

2019年9月30日，湖南省医保局发布《关于调整城乡居民大病保险政策的通知》，明确大病保险筹资标准提高 15 元/人，起付线降低一半，提高支付比例 5 个百分点。在全省范围内开展健康扶贫"一站式"结算，形成了湖南特色的"一站式"结算模式。

针对职工医保，湖南省在2019年10月将生育保险和职工基本医疗保险合并实施，提升两险合并成效，增强基金共济能力。

2020年，湖南基本医疗保险参保率为96.7%，其中，贫困人口参保率达到100%，贫困人口综合保障报销比例达到 87.55%。截至2021年6月底，湖南省基本医疗保险参保人数6714.07万人。

从常态化开展药品集中带量采购到实施医保药品目录、参保人员动态调整机制，从推进医保支付方式改革到巩固医保基金监管高压状态，从推进医药服务供给侧改革到提高医保公共管理服务能力，湖南医保改革正给人民群众带来强烈的获得感。

2022年3月，株洲市医疗保障局公布，12省联盟冠脉药物涂层球囊医用耗材带量采购共有7个产品中选。其中，贝朗医疗（上海）国际贸易有限公司的"国械注进20183030330"产品降至6377.7元，降价28272.3元，降幅达81.59%。中选结果已于2022年3月1日起在株洲市所有公立医院执行。

2022年4月1日，湖南医保频传好消息，湖南省医疗保障局官网公布了《湖南省医疗保障局对省十三届人大五次会议第0819号建议的会办意见》，湖南在严格执行国家医保药品目录规定的同时，为保障国家基本药品的使用，对医保目录内的所有国家基药品种，设置为按规定医保全报销，无个人自付比例。

社保：撑起晴空万里

社会保障是劳动者的"安全网"，"社保伞"与参保群众共经风雨，撑起晴空万里。

"多亏有政府全民参保政策，社区帮助我在退休前及时参保，现在，我每年能领到2000块钱的养老金。"家住长沙市芙蓉区马王堆街道的市民喻桂芳的话，道出了对参保扩面由衷的感激。不仅是喻桂芳，如今还有更多类似经历的人正开始享受全民参保政策带来的红利。

在湖南永州宁远县，企业退休人员林老太太看着到账的退休金，喜笑颜开。"我现在每月养老金有3000元了，我感到很幸福！"

截至2021年底，湖南已实现职工退休养老金17年连涨，历年人均涨幅110元，目前人均达到2463元/月，已形成比较完备的社会保障体系框架，社保制度实现普惠共享，在全国率先实现企业养老保险省级统筹。

在城市，还有一类困难群众需要关注，那就是失业人群。

2022年春节前，一位曾身患癌症、只缴纳了4年多养老保险费的55岁女职工朱女士看着手里的银行卡，得知自己一个月可以领取1242元的失业补助金，焦虑情绪一下减轻很多。"600块拿来当生活费，600块拿来缴养老保险费，可以踏实地找工作了。"

之前，朱女士来到益阳市失业保险经办机构寻求帮助，表示自己没有养老金、失业保险、职工医保，只有肠癌留下的创伤与痛苦。工作人员通过查看系统数据，告诉她可以享受10个月的失业补助金，每个月有1242元，且在领取失业补助金期间，会为朱女士缴纳城镇职

手拿着职工养老保险手册，幸福晚年不是梦

工医疗保险费，并告诉她领取失业补助金期满后，可以申请参加城乡居民养老保险，她终于露出了笑容。

新冠肺炎疫情发生以来，各行各业都受到冲击，这笔钱可以确保这一类大龄就业困难人员能够在失业保险的庇护下，基本生活得到保障。

"我在2020年5月与原工作单位解除了劳动关系，由于失业保险参保时间只有11个月，尚不足一年，按照原来的政策我领不到失业补助金，离职后一直没收入。现在好了，在找到新工作前还可以领取失业补助金，这大大缓解了我的经济压力。"申领失业补助金后，永州的吴先生开心地说。

湖南长沙郊区的一块农田里，一台无人驾驶的拖拉机正在田间耕种。这台电动无人驾驶的拖拉机是从湖南大学车辆工程专业毕业的田野带领团队设计研发的产品。毕业后，田野选择留在长沙创业，但却面临资金、场地等多道"坎"。正在他彷徨之际，长沙市政府人社局就业处工作人员主动上门，仔细了解了他的创业内容和未来前景。

没几天，长沙市政府的第一笔创业扶持资金就到位了，还向他提供了免费的办公场地。

莫博程的橘友生物科技有限公司2017年创立至今，已经研发量产了二十多种抑制各类虫害的绿色产品，年营业额近千万元。莫博程介绍，创业初期，长沙市政府人社局的创新创业导师为他提供了非常多的帮助。

2022年，湖南高校毕业生预计超48万人。在越来越多大学生毕业后选择创新创业的背景下，长沙市拿出真金白银，出台了一系列扶持政策措施，符合条件的高校毕业生在湘创业可以享受创业培训补贴、创业孵化基地入驻、创业担保贷款及贴息、一次性创业补贴等政策帮扶。

低保：为困难群众兜底

在耒阳市坛下乡光华村，10年前，27岁的村民屈伟（化名）在广东打工时突然倒地、浑身抽搐、口吐白沫，被诊断为癫痫。用人单位得知屈伟得了癫痫，唯恐避之不及，把他辞退了。屈伟没了工作，还要治病，这让他一时间慌了神，一度对生活绝望。

建房、结婚、生小孩，放在10年前，是这个慌了神的年轻人想都不敢想的事，如今都实现了。37岁的屈伟每月除了有1040元的低保收入，还有村里为他找的公益岗位的工资收入。不甘只被"输血"的他开始自我"造血"，今年承包了两亩鱼塘开始养鱼。

屈伟表示，低保救助帮他改变了命运，有了这每个月1000多元兜底，他与疾病抗争、为家庭打拼的信心更足了。

低保，保的是民生底线；救助，救的是百姓急难。

回顾我国低保制度发展历史，这一点一直没变——

1993年6月，上海市实行城市居民最低生活保障线制度，对家庭收入调查、资格认定、标准测算、资金发放等做了初步探索，保障标准仅为每月人均120元，保障人口7680人，拉开了中国社会救济制度改革的序幕。

1999年，国务院制定了《城市居民最低生活保障条例》，开创了中国的最低生活保障制度，但是这个低保仅仅覆盖城市居民，并不涉及农村人口。2007年，国务院印发《关于在全国建立农村最低生活保障制度的通知》（国发〔2007〕19号），要求在全国全面建立农村低保制度。

到2007年底，农村低保制度全面建立，救助对象3566万人。

1997年1月，长沙市城市居民最低生活保障制度在主城区率先全省实施，1999年，长望浏宁四县（市）城镇也开始实施。根据长沙市人民政府长政办发〔1999〕15号文件和长政字〔2000〕37号文件规定，长沙县、宁乡县、浏阳市月保障标准为130元/月，芙蓉区、天心区、岳麓区、雨花区、开福区保障标准为180元/月，其中，散居民政"双定"救济对象为206元，集中供养的民政"双定"救济对象为220元，市精神病医院集中供养的民政"双定"救济对象为289元。

2004年12月30日，来自长沙市所辖9个县（市）、区的9名农村特困群众代表分别从长沙市领导手中接过一份新年前的特别礼物——一张低保证和2005年前两个月的低保金。从2005年开始，长沙市农村特困群众享受低保，成为湖南省首次。

当时，长沙市农村共有"三无人员"（无生活来源，无劳动能力，无法定赡养、扶养、抚养人）近4万人，其他人均年收入偏低的特困对象约有18万人，这部分群众占全市农业人口总数的5%。长沙市首批纳入农村低保的有近4万名"三无人员"和14万名其他特困人员，享受840元／（人·年）最低生活保障。

长沙城乡社会救助体系的出炉，尤其是农村最低保障制度的启动，改变了以往的救助模式，为省内其他地区的城乡社会救助体系建设提供了示范。

2021年，城市低保标准升至591元/月，月人均救助水平409元，农村低保5256元/年，月人均救助水平264元；截至11月，湖南省共有39.6万人纳入城市低保范围，农村低保对象145.2万人，全年发放低保金达68.3亿元。

家住长沙市开福区伍家岭街道建湘新村的彭女士很开心，今年，湖南城市低保平均标准又涨了，全家6人中有4人享受低保待遇，一个月能领将近2000块钱，缓解了她的生活压力。

提高救助标准是缩小居民生活水平差距、解决相对贫困的内在要求，也是未来社会救助发展的一个长期趋势。但是低保制度的意义，绝不止于雪中送炭，更为绝望中的人重新点亮了希望之光。

湘潭市岳塘区下摄司街道铁园社区疫情防控第一线，志愿者李刘钢总是冲在前面。他原是铁园社区的一名低保户，全家三口都是残疾人，每月依靠低保金维持生活。"在我最困难的时候，在我最绝望的时候，我和女儿在社区吃了10年低保，我时时记在心里。现在我退休了，女儿也争气考上了公务员，只要社区有用得到我的地方，我一定竭力相助！"

民生无小事，枝叶总关情。社会保障事业只有起点，没有终点，社保制度也将紧跟国家飞跃发展的铿锵步伐，开启新的征程，奏响新的乐章。

（作者：卢欣）

三、山乡巨变

"小康不小康，关键看老乡。"

　　绿水青山里的山乡巨变，是全面小康最生动的注释。

　　星城长沙、雁城衡阳、莲城湘潭……14 个市州 14 个村，一处处大美家园，一张张幸福笑脸，绘就"湘"村美景。

　　从经济薄弱到富裕兴旺，从穷山恶水到生态宜居，从养在深闺到车水马龙……村庄美，产业兴，村民富；好日子，好时代，好生活！

　　"望得见山、看得见水、记得住乡愁"，回得去的家乡幸福满满，看得见的未来好事连连。

长沙 | 车马村：谁成就了经济薄弱村的"车水马龙"？

山乡档案

长沙，湖南省会，连续14年获评"中国最具幸福感城市"。2021年，全市地区生产总值13270.7亿元，城镇居民人均可支配收入62145元，农村居民人均可支配收入38195元。

隶属于长沙市长沙县的车马村，离长沙主城区仅20分钟车程，总面积17.6平方公里，常住人口5700人。该村近年来改变传统思想、应势而为抓住机遇，通过不断做优农业产业，实现村集体收入节节攀升。2021年村人均可支配收入突破6万元，村集体经济收入为150万元。2021年11月被授予湖南省省级乡村振兴示范创建村称号。

村委会门口又堵车了。

2022年3月18日上午，长沙县车马村党总支书记罗科明请了4位贵州来的苗木老师修剪罗汉松，刚发车准备去苗木园，就被堵在了村委会院子口。

村委会的院子其实够大，能停下28台车。院子有前后两个门，

长沙县车马村航拍

门前都铺着两车道的水泥路。村民们都习惯开车出行，如果都同一时间来村委会办事，再宽的车道也容易堵上。

村委会门口堵车跟城里大不一样——没有催促的喇叭声，没有急躁的情绪，车辆有序排着队。有时司机们索性摇下车窗聊上几句："今天晚上去我屋里喝酒不？""要得，听说你们家又引进了新的苗木品种，我来看看啰。"约好了饭局，车道也正好通畅了。

罗科明没做过具体统计，但在他印象里，几乎每家每户都买了小车，有的家庭甚至小车、货车、农用车摆满了院子。

堵车的景象倒是跟村名很是呼应。据《长沙县志》记载，车马村得名于清朝，取"行人络绎，车水马龙"之意。取名时想必是借车水马龙的美好寓意，盼着源源不断的人流车流能打通致富路。数百年后车马村主动求变，把期盼变为现实，在共同富裕路上成就了真正的车水马龙。

是谁唤醒了车马村沉睡的财富？

多年前的车马村，除了紧邻长沙主城区的区位优势，和大多数村庄一样，没有支柱产业，没有龙头企业，甚至还有"先天缺陷"。全村面积虽大，但70%以上为山地，很难以种粮为支柱。农民家庭收入多靠传统种植、养殖，粪污直排让村里散发着恶臭。都说农村发展"无工不富，无商不活"，此时，没有主导产业、环境恶劣的车马村陷入了发展的困顿期。

是谁唤醒了车马村沉睡的财富？

2002年，在外打工的罗科明下定决心回乡创业，定好目标主攻两件事：一是利用村里山地优势开展苗木种植；二是解决生猪养殖技术瓶颈。

苗木种植不能任苗木野蛮生长。他先从外地学了经验，又请了师傅进行培训，还定期修剪，几年间小树苗逐渐长得有了模样。2005年，长沙县出台政策，着力打造"茶叶花木两个百里走廊"强农富民。车马村的位置恰巧就在"百里花木走廊"上，罗科明对自己的创业目标更有信心了。

2010年前后，城市新建楼盘如雨后春笋冒出，需要大量的景观苗木，罗科明终于等来了机会。两株漂亮的蘑菇头桂花树卖出了19.8万的高价，这一爆炸性新闻瞬间传遍了全村，苗木种植也火了！

养猪的事，罗科明也没落下。他先是自行查阅大量的书籍资料，摸索如何科学养殖。一次偶然机会，他结识了湖南农业大学的专家，在追问中得到了关键的技术指导。不久，他的规模化种猪养殖有了高额回报。

村民们看着罗科明家中盖起了楼房、新买了汽车，逐渐从"普通农民"成了"先富起来的人"，都去他家中取经。2011年罗科明被推选为村民委员会成员，自2017年以来，他一直担任车马村党总支书记。"大家选我当干部，就是要我领头致富，要是村里经济问题解决不了，我立马要被撤的。"罗科明说道。

共同富裕不能一蹴而就，如何把经济薄弱村改造成经济富裕村，罗科明并非胸有成竹。但他有着敏锐的目光，再一次抓住了发展的机遇——引入大型企业佳和农牧。

规范化的养殖企业入驻，打开了车马村发展的新局面，既能为村里的养殖户提供技术支持，又能为他们解决销售的后顾之忧。同时，总结出的种养平衡的"通过种植面积决定养殖规模"的模式，避免了环境污染。虽还是走在生猪养殖的"老路"上，但穿上了高质量发展的"新鞋"，发展更持久。

"百里花木走廊"带来的机遇当然也不容错失。2010年以后，全村80%的家庭都在山里种上了苗木，行情好时，一株造型较好的罗汉松入市就能换回一台小车。驾车行驶在车马村乡间，路旁的绿化乔木、名贵花木、名优果树一一掠过车窗，目之所及"绿水青山"皆是"金山银山"。当年的荒山竟被打造成了"绿色银行"。

是谁在致富路上没有"躺平"掉队？

共同富裕，重点不仅在"富裕"，也在"共同"，但它并不等同于"平均主义"。

在全村走向共同富裕的过程中，如何真正提高低收入人群的稳定收入成了难点。怎样改变收入现状？提高收入的路子在哪里？如何转变思路？针对这些问题，国家及各级政府相继出台了一系列助力乡村振兴的政策，并对困难群体实施兜底。

但致富必须靠劳动，不能一直躺在政策的温床上。

2014年，彭勇刚还欠着10多万外债。但村里人都知道，刚伢子并不是人不勤快，而是因为老婆一直重病，一个月医药费就要上万块，加上家里只有一亩多田地，没有固定收入来源，才被列为当年的贫困户。

作为村书记，罗科明心想虽然国家扶贫政策兜了底，但致富还是得靠自己，如果能帮刚伢子申请一片地，养鸡养鸭总能提高点收入。有了大体思路，罗科明特意抽了半天时间，到彭勇刚家跑了一趟，劝说他大胆走出创业这一步。

罗书记的话说到了刚伢子心坎里，他仔细琢磨，确实不能长期光靠政府扶，人心不能懒。罗科明一刻也没闲着，开始四处奔走帮他看地方开办家庭农场。最终选中了一块靠山的荒地，山下还有一口塘，再申领了几百只鸡，剩下的就要全靠刚伢子自己了。

"村书记一心为我着想，我当然更要争点气。"刚伢子下定决心，要转变思路主动出击。得知村里开办现代农业培训班，他第一个报了名。课堂上，老师都是大学教授，讲的都是农业科技，刚伢子心里记住了一个词，叫"新型农民"。

一勤天下无难事。一年来，结合学到的现代农业新知识，刚伢子对鸡苗悉心照料，不仅鸡蛋变成了现钱，美味的土鸡更是备受城里朋友欢迎。2014年底他获得了一笔可观的收入，还积累起一批稳定的客户，在朋友圈里搭建起了销售渠道。

2016年，刚伢子还清了外债，还有些许盈利，正式摘掉了"贫困户"帽子。赚钱不仅让他抬起了头，更壮了胆，他索性一次性购买了6000只鸡苗，把山下的池塘也利用了起来，搞起了水产养殖，还买了辆货车养蜜蜂，通过多种养殖结合开始走上致富路。

前两天村里开屋场会，刚伢子得到了点名表扬，不仅因为他新获得了2022年"省级新型职业农民"的称号，更因为他这股子一心奔着幸福生活的精气神值得学习。

坐在刚伢子的家庭农场小院里，他开始算经济账："现在我养着100多头猪、几百只鸡鸭，池塘里有水产，山里有苗木，还有几百箱蜜蜂，只要一切顺利，这些都能带来收入，保守估计今年毛利应该有6位数。"

除了刚伢子，车马村的很多家庭都趁着国家好政策比学赶超，人人都是共同富裕的参与者。

蔬菜种植大户开始转变思路，借助紧靠长沙黄兴海吉星国际农产品物流园的区位优势，打开了新的销售市场；辣椒种植户想把黄兴镇著名的"光皮辣椒"品种发扬光大，自掏腰包请专家现场指导，改良品种提高产量；村民还想把山里的苗木卖出更好的价钱，自发组织到全国各地学习嫁接，引进新品种……

车马村有着一群积极、主动、有创造性的新型农民，他们在共同致富路上既"富了口袋"又"富了脑袋"。

是谁一起做大了全村收入"蛋糕"？

春风拂动，桃红柳绿，万物争春，此时的车马村最有"山青花欲燃"的诗意之美。

"住在美丽的乡村，过着幸福的生活。"这是车马村村民龚启运常常挂在嘴边的一句话。2020年，车马村成功创建市级美丽屋场，不仅人居环境得到了很大的改善，村里还成立了舞蹈队、舞龙队、腰

车马村美丽的乡村风貌

鼓队、"五老红"志愿服务队，每逢节假日，村民便自编自演举办文艺演出。村民的精神文化生活日益丰富多彩，幸福感不断攀升。

粗略计算下，车马村年人均可支配收入早已突破6万元，村集体经济收入2021年为150万元。此时，罗科明又开始了全新的规划，他总是比其他人想在前头。"近些年村里环境好了，生活质量提高了，就怕这时候出现'小钱不愿赚，大钱赚不着'的想法，安于现状可不行。"罗科明坦言。

如果说刚当村书记那会，罗科明是"摸着石头过河"，此时他似乎又回到了20年前回家创业时的心境。定好目标，他还要再做两件事：一是继续招商引资引入大企业带动新产业；二是鼓励村民发展庭院经济带动乡村旅游。

"村集体经济+龙头企业+生态农庄+农户"四方共建共享模式，是车马村的发展定位。

经过多年积累，车马村已有30余家企业扎根落户，还有长期驻扎村里的湖南农大科研团队，村里逐渐建起了属于自己的专家团队。这可不是简单的"行人络绎不绝"，而是不断将前沿的科技成果、新鲜的市场资讯第一时间带到了村里，同时也借他们的权威之口把车马村推介出去，信息互通更利于抓住新机遇。

前不久，益阳商会一位负责人主动找到罗科明，说看中了车马村的环境与理念，要把一个大型的海鲜淡水养殖基地项目投在村里。详细了解后，罗科明发现这个项目能充分利用循环科技，是在不影响水质的情况下，让村里闲置的水塘创造经济效益，走的是绿色发展之路，符合村里的未来发展趋势。

通过村民们民主商议，海鲜淡水养殖这个新兴产业被车马村接纳，准备入驻。之后，土地流转不仅将给村民带来租金收入，也将提供更多就业岗位，更重要的是这将填补村里水产养殖产业空白、重新打开村民视野。新产业将如何激活村里的经济，很值得期待。

一起做大全村收入"蛋糕"要学会借外力，也要学会靠自己。

"一棵苗木作为一个商品，它只能卖一次钱，但如果作为一个装饰品放在各家庭院，就可以创造更多附加的经济价值。"罗科明说他已经做了第一个吃螃蟹的人，把山里的特色盆栽移植到房前屋后扮靓自家庭院，这样自然会有游客上门来。

由于苗木种植的长期积累，车马村拥有全村绿化面积率为97%的先天优势，若充分利用乡村的自然环境、乡土文化、地域特点，将村居风貌和现代元素结合起来，发展庭院经济，接下来的车马村又将迎来全新的发展前景。

促进共同富裕，归根结底还是要遵循每个村的实际情况与发展规律，需要不断优化产业结构。村里企业入驻有了产业，村干部带头有了方向，村民齐心有了干劲，何愁人人分不到一块美味的"财富蛋糕"？

（作者：张兴莎）

衡阳｜李花村：一枚小小的蛋孵出一个"亿元村"

山乡档案

衡阳，湖南省域副中心城市，湘南地区的经济、文化中心，别称"雁城"。2021年，全市地区生产总值3840.31亿元，城镇居民人均可支配收入41364元，农村居民人均可支配收入23499元。

隶属于衡阳市衡东县的李花村，总面积5平方公里，总人口2624人。该村形成禽蛋产业发展的全产业链，每年加工的禽蛋超2亿枚，禽蛋产业年产值超3亿元。2021年，村人均可支配收入突破了6万元，村集体经济收入为426万元。入选全国"一村一品"示范村、全国乡村特色产业亿元村、湖南省省级乡村振兴示范创建村。

"每个蛋能挣5分钱！"

20世纪80年代初，为了能吃饱饭，湖南省衡东县李花村的几个年轻人，挨家挨户地从十里八乡的农民家收来了一枚枚鸡蛋、鸭蛋。他们用心地将蛋壳清洗干净，用纸箱、箩筐装好，踏上了新霞流火车站的绿皮火车。

手提背扛，走街串巷，这群年轻人几乎徒步走遍了整个广州。刚开始无人问津的蛋，渐渐被一些农贸市场的老板看中，开始大量进货。

破除计划经济发展桎梏后，神州大地到处充满着生机和活力，农村也迎来了无穷的商机。

40年左右的光阴里，这些勤奋刻苦的年轻人一步一步从单纯的鸡鸭等家禽养殖，建立起了完整的禽蛋养殖、加工、销售全产业链。

7个大型的禽类养殖基地、2家农业产业化龙头企业和2家农民专业合作社，李花村每年加工的禽蛋超2亿枚，禽蛋产业年产值超3亿元。

从小农户、小作坊到标准化养殖、自动化工厂，基于禽蛋的产业变革在这里悄然发生。随着一枚枚禽蛋发往全国10多个省市区，一个湘江之畔的亿元村，就此"破壳"而出。

李花村村民正在流水线上检查鸡蛋质量

"啼声悦耳，腹怀银卵天天下；笑脸如花，手点金钞户户欢。"这首全村传唱的顺口溜，在人间烟火里歌唱着李花村村民们越来越好的幸福生活。

一股热潮：回乡创业

千里湘江流经李花村时，拐了一个弯。在母亲河的滋养下，这里家禽兴旺、鸡鸭成群。数百年来，村民都保留着养殖鸡鸭的传统，为发展禽蛋产业夯实了基础。

"养殖很辛苦，还挣不到什么钱。"阳国清是李花村党总支书记，1963年出生的他高中毕业后便开始在家养鸭。在他的记忆里，每当田里的稻谷收割后，他便约着村民们一起把鸭子赶到各地出售。

"4人一组，每人赶200只鸭左右，鸭饿了就赶到收割后的稻田里找稻子吃，最远要赶到150公里外的郴州。"每只鸭2元至3元钱、鸭蛋5分钱，白天赶鸭，晚上搭个棚子就休息，一趟得花去一个月。

到了20世纪80年代初，嗅到了沿海地区的经济新气息后，村民们开始将本地产的鸡蛋、鸭蛋装进箩筐，肩挑手提带上火车，沿着铁路南下广东售卖。这样跑一趟，每个蛋能赚5分钱。

在从事鲜蛋贩运过程中，沿海地区改革开放的浓厚气息，城市的喧闹繁华，经济的迅速崛起和人们的竞争意识、拼搏精神，与内地的墨守成规、因循守旧、小富即安形成的强烈反差，在李花村的年轻人脑海里打下了深深的烙印。

沿海地区能够将鲜蛋进行精深加工，加工成皮蛋、盐蛋、月饼等产品赚取高额利润，我们为什么不能自己干，增加农产品附加值，带动鲜蛋产业发展呢？

80年代中期，李花村开始加工咸鸭蛋，三五户组织起来成立小作坊，这种模式被称为"联合体"。当时，李花村组建了40多家"联合体"。运输方式也从火车上的肩挑手提，变为货车运输。成本虽然增加了，但价格高了，数量也上来了，一趟车就能出个"万元户"。

"那时候，红火的李花村远近闻名。"阳国清回忆，随着市场竞争日益激烈，货源跟不上，小规模的"联合体"运转跟不上了，很多村民又开始南下广东办企业做禽蛋等农副产品的生意。阳国清就是其中之一。

"李花村是生我养我的故乡，我得带着乡亲们致富。"2010年，在广州打拼近20年，靠家禽养殖和禽蛋加工的一技之长已发家致富的阳国清回到家乡。这位意气风发的食品企业董事长，回归成为一位起早摸黑的"蛋农"。

同一时期，和阳国清一样回到家乡的还有不少人，他们在禽蛋业、米业、铜业、镀锌业等领域都有着骄人的成绩。在这股回乡创业的热潮中，李花村引进投资达9000多万元。

阳国清创办的衡东县绿然家禽养殖专业合作社、衡东县汇溪谷食品有限公司，实现了蛋品养殖、生产加工一条龙，成为全村养殖的带头企业，也是目前长江以南地区最大的标准化蛋鸭养殖企业，年销售额达5000万。龙金平创办了衡金优质农产品有限公司，专注咸蛋黄、皮蛋生产加工，产品畅销全国，其中三湘咸蛋黄成为人民大会堂指定产品……

听说村里的产业做大了，在外工作的村民阳新林回来开办夫妻养鸭场，每年可赚一二十万元。阳新林说，村里的合作社提供鸭苗、饲料、技术，还保证每枚蛋的回购价高于市场价，基本无后顾之忧。

一种飞跃：入股分红

"蛋经济"大有可为，如何进一步升级让每一个村民都受惠？

阳国清和村干部多次组织召开村民代表大会、党员代表大会，开展"头脑风暴"。大家达成的共识是，以李花村集体经济合作社为主体，打造蛋鸡养殖、蛋制品加工、物流仓储于一体的现代化产业链。除了村集体入股，全体村民都可以"有股份、当股东"。

方向确定后，李花村接连召开屋场会——在每个村组居民相对集中的地方，找一块屋前的晒谷坪，村民们从各家各户搬来椅子、板凳围坐一圈，面对面讨论发展大计。

这样的屋场会开了12场。有的村民提出异议，有的村民担心风险，阳国清和村干部们一一解释生产技术、销售渠道以及兜底保障方案，打消了很多人的顾虑。

衡东县首个村民持股、贫困户入股的衡东县李花缘种养专业合作社正式成立。作为衡东县第一家由村党支部发起成立的村集体经济合作社，其"村社合一"的集体经济发展模式已成为省市县推广的典型。

如今，在由李花缘种养专业合作社出资建设的蛋鸡养殖基地，有着120余亩的油茶林，油茶林一旁是两栋自动化标准蛋鸡养殖栏舍、一栋幼雏鸡舍，还有一栋仓库。不远处仍有机器轰鸣，蛋鸡养殖基地还在进行扩建。

鸡舍内，蛋鸡在食槽里啄食、喝水；鸡舍外，工人忙着从运输带上捡拾鸡蛋，准备打包发往广州东旺、东莞信立、长沙高桥等蛋品批发市场。阳国清沿着鸡舍通道，察看蛋鸡吃食和产蛋情况。

"我们家7口人，一起入股了3万元。目前预计每年能分到四五千块钱吧，听说以后还能分得更多。"67岁的胡迎春一边从运输带上捡拾鸡蛋装箱，一边跟记者唠起了家常，笑得一脸灿烂。

自蛋鸡养殖基地建好后，她便在基地务工，一个月能挣个3000块钱。"出了我家门就能到鸡场，除了每年拿分红，我还能月月有固定工资领。"胡迎春坦言，以她目前67岁的年龄恐怕很难找到像这样又轻松还离家近的工作了。在这里，她能和过去的老邻居们一起工作，对于这样的生活，她感到十分满意了。

一旁正在给鸡蛋打包的胡菊梅是胡迎春的邻居之一。除了自己在鸡舍干活以外，胡菊梅的丈夫许忠科也在基地干活。"那边还在建新的鸡舍，他在那做小工，一天能挣个170块钱。"胡菊梅对于目前的生活也是颇为满意，但是，也还有着不小的遗憾。"我们家只入了4000元股。那个时候，阳支书动员我们入股，我没敢'下重手'，担心钱打了水漂。"话音未落，看到阳国清路过的胡菊梅抬高了声音，"阳书记，我再入个5万块钱行不行？"

"现在要求增加入股的村民很多，我们都拒绝了，因为我们接下来的目标是增加村集体收入，只有村集体收入高了，才能进一步完善村里的基础设施建设，进一步加快产业发展。"阳国清介绍，目前，村集体经济合作社效益十分可观，2021年，李花村集体经济收入达426万元，村民人均可支配收入突破了6万元。

今年，为了进一步提高鸡蛋附加值，除了新建自动化标准蛋鸡养殖栏舍，合作社还在投资建设卤蛋深加工车间和冷链仓储。目前，已购置了全自动蒸煮设备、脱壳机、卤煮灭菌机、自动包装机等全套卤蛋制品自动化生产线，致力于将蛋鸡养殖、蛋制品加工深度融合，打造集体经济的全产业链。

"这套卤蛋生产线今年就可以投产。今年，我们的村集体年营收比去年至少增长5倍，预计将超过2000万元。再过两年，产品线全面建设完成，村集体经济年营收将超过5100万元。"阳国清的眼里满是兴奋与憧憬，"希望有一天，能在村民大会上，将这笔钱一笔笔地发给每一个村民。"

阳国清给自己定下的退休时间是4年后。4年后，他希望留给下一任村支书的是一个享誉全国的"禽蛋强村"，一个富裕的李花村，一个能源源不断自我造血的李花村，一个村干部带头、村民们跟着大步前进的李花村。

一幅画卷：美丽乡村

漫步李花河边，一幅画卷在徐徐展开——碧波荡漾，河畔绿树成荫，道路宽敞干净，房屋鳞次栉比，阵阵花香扑鼻。水泥铺就的乡道上，劳作完的村民、放学的小孩，踩着轻快的步子往家走。在李花村，自然风光与人文景观交相辉映，悠悠乡愁，余韵袅袅。"村美、水清、岸绿、河畅"是我们对李花村的第一印象。

村里有老人说，曾经的李花村可不是这个样子，以前房子破烂灰暗，垃圾乱堆乱放，污水肆意横流，因为家禽养殖业兴旺，鸡鸭遍地跑到处飞，鸡粪鸭粪猪粪遍地都是。那时，大家钱是赚了，可是村里的环境，并不尽如人意。

那么，能有如今这一番美丽的转变，又是缘于什么呢？

乡村振兴既要产业兴旺，又要生态宜居，在让老百姓富裕起来的同时，人居环境也要变得更好，两者缺一不可！李花村正是有了这一思路转变，才成了今天这般美丽模样。

"文化是美丽乡村建设的灵魂。"阳国清介绍，美丽乡村的建

李花村全景

设，需要尊重现有村庄布局、地形地貌、山河水系、历史文化等资源
禀赋，还要保留住乡土味道，让淡淡的乡愁飘落在山水间，彰显风
格，塑造美好乡村建设新特色。

就这样，李花村提供了一个很好的样本。

近些年来，李花村在基础设施建设上投入了不少心血，村里有
了富洁广场、如意广场、会仙塘广场、柽木山广场、李花游泳池和李
花河观光线，由点及面，全面铺开李花村观光风景线。

从今年起，李花村还在村内全覆盖种植李树，新开荷塘，培育
菊花及梅花，集赏花旅游和果木经济于一体，将李花村打造成为"春
赏李、夏观荷、秋览菊、冬品梅"的赏花旅游胜地，铺开"烟花三月
赏李花"的华美画卷。

路畅了、水通了、景美了，如何吸引更多的人气？李花村点石
成金，开发了"文旅+研学"的新模式。

阳国清介绍，目前，李花村已经被选入衡东县青少年社会实践

基地。不久，将会有一批又一批的青少年来到李花村，真正地走进乡村，走进田间地头，真正地劳动起来。

发展"文旅+研学"的新模式，一方面是受教育部近年来在全国开展中小学生研学基地建设工作的启发，一方面是得益于李花村自然和人文兼具的资源禀赋。此外，基础设施的完善，特别是道路的改造升级，使得研学队伍可以便捷地来往于城市与村庄。

说起发展研学项目的好处，阳国清给我们算了算账，一支研学队伍来到村庄实践，逗留时间往往超过一天，就产生了吃、住、购买特色产品等多样化的消费需求，这可以大大增加村民的就业岗位，促进村庄经济的可持续发展。

对此，一位村民笑呵呵地说："我们又多了一个金饭碗了！"

大地磅礴，江河浩渺，人心开阔。望得见特色产业，望得见宜居村庄，望得见幸福生活，李花村的村民对未来的美好乡村生活充满期待。

（作者：王敏）

株洲丨梨树洲村：酃峰下的15度甜

山乡档案

　　株洲，新中国成立后首批重点建设的八个工业城市之一，是长株潭城市群两型社会建设综合配套改革试验区的核心成员。2021年，全市地区生产总值3420.3亿元，城镇居民人均可支配收入52399元，农村居民人均可支配收入25657元。

　　隶属于株洲市炎陵县的梨树洲村，总面积64.16平方公里，总人口721人，森林覆盖率达92%，是休闲观光、森林康养、户外探险和科学考察的胜地。近年来，当地利用自然资源进行旅游开发，不少特色民居应运而生。2019年，入选第一批国家森林乡村。

　　车行株洲炎陵县，满眼是山。转过一弯又一弯，来到罗霄山脉酃峰之下的策源乡梨树洲村。

　　酃峰又叫神农峰，与江西南风面并立于罗霄山脉中段，是湖南第一高峰。梨树洲村就坐落在它的半山腰，两百多户人家零星散居在这烟雾缭绕的山间。

　　站在平均海拔1500米以上的梨树洲村，蓝天白云好像触手可及。

路通了，乡间民宿绽放山间

春天已至，这个离县城最远、离酃峰最近的小山村迎来了旅游旺季。而10年前，这里完全是另一番模样：没有路、不通电，有能力的村民都搬下了山。

"我们这离酃峰最近，山高、坡陡、切割深，2018年以前有贫困户36户118人。"梨树洲村党支部书记伍英华说起曾经的家乡心情复杂，"这片山水到处是儿时回忆，也满是现实的无奈。重重大山像一道道屏障，贫困赶不走，小康进不来。"

"20岁之前，我和很多乡亲一样困在这山沟沟里，交通不便，没吃没喝了才出趟门，寻一根扁担扛在肩上，把柴米油盐从山下往山上挑。"回忆起当年的情况，伍英华微微皱起了眉头，"上山要走15公里的路，花费5个小时，深一脚浅一脚，很是遭罪！"

"有点能力的都从山上搬下去了，但一方水土养育一方人，搬下去，靠山吃山的乡亲们吃什么？这是拧在无数乡亲心头的疙瘩！"伍英华坦言，"'一方水土养不起一方人'的难题，曾经让几代人发愁！"

要致富，先修路。当地政府和村民们深知，要让这个位于海拔1500米山间的小山村走出困境，首先要做的一件事是修路！

说干就干，2011年，策源乡从梨树洲村群众最期盼的路入手，投入700多万元建设通村水泥路。这条全长13.8公里、宽5米，从炎陵县下村乡大横溪村通往策源乡梨树洲村的水泥路，终于在2020年8月全线通车。

原始森林、高山草甸、冰川遗迹……因为气候条件独特、自然

水泥村道将分散的农户串联了起来，也联通了大山外的世界

景观优美，梨树洲村闻名遐迩，令不少游客心驰神往。如今，通往山外的道路修通了，来村里旅游的人越来越多，民宿经济也随之应运而生。

伍英华就是村里众多受益者之一。2012年，伍英华花费100多万元建起了民宿，成为梨树洲村第一个建民宿的人。在2013年正式开业后，第一年他的年收入就有20多万元。在他的带领下，目前村里建起了20多家民宿。

伍英华坦言，最近几年，在炎陵县委、县政府的大力支持下，梨树洲景区内基础设施日益完善，已建成天马寨、高山草甸游步道，游客服务中心已基本竣工，游客接待能力和服务质量已逐步提升，景区容客量达6万人次/年。

现在的梨树洲人日子过得很惬意，不少人家里有了小汽车，还有的在县城购置了商品房。"白天上山去，夜晚进城来"已成为梨树洲人的生活新时尚；"生态得保护，产业得发展，农民得实惠"，已成为梨树洲村最真实的写照。

电来了，一批批山货销往全国各地

2013年9月11日上午，随着"咔嚓"一声合闸声，梨树洲村家家通上了稳定的直供电，灯光下村里的人顿时沸腾了起来，自此湖南株洲最后一个无电村通上了电。

伍英华说起这段往事不禁感叹道："还是党的政策好，在党和政府面前，梨树洲村两百多户的幸福从来都不是一笔经济账，向来都是一笔民生账！"

由于梨树洲村海拔高、地理位置偏僻、施工难度大等原因，村里一直没能通电。村里的孩子曾经只能离家下山读书，村民日常交流只能靠喊，村里的云雾笋也因为无法及时加工而卖不起价……

2013年以后，路通了，紧接着电也来了，村里的云雾笋产业也逐渐发展了起来，变得越来越红火。

今年43岁的村民黄小建对这些年村里的变化有着最真切的体会。如今，黄小建已是梨树洲村的云雾笋制笋大户，制笋和民宿收入加起来，每年在15万元左右。

还没走到黄小建的家门口，几十米开外就能看到一幅白底红字巨幅招牌，"如意洲山庄"几个大字横挂在三层小楼前。

制笋大棚前堆满了木炭和木屑，塑钢顶棚下一台体形庞大的锅炉立在那儿。黄小建的制笋大棚在村里几十户制笋农户中算得上规模最大的。

时间回到十几年前，黄小建的生活并没有现在这样舒坦。

2006年，黄小建结婚那天，他步行到山下，坐中巴车去县城接亲。回来经过黄桃村的时候路断了，幸好遇到一辆拖拉机，搭了一段便车，到中洲村又没路了，他就带着老婆一起走路上山。也就是从这一年起，黄小建决心和老婆一起开始制笋创业。

"当时还是用传统的木炭熏笋，村里的年轻人一起上山砍伐林木，堆满房间后架起火堆开始熏烤。后来又用热风炉烘干笋，条件十分艰苦。"黄小建感慨。

从何时起才真正改变了状况？黄小建将记忆深处的往事娓娓道来。

"这些年，通电一直是村里百姓的心头大事。2009年初，炎陵县委决定实施电力体制改革，于当年年底成功实现代管，炎陵电网才迎来了建设发展的黄金期。"

当时，炎陵县委书记黄诗燕专程考察梨树洲供电问题，与县电力公司仔细探讨梨树洲通电的可行性及各种细节。最终梨树洲村配网建设工程列入湖南省电力公司2011年工程项目，2012年7月18日该项目正式动工。

当地乡政府、涉及村组的负责人在开工前，挨家挨户给村民做解释工作和政策宣传，为电力施工创造了良好的氛围与环境。

供电线路大都穿越林地，为了尽量不破坏生态环境，该项目特殊地段10千伏线路都采用了18米电杆、抗冰型金具材料和大范围的带钢芯绝缘架空导线，低压普遍采取电缆下地。

最终，梨树洲村新建10千伏线路10.337公里，0.38千伏线路2.553公里，0.22千伏线路2.824公里，总投资近200万元。

"在2013年的时候，村里通上了电，一切都进入了发展的快车道。"黄小建回忆，一开始，当天从山里采摘回来的笋，当天必须加工完，通了电之后，一切都变得方便起来了。

"我们在竹笋成熟的20多天时间里，雇10多个人一起干活，每天可以在山里采摘2万多斤笋回家，这些笋可以堆满整个客厅。然后就是加工，每锅可以煮1000多斤笋，一锅笋就要煮10个小时，再把笋晾晒烘干。"黄小建说，家庭小作坊能处理这么大的量，都是通了电之后才能实现的。

通电后，全村都采用电烤炉或电动机鼓风炉加工竹笋，再不用木炭。鼓风升温加工的灶膛只需要少量柴火，枯枝或灌木枝条就成。而采用电加工的竹笋质量稳定，不会出现烤煳或因没烘干起霉的状况。成品质量提高，价格也上升了，以往笋干价每斤15元，如今已涨至每斤20元。

如今梨树洲村里共有20多户云雾笋种植户，平均每户每年有20多万斤的产量。种植了云雾笋的村民们，收入也逐年递增。

未来，梨树洲村还想大力发展村集体经济，改变销售模式和传统观念，乘着电商的"东风"，把山货带出山，把产业越做越大。

人回了，黄桃树结出15度甜

梨树洲村支部委员谢国华介绍，如今全村共有150户黄桃种植户。在黄桃成熟的季节，平均每户有3万元左右的收入。而在多年前，黄桃并不是村里的主要产业。

2010年，炎陵黄桃种植面积仅5000亩，市场前景并不被看好。黄诗燕调研后发现，炎陵气候独特，花岗岩风化土透气性好，具备发展优质高山水果的条件。经反复论证，全县上下形成共识：打造生态休闲农业风光带和特色水果、有机茶叶、无公害蔬菜等八大"农字号"特色产业，鼓励村民"量体裁衣、宜养则养、宜种则种"。2011年，全县重点推广锦绣黄桃，财政每年投入500万元扶持种植户。此后，黄桃种植面积、产量快速增长。

路通了、电通了、产业发展起来了，从村里走出去的年轻人也重新回到了村里。扶小君是村里的黄桃电商大户，大专毕业后的他以前一直在外面闯荡。2015年，他看到家乡发展得越来越好，便回家做起了电商，将炎陵黄桃销到了全国各地。

同时，炎陵县为了帮助村民将黄桃产业发展好，还定期开展黄桃种植管理"一户一产业工人"培训。培训采取"座谈讨论+实践教学"的方式进行，县农业局专业技术人员深入浅出地为参训人员讲解黄桃种植管理要点，并在黄桃基地里实地示范了疏果、剪枝、套袋等技术，对果农们提出的技术问题一一进行解答。

现场气氛活跃、互动热烈，梨树洲村村民说："每一次培训都非常实用，专业技术人员的实地教学，提高了我们的黄桃种植管理水平，让我们受益匪浅。"

"一颗炎陵黄桃有6两多，甜度达到15度！"2021年全县黄桃种植面积9.5万亩，总产量6万多吨。

梨树洲村的黄桃销售，在发展电商方面还处于探索阶段。谢国华介绍，目前，梨树洲村还在积极探索黄桃产业的发展路径，制定一个适合村里发展的模式，打造一批新农人，让更多村民能有新选择。

"我们正在讨论如何进一步和外面企业合作，提高农产品的附加值，比如和湘农荟合作，让炎陵黄桃红上加红。"谢国华表示，"未来将向黄桃2.0版本发展，扩大黄桃生产规模，增加产品产值，让农民的口袋更鼓。"

目前，全省在乡村振兴政策的鼓励下，正在搭建新模式、探索新路径，为各地优质农产品打通新销路、注入新动能。梨树洲村将继续在乡村振兴的道路上阔步前行。

（作者：张俊　龙琦　曹缇）

湘潭 | 七星村：城乡融合打造"向往的生活"

山乡档案

湘潭，长株潭城市群两型社会建设综合配套改革试验区、长株潭国家自主创新示范区核心成员。2021年，全市地区生产总值2548.35亿元，城镇居民人均可支配收入44772元，农村居民人均可支配收入25036元。

隶属于湘潭市岳塘区的七星村，位于长株潭城市群中心"金三角"地带，自然环境优美。全村总面积9平方公里，总人口1573人。近年来，在城乡融合发展的大环境下，七星村的发展潜力被充分激活，逐步形成了"处处是景点、户户有产业、人人能增收"的发展模式。

阳春三月，莺飞草长。七星村的樱花已是漫山遍野，附近城市的游客一波波涌向这里，他们既是来寻找春天的浪漫，也是来享受这里原生态的乡野之美。

由于游客多，村民邹晓宇这几天都起得很早，忙着打扫卫生、整理房间。自家房屋改造的"乡遇七星"民宿虽然只有6间住房、2间棋牌室，为游客提供简单的餐饮，但天天满客的状态还是让他干劲十足。

"这是一年中最旺的季节之一，把服务做好，口碑就自然出去

七星村全景

了！"年近花甲的邹晓宇利用闲暇时间把手机地图和"携程""美团"等平台摸得滚瓜烂熟。"我家的生意，大部分是从这些平台上来的。"

"以前干木匠、开'跑跑'，现在当起了旅社老板，邹老板发得狠呢！"面对过路村民的打趣，憨厚的邹晓宇"嘿嘿"地笑着，腼腆的笑容，映衬出对现在生活的满足。

七星村是长株潭城市群中心"金三角"地带的一个小山村，这里山地多、路难走。曾经，那条不足一米宽的土路，是村里通往外界的唯一途径，晴天尘土飞扬，雨天泥泞不堪，即使是骑单车也得花上40分钟才能赶到镇上。村里年轻人常年在外打工，年纪大的就起早贪黑地种地，除了到镇上赶集，没人愿意出村。

现在，宽敞的沥青路两旁花木相拥，江南风格的民居星星点点洒落在青山绿水之间，俨然一幅绝美的彩色山水画卷。在外打工的人大多都回来了，上班、创业，一片繁荣的景象。2020年，七星村获评"湖南省乡村旅游重点村"。

而这一变化，都发生在近十余年间。

如果把乡村振兴比作一场战役，那么城乡融合发展的政策机遇则是七星村人冲锋陷阵的支撑和底气。而真正激发他们创业热情的，则是缩小山里山外差距的决心和勇气。

一条道路，活了资源，脱了贫穷

村民的幸福来得并不突然。七星村的蝶变还得从那条路说起。

以前，通往七星村的不到一米宽的土路，是从昭山下的湘江码头到长沙跳马的唯一通道。在交通极不发达的年代，七星村算是一个难得的交通要塞。后来，这条路却成了严重阻碍七星村发展的源头。原生态农产品出不去，好项目进不来，村民们仅靠劳动力输出维持基本生计。

十多年前，一条崭新的水泥路贯穿七星村。有了便利的交通，七星村瞬间成了生态农业投资者眼中的"香饽饽"。

"屋里没事的时候，我就会来这里做事，只要身体允许，我就会做下去。"在七星湘采花园大棚里，坐在凳子上除草的言翠纯说起在这里上班的感受，脸上露出灿烂的笑容。"没想到70多岁了，我还有地方做事赚钱！"

七星湘采花园是七星村2019年引进的鲜花种植项目，流转了50亩土地，种植了玫瑰、百合、郁金香、非洲菊4大类的60多个品种，既供游客现场采摘，也向中高端渠道提供定制鲜花。由于生态环境好，又地处长株潭中心地带，这里的鲜花供不应求。

七星湘采花园每天至少需要15个人做事，拥有闲暇时间的村民都可以来上班，只要身体健康，年龄不限。

"言娭毑吧，你屋里有崽有女，儿孙满堂，在屋里享清福就可以哒呢！"在另外一垄地上除草的村民往这边喊。言翠纯看了看对方，回答道："我还动得做得，还能出来赚钱，就是福气。我这样的婆婆，估计也只有七星村才有呢！""哈哈哈！"一时间，欢声笑语不断从大棚里传出来。

近十年来，凭借土地流转，七星村引进的农业产业项目越来越多。目前，村里上规模的有七星村樱花乐园、绿加源生态果园、七星湘采花园、康庄菌业园、碧源春茶园，共为200多位村民解决了就业问题。其中，通过"引老乡建家乡"引进的康庄菌业园，是当年村里的扶贫项目，采取"公司+合作社+基地+农户"的产业扶贫模式，很快让全村的31户建档立卡贫困户实现脱贫，走上了致富道路。

一项决定，强了产业，富了农民

脱贫只是底线，致富才是目标。七星村的出路，到底在哪里？

由于独有的地理位置和"禁止开发区"的特殊身份，七星村要走有自己特色的城乡融合发展道路。

但是，一个昔日的偏僻山村，如何才能缩小与城区的差距，融入日益发展的长株潭城市群？当长株潭地图摆在会议桌的中央，"乡村旅游"四个字便出现在决策者们的脑海中。

很快，"以农耕文化为魂、以美丽田园为韵、以生态农业为基、以创新创造为径、以古朴村落为形"的美丽乡村建设思路清晰起来。

要走出这一步，首先就要争取政策，并按照"一户一宅一设计"的原则，采用湘中传统民居建筑元素，将湘中民居的特点体现出来。不久，政策下来了，以每平方米500元为基数，每户补贴封顶120

平方米；设计院的人也来了，在风格统一的基础上，根据各户具体情况进行设计。

起初，这一思路并没有得到所有村民的拥护。尹真就是其中典型的"钉子户"。

尹真是厨师，16岁出门学徒，当时已在村里开起农家乐。他家两兄弟，加父母一起三个户头，但按照政策只有两户能享受补贴。也就是说，他家最多能享受12万元的改造补贴。

"要把房屋改造做好，除了补贴，自己还得掏几十万元，一般农户，有几家能拿得出来？"尹真的这句话，说到了很多村民的心坎上。

七星村村委班子对于民居改造项目推进的难度，是有心理准备的。大家心里都清楚，七星村跨过了这道坎，打好了"乡村旅游"这张牌，不但能改善全村的人居环境，而且能吸引长株潭三市居民前来观光休闲，这是带领全村致富最直接也是最快速的途径。

村子富不富，关键看支部，发展快不快，全靠组织带。

在发动党员干部率先改造房屋的基础上，村干部与设计师一户户上门，一家家描绘七星村的发展前景。设计师对各家户型和投入意愿进行摸底。对于有意愿改造，又拿不出钱的村民，则由村上提供贷款担保。

"要不是村干部反复做工作，不单是我，可能全村都会失去这个发展的大好机会。"回想起当年的情形，尹真显得有些不好意思，"我投入的30多万元，当年就回本了。"最近几年，村上的乡村旅游搞得红红火火，他是受益者之一。

2017年国庆节，因为成片的向日葵开得旺盛，七星村迅速在微信朋友圈中爆红，就此走上了它的"网红"之路。

时隔4年半，七星村樱花乐园项目第一期260多亩试开园，4个品种的樱花竞相开放，在10多天的花期里，引得数万周边市民蜂拥而至。"单是今年3月8号中午，我这个小小的农家乐就承接了147桌饭菜。"说话间，尹真的脸上有着藏不住的喜悦。而近几年，尹真的农家乐每年营业额都在200万元以上。

乡村旅游建设初见成效，让村民们尝到了甜头，也带动了村民创业。目前，七星村有30家农家乐、5家民宿，另有KTV、商店、酒坊、蜂场等数十个商业户和产业户，村民人均年收入也从1.6万元增加到了3.5万元。

目前，七星村樱花乐园项目正着手下一期工程建设，将种植花期不同的观赏花种，让全年都有花，月月都精彩，让七星村的旅游全年都是旺季！

游客们在七星村樱花乐园里与春天亲密接触

一番治理，优了环境，稳了民心

七星村火了，游客越来越多。

即使是每天接待数千游客，七星村依然保持着干净整洁、文明有序。这让游客在七星村总能收获一份好心情。

其实，有着村民510户、1573人、总面积9平方公里的七星村，其乡村治理对于村两委来说本就是一场大考。如今走上城乡融合的发展道路，当外地游客不断涌向这里时，给七星村带来发展机遇的同时，也增添了很多"计划外"的治理难题。

对于七星村村两委来说，这是一道乡村治理的"关键题"，事关乡村旅游的可持续发展，也直接影响村民的钱袋子和幸福感。

七星村自创了一套"党员+农户"的乡村治理长效机制，每个党员负责联系3到5户村民。就这样，全村78名党员就形成78个工作小组，各项工作迅速展开。

垃圾处理实行付费制，低保户免费，普通村民家庭每月5元，产业户每月60元至100元。目前，这一制度的执行率已经达到100%。用村民陈建军的话说："一年只要花60元钱，一家人享受全村的整洁卫生，这笔支出怎么算都值！"

目前，在"户分类收集、村转运、镇处理"的模式下，全村实行生活垃圾日产日清，实现"零垃圾"全覆盖。村上投建的5个污水集中处理池和1个太阳能垃圾处理房，为全村的环境卫生提供了重要保障。

事实上，环境好不好，养蜂人最清楚。

村民谭春明因为残疾，曾经是贫困户。自从几年前，朋友送了他一箱蜜蜂后，他便走上了养蜂的创业之路，也因此成为村上典型的创业脱贫户。

"这几年环境好了，蜜蜂成长得特别快。如果不是刻意控制规模，到现在，我屋里的蜜蜂400箱都不止了！"由于人手和储藏的问题，很长一段时间，谭春明将蜂箱控制在120箱左右。如今，越来越好的生态环境和村里大面积种植各种花卉，让谭春明有了扩大养殖规模的念头。几个月前，他投入3万元建了一个可存储蜂蜜5000斤的地窖。目前他正着手在地窖里安装除湿设备，为今年第一次取蜜做准备。

"现在，七星村环境好，干净整洁、民风淳朴。而且户户都有自来水，公共汽车开进村，发展机会也不少，哪一点比城里差？"嫁进七星村多年的刘永红，以前一直和丈夫在外打工，近年回村后就再也不愿意出去了，"现在的生活，就是我向往的生活。"

城乡融合发展最重要的路径，是释放农村劳动力、土地等方面资源的发展潜力，以此缩小城乡发展差距和居民生活水平差距。

这些年，七星村全力释放土地与环境资源的发展潜力，成功破解"禁止开发区"的产业发展难题，依托原生态环境打造农业产业"五大园"，凭借青山绿水资源拓展乡村旅游经济，活资源、强产业、美乡村，形成了"处处是景点、户户有产业、人人能增收"的发展模式。

项目有了，乡村美了，人心齐了。如今，七星村的游客越来越多，城乡区域发展差距越来越小。事实证明，七星村的城乡融合发展，融出了"乡村旅游"的宏大命题，融出了乡村振兴的"七星模式"，也融出了村民们脸上幸福的笑容。

（作者：刘放明）

邵阳丨青山村："筑巢引凤"聚产业

山乡档案

邵阳，古称宝庆，位于湘中偏西南。2021年全市地区生产总值2461.5亿元，城镇居民人均可支配收入33374元，农村居民人均可支配收入15700元。

隶属于邵东市的青山村，地处享有"五金之乡"之称的仙槎桥镇，总面积为1.5平方公里，总人口973人。现有青山锻压机床三厂、湖南省荣贵电力设备制造有限公司、威世达五金工具有限公司等9家企业，实现年上缴国家税收500万元，带动了本村及周边村农村劳动力850余人就业。2021年，村民人均年收入2.38万元。入选全国文明村、湖南省美丽乡村建设示范村、湖南省卫生村。

2006年，青山村人均年收入仅0.3万元；2021年，青山村人均年收入2.38万元。15年间，涨了约7倍。

这究竟是怎样的一个村庄？其背后又是什么力量使之蜕变？如今这里的生活又是怎样一番模样？

2022年3月24日，天下着淅淅沥沥的小雨，跨过蜿蜒的槎江驶入青山村，路旁向日葵造型的节能灯形象逼真、流光溢彩，仿佛金色的

青山村一角

阳光照进了心里，令人豁然开朗。

干净整洁的柏油马路、宽敞明亮的小洋楼、修剪整齐的花草树木、各类文化和休闲广场，这不禁让人感叹道："这个村庄建设得比镇里还好！"

村里企业：多起来，大起来，强起来

伴随着轰鸣的机器声，经过高温锻造的扳手模型每隔十几秒就从机器中自动吐出，再被工人拿到一旁的传送带上，"叮"的一声落到材料筐中，等待被送往下一个流水线。

这是在青山锻压机床三厂（以下简称"青山锻压三厂"）旧厂房中，几乎每日都要看到的画面。略显陈旧的厂房向到访者诉说着它所历经的岁月。时间回到1992年，彼时的黄广仁已背井离乡在云南瑞丽从事边贸好几年，正想回乡办厂。这时村里干部找到他，邀他回村办厂。"回村办厂至少不用租厂房。"于是，1994年，他建成了399平方米的厂房，"青山工具厂"（"青山锻压机床三厂"原名）问世，成了青山村引进的第一家工业企业。

扳手是该厂的主要产品。青山村所在的仙槎桥镇是有名的"五金之乡"，两千多年前，先民们就开始铸造刀剑，生产的菜刀、剃刀、剪刀远近闻名。

只有专攻一项才能闯出自己的特色。"从电视上看到中国汽车行业正蓬勃发展，想着也许能在汽车产业中分一杯羹。汽车零部件造不来，汽修用的扳手能造！"黄广仁和合伙人一合计，便定下了产品方向。

拿着自己厂制造的样品，黄广仁和几个老乡远赴长沙、合肥、青岛等地推销，最终柳州五菱汽车厂同意让他们先做几百个扳手试一试。"回来后几天几夜没睡觉，废掉几千个样品才做出来，一炮打响，越做越大。"回忆当年的场景，年近六十的黄广仁笑了。

如今，工厂的厂房从原来的不到400平方米扩大到2000多平方米；生产线从原来的纯手工，发展到现在的9条全自动生产线；员工从原来的七八个人增加到现在百余人；产值从原来的几十万增加到现在的几千万。

"回到村里办厂是最明智的选择，郭书记带的村级班子作风正，我信得过。"黄广仁如是说。

黄广仁口里说的郭书记，就是现任青山村党委书记郭海同。20多年前，他还是一个做五金生意的老板，2002年回村担任村主任，如今当上了村党委书记。这些年来，他扎根青山，自掏腰包帮助村里修路、通渠，累计捐款达60万元。2016年，以他为原型拍摄的微电影《小村大爱》被中共中央组织部推介。2020年，他被评为全国"敬老爱老助老模范人物"。

如何带领村民脱贫致富？这是郭海同回村以来一直思考的问题。经营五金生意的郭海同知道邵东的小五金闻名国内外，拥有中南地区最大的五金机电市场和完整的五金产业链。青山村所在的仙槎桥镇又是有名的"五金之乡"。依托仙槎桥镇的资源优势，郭海同提出"工业建村、工业旺村、工业强村"的理念，引进五金产业，打造工业新村，带动村民就业致富。"要让乡村越来越好，最需要的就是人才，要尽可能留住和引进优秀的年轻人到青山村来发展。"郭海同便与村里其他干部一起，充分发挥党员干部的示范带头作用，采取以老乡招老乡、以商招商的方式，开始引进企业来村里发展。

湖南省荣贵电力设备制造有限公司（以下简称"荣贵电力"）负责人左建伟便是见证人和受益人之一，他选择了在青山村办厂。

2012年，为了引进荣贵电力，郭海同多次登门拜访左建伟，真诚相邀。左建伟决定在青山村办厂后，村干部为其全程代办征地等手续，到县镇两级有关部门奔波。在征地建厂房过程中遇到问题，村干部随叫随到积极解决，仅一年时间，荣贵电力便实现投产。"村里的干部为我办事，我给他们点加班费和路费都不要，真心实意地为我们解决问题，这一点真的让我很是感动。"左建伟说。

威世达五金工具有限公司（以下简称"威世达"）创始人黄建军也是其中一个。高中毕业后就在各地闯荡的他有一股不服输的劲。黄建军后来决定回村里办厂，专攻断线钳，"这在邵东稀缺！"他说。2021年，威世达一年销售额超2000万元，产品在中国最大的五金产品集散地之一山东临沂的销量近千万。

就这样，一传十，十传百，青山纯正之风成为筑巢引凤的名片，很多人闻讯纷纷来这里投资办厂。很快，青山村便从一个传统农业村华丽丽地蝶变为新型工业村。目前，青山村有工业企业9家，年产值超5000万，每年纳税居邵东市前列。

村民日子：好起来，富起来，美起来

村里富起来了，那么，每一个村民都不能掉队！

极少数村民，因各自特殊情况，家里还有一定的困难，还落在后面，怎么办？

青山村当然是有办法的！

2019年5月，青山村采取"党员带头、群众占股、贫困户就业"的方式，投入200万元，建起生产钢丝钳的扶贫车间，8户贫困户自愿入股，实行效益分红。

"每月能拿三千多，以前有两亩地，但是我年纪大了身体受不了，现在流转给村集体每年还有一笔流转费。"今年69岁的赵新文依然在钢丝钳车间上班。他的大女儿先天性聋哑，小女儿在十多岁时被查出心脏病，巨额的医疗费让这个家庭跌入低谷，村里帮他争取了捐助资金，也给他大女儿安排了工作。说着，赵新文算起了账，包括他自己在内，青山村共有20户共69人已稳定脱贫，逢年过节还都会收到补助和米油等生活物资。

不仅村里的人都有了工作，外村的人也过来做事了。今年55岁的杨大伯是邵东市水东江镇高塘村村民，他正在青山锻压三厂的流水线上忙碌着。之前他一直靠打零工为生，听说这里招工，便来试试，一干就是两年。

站在嘈杂的车间里，杨大伯介绍："一把扳手，要经过60道工序，才能合格出厂，每天大概要经手1000把。"如今，杨大伯每月能拿到6000多元工资。

和杨大伯一样，从外村来青山村务工的不在少数，罗艳梅也是其中之一。在青山村的一处车间里，她正忙着给钳子上油。"不上油容易生锈。在这里我一个月能挣三千多，还包吃，离家近，能干活还可以照顾到家里。"她一边说着，手中的动作又加快了一些。罗艳梅的丈夫三年前因病去世，她不仅要照顾三个老人，还有一个正在读职高的女儿。

如今，在青山村，以青山锻压三厂为龙头，包括荣贵电力、威世达在内的9家企业，带动了本村及周边村劳动力850余人就业。村民们的钱包越来越鼓了，日子也过得越来越好。

百尺竿头更进一步，如何提升村民们的生活品质，又是一个新的课题摆在了青山村村两委面前。

"既要金山银山，也要绿水青山。"青山村不仅重视发展产业，也在美丽乡村建设上下功夫。多年来，青山村总计投入1900多万元，实施农村安全饮水工程，硬化村组公路11.27公里，进行河道、水渠清淤改造，并加固渠坎、河坝，建设综合服务中心、健身场、党建文化广场、生态主题公园等，还搬迁新建青山学校，修建了青山桥，打造了槎江河风光带。

"以前卫生很差，路边上什么垃圾都有，乱七八糟的，大家什么东西都往河里倒！"村民李小华谈起了村里的变化，"四五年前开始进行环境整治，开村民大会号召大家爱护环境，有志愿者在河边管护，你也不好意思倒呀！现在环境好了，大家住得很舒服了。"

悠悠槎江，如今流淌的是风景，是美好，更是文明。

精神生活：跳起来，舞起来，乐起来

青山村村民向来是乐天的，爱热闹的，也是很有艺术追求的。

有钱了，有闲了，怎么办？就得有乐才行！

很快，青山村立足实际，创新思路，打出了一套"组合拳"：组织开展了"最美家庭""最美创业之星"等文明创建活动，表彰榜样，形成一种向前的动力；组建广场舞队、花样女子舞龙队、铜管乐队、腰鼓队等十余支文体队伍，热热闹闹之中，显现一种凝聚人心的力量。

这就是青山村！这就是青山村人！要干事业，就干出大名堂；要玩乐子，就玩出新高度！

"现在村里有舞蹈队、舞狮队，我就是舞蹈队的，还参加过市里的活动呢！"今年60岁的村民李小华性格爽朗，她在威世达上班。由于工厂实行按劳分配，工作时间比较灵活，她上午工作下午休息，晚上则参加村里的舞蹈队，一直跳到晚上9点才回家休息。"这日子，快活得很呢！"尽管孩子希望接她去城里住，她还是喜欢留在村里。

2012年青山村舞蹈队成立之初，她就报名参加了。这支乡村舞蹈队成立至今已有10年的时间，队伍从无到有、从小到大，目前已经发展到82人，年龄最大的队员有84岁。

"跳舞的时候最开心，不仅能锻炼身体，大家的感情也更好了。"李小华脸上带着笑，眼中闪着光。每逢节假日，村里组织活动，李小华就会和队友们化好妆，梳好高高的发髻，戴上漂亮的头饰，伴随着优美的音乐，在青山村的文化广场上载歌载舞。

"要带领大家把跳舞坚持跳下去，跳出特色，让乡村生活更精彩。"青山村党委副书记、妇联主席单辉艳同时也是舞蹈队的队长。她说，为了激发村民跳舞的热情，鼓励大家参加集体活动，村里购买了一套音响设备，还邀请了舞蹈老师，免费教大家跳舞。舞蹈队曾多次参加市里比赛或者表演，好评如潮。

青山村舞蹈队代表邵东参加邵阳市庆祝新中国成立70周年的演出

"转，走，盘旋，昂头……"在青山村首届农民丰收节上，一支由12名妇女组成的舞龙队，舞动着一条20余米的长龙。金龙伴随着鼓点声，时而腾起，时而俯冲，队员们随之或疾走飞奔，或缓步徐行，将金龙展现得威风凛凛，气势雄壮，赢得现场喝彩不断。

2015年，青山村决定成立花样女子舞龙队。听闻此消息的郭小玲很激动，自告奋勇地担任起舞龙队队长。在邵东，虽然还有其他女子舞龙队，但在郭小玲看来，她们这支舞龙队是最好的。郭小玲在青山村也开有五金厂，身为老板的她自带"女汉子"气质。每逢表演，清晨和傍晚都能看到她带领队员在广场上练习舞龙技能。

"青山英姿走四方，金龙飞舞送吉祥。"有村民看过舞龙队表演后，做出如是评价。除了春节等传统节日和重大活动有演出，村民家有红白喜事也都会主动邀请女子舞龙队前来表演，这样既增加了队员的收入，也提高了她们的积极性。

舞龙队、腰鼓队、铜管乐队……青山村村民就这样用自己的方式，表达对当下幸福生活的满足和未来美好生活的向往。

他们想唱就唱，唱得响亮！

他们想跳就跳，跳得开心！

他们想舞就舞，舞得豪情！

（作者：颜瑶 段懿丹）

岳阳 | 磊石村：让土地流转起来

山乡档案

岳阳，国务院首批沿江开放城市，湖南唯一沿江国际贸易口岸城市，拥有2500多年悠久历史的国家历史文化名城。2021年，全市地区生产总值4402.98亿元，城镇居民人均可支配收入39799元，农村居民人均可支配收入20168元。

隶属于岳阳市屈原管理区的磊石村，全村总面积为6.57平方公里，共有12个村民小组，898户2436人。村里土地肥沃，地势低洼，适宜发展养殖业和种植业。近年来，通过土地流转，种植水稻、西瓜、莲藕，养殖小龙虾等，村民们走上了致富之路。

2022年3月14日的一个晴天。室外温度27摄氏度，岳阳市屈原管理区凤凰乡磊石村西瓜大棚内温度高达40摄氏度。

正在给西瓜苗浇水的杨国伟从大棚出来，满脸汗水。他感慨地说："难得好天气，秧苗长得好，头批瓜五一节就可以上市。"

杨国伟家的土地已被流转，每年收取固定租金，平常就给土地承包老板打工。每天工作8小时，获取160元报酬。他强调："下班时，老板就会把当天工钱直接转到微信上。"说这话时，他掩饰不住兴奋。这是一种看得见、摸得着的幸福。杨国伟从来没有想过能在家门口找一份工作。说完，他走进大棚继续劳作，他的理由是"聊久了对不住老板"。

磊石村1万亩土地全部都在流转，村民获得土地租金、入股红利、打零工等多份收入。磊石村党支部书记湛灿感慨地说："土地流转的政策激活了全村人创业做事的热情，同时也实现了土地价值最大化。"

村干部带头，让村民看到土地流转脱贫切实可行

磊石村之前一直是典型的靠天吃饭的传统农业村，在2014年时还属于贫困村。当时年轻的村党支部书记湛灿已上任4年，贫困村的帽子灼到了他内心。他整天都在琢磨同一件事：如何增加农民收入？

村里无集体经济、无资源优势，还有不少历史债务。村里唯一拥有的资源就是农田，人均面积4亩多，而且土地连片，一望无垠。现在回头看，湛灿说："磊石村成片平整的土地最适宜于土地流转，我们村民是捧着金饭碗讨饭。"

湛灿从土地要素上破题，让土地流转起来。他到处宣讲国家土地流转政策。但村民认为，那是遥远的理论，无法接受新模式。湛灿决定自己先试先行。

村东北边有一片水田，都是低洼地带，雨天易遭灾。2012年，湛灿邀请了9个胆大的村民每人投入10万元流转低洼田，租期5年。他们决定养殖小龙虾，走的模式是"稻虾共养"（上半年养小龙虾，下半年种植水稻），还成立了屈原管理区第一个稻虾种养合作社。

村民之所以愿意拿出这片地参与土地流转，是因为湛灿开出每

亩每年1000元的租金，租金直接给村民。而这片地之前的平均亩产年收入不到500元，村民们的热情立即高涨。

其实，湛灿的身份比较特殊。一方面他是村干部，要守住全村土地流转的政策、租金契约等底线，保护村民利益不受损害；另一方面他又是土地流转承包户，也要考虑自身投资收入，确保可持续性。这次承包的土地经营的好坏直接关系到村民思想观念的转变与村里经营模式的转变。

偏偏第一年就弄砸了。合作社养虾、种稻辛苦忙碌一年，净亏20万元。但村民得到了大实惠，每亩1000元租金早就进入了腰包。此外，几十个村民在合作社打工，仅帮忙收取小龙虾，4个月的零工收入人均就有12000元。

股东、村民都急了，湛灿的土地流转来年能否继续进行？"当

流转低洼田，走"稻虾共养"模式

时面对巨大的双重压力，一方面要安抚股东，另一方面要给村民信心。"湛灿说。

养殖小龙虾需要专业技术，特别是5月份，因绵绵不断的雨水，小龙虾易发生瘟疫，甚至导致整块田虾子死绝，被称为"5月魔咒"。湛灿不断给合伙人打气，寻找解决办法。他们先后去小龙虾盛产地湖北洪湖、石首等地学习养殖技术。

第二年终于扭亏为盈，而且每年收入递增。很多村民在合作社打工，看到了实在的效益，纷纷参与土地流转。2016年，合作社流转土地高达1800亩。

凤凰乡的干部说，从村干部去村民家登门做工作，到村民抢着把土地交给村里实行流转，这个巨大的转变可以看出，基层村干部身先士卒的工作作风彻底改变了全村的发展格局。

磊石村大面积土地流转的成功，改变的不只是本地村民，屈原管理区很多乡村都迅速借鉴。让湛灿自豪的是，现在流转土地实行"稻虾共养"的租金都定为每亩1000元，且租期为5年，而之前的租金不一。磊石村的成功，极大提升了流转价格。

湛灿说，磊石村摘掉贫困村的帽子，主要得益于国家土地流转的好政策。而且政策仍在不断优化，拥有土地的村民将得到越来越多的实惠，各项权益也将越发得到保障。

能人带路，让土地流转写就乡村财富故事

磊石村今年流转西瓜地4600亩，其中来自邻近村子的村民罗文龙，邀请了4位股东流转830亩地种西瓜。

罗文龙的连片西瓜大棚，白色塑料膜在阳光下格外亮眼。棚

磊石村村民正在西瓜大棚为瓜秧浇水

内田垄也盖着塑料，只等瓜秧移栽。罗文龙说得最多的一句话就是"西瓜喜高温"。这样的天气无疑给今年西瓜大丰收增添了筹码。

罗文龙在屈原管理区被称为"西瓜能人"，被他流转的土地种西瓜当年都能流金淌银。在湛灿看来，罗文龙最大的贡献是，让很多迟疑观望的村民陆续跟着能人走，把土地交出来实现流转。

其实37岁的罗文龙完全不懂种西瓜，他只晓得贩卖水果，走南闯北经营了9年水果生意。浙江台州麒麟瓜甜度高、皮脆、个体大，深受市场追捧。罗文龙将"西瓜藤"牵到了家乡。

58岁的台州人潘广才就是被罗文龙请进来的西瓜技术大师。据悉，在磊石村指导西瓜种植技术的台州师傅多达26人。

村民们说，潘师傅种植了一辈子麒麟瓜。大家称赞他西瓜种得好，他不好意思地说："湖区土地肥沃，适宜种西瓜。"

西瓜有一个重要习性，轮作才能高产。这是潘广才最宝贵的种植经验。于是，他每年跟着罗文龙像候鸟一样在洞庭湖周边找地种瓜，君山农场、建新农场、钱粮湖农场等都被轮作了一遍。

罗文龙做事公道，人缘很好，最重要的是销售渠道广，全国都有他的固定市场，所以传言没有罗老板卖不动的瓜。湛灿透露，磊石村今年流转的西瓜地，预计能产3万吨西瓜，罗文龙已经跟村里签订了包销协议。

村民们的想法很简单，只有看到真金白银，才能对产业有信心。

很多村民不只是将土地交给村里统一流转，还直接参与到能人麾下投资经营，成为能人的合伙人。

46岁的村民涂红军，把自家土地交给村里后，在罗文龙承包的土地上打工。每年看到罗文龙赚得盆满钵满，涂红军今年终于开始行动，投入80万元入伙，由打工人身份转变为股东老板。

80万元现金对于涂红军一家而言，算是身家性命，那是全家人一辈子的积蓄。他的决定显然经过了复杂的思考。

西瓜地投入大，仅每亩土地租金就高达1300元，此外还要搭建钢管大棚，平整田垄，采购农膜、肥料、种子，进行田间管理、采摘等，每亩累计投入成本近1万元。而且，还受天气、市场价格等多个因素影响。

但种植西瓜的收入远远高于养殖小龙虾。让涂红军敢于投资的另一个重要原因是他看中了几个合伙人都有一技之长，跟着能人走，成功概率非常大。比如罗文龙清楚地知道第一批瓜到最后一批瓜全国价格最好的地方；潘广才知道麒麟瓜在不同生长季节所需的肥料，且肥料均为秘密配方，种植的西瓜单个重30多斤，亩产13000斤；涂红军自认为是合伙人中的"吃瓜群众"。当然能被罗文龙看中的人，肯定也有过人之处。

罗文龙坦言，寻找的合作伙伴都经过了多年共事，人品值得信赖。"大家在一起赚钱，目标明确，人无二心。"罗文龙说。

湛灿解释，股东们一起参与土地流转，他们之间的关系甚至超过了亲兄弟。"这是一种无内耗、高效率的劳动，而且一旦形成，很难改变。"

种植西瓜极其耗工。罗文龙现场算起账来，一块50亩的西瓜地，人工费高达12万元。仅采摘过程一项，摘瓜每斤5分、打包入纸箱每斤5分、搬运到车上每斤5分。采摘季节，村民们都会主动帮罗文龙打零工，因为酬劳当天兑现。

罗文龙找到了潘广才等股东，湛灿找到了罗文龙，这是成功流转土地种西瓜的关键要素。此时，湛灿无须再跟村民赘述土地流转的可行性，他只需牢牢守住本村的耕地红线，严防土地流转"非农化"。此外，湛灿还有一个更重要的工作就是不断寻找"新的罗文龙"。

政策兜底，让土地成为农民持续富裕的摇钱树

通过村支委与行业能人共同努力，水稻、西瓜、莲藕等种养产业在磊石村万亩土地上流转得风生水起。

土地流转也带动了不少周边产业，推动村经济飞速发展。比如，西瓜运输需要大量纸箱。据悉，每亩西瓜地需纸箱成本300元。以前都是外地采购，现在村里专门成立了纸箱厂，能满足附近所有西瓜承包户的需求。还兴办了村冷链厂，确保了小龙虾、果蔬的新鲜度。全村人都能在家门口找到工作。

村里经济状况和村民精神面貌迅速得到改变。湛灿介绍，村里还清了所有债务，新建3000平方米文化广场，改建500平方米村级综合服务平台，还铺设了自来水管网……

对于在土地里劳作一辈子的农民而言，从未在地里刨出如此多的"黄金"。他们也是第一次真切感受到，拥有土地就是拥有真实财富。

实现土地的公平分配，这也是湛灿在工作中不可能绕开的现实问题。娶亲、嫁女、出生、去世、退休、户口迁出……都将引起每家每户的土地变动。当土地值钱时，矛盾立即凸显。

2017年，磊石村由3个村合并而成，是乡里最大的一个村。为了公正公平地调整土地分配，湛灿回忆，那段时间，每天都要开会，最多的一天开8次会，其操作难度远远大于引导村民参与土地流转。

村里召开村民大会、党员大会，专门出台村规民约，五年一调整，根据每家每户人口的变动，重新分配土地，实现最大公平。在湛灿的组织下，磊石村已经完成了两次"土地平衡"，这项工作走在全省前列。

对于工业基础比较薄弱、区位优势不明显的磊石村而言，优化农业资源配置，调整农村产业结构，土地以资本的形态升值并让农民分享利益，已成为破解农村发展瓶颈的重要手段，也是国家推动乡镇振兴的好抓手。磊石村已找到了适宜自身发展的特色之路。

磊石村西边是湘江注洞庭湖入口。大堤上，一边是辽阔江水，一边是蓬勃乡村。著名的潇湘八景之一"洞庭秋月"就在磊石村，只是往日文人墨客眼中的自然美景，已升级为幸福的新农村生态景观。

（作者：曾鹏辉　刘炜翔）

常德 | 梨树垭村："云"上小村入世来

山乡档案

常德，长江经济带、环洞庭湖生态经济圈的重要城市。2021年，全市地区生产总值4054.1亿元，城镇居民人均可支配收入38339元，农村居民人均可支配收入19904元。

隶属于常德市桃源县的梨树垭村，总面积25.8平方公里，总人口1171人。植被覆盖率为81%，曾是常德有名的贫困村。2019年，梨树垭村通过实施整体空间建设布局，培育以乡村旅游为主体，以产业发展为龙头的发展路径，成为从脱贫攻坚走向乡村振兴的样板村。

从桃源县龙潭镇出发前往梨树垭村，有17公里，车程半小时左右，蜿蜒曲折的盘山公路如虬龙般盘卧在云雾翻腾的山谷间，直达村部。循路而上，路旁斧斫刀劈的痕迹犹在，依稀可见昔日开路时的惊心动魄。

初春，梨树垭村的天气阴晴不定。一时天晴，天阔林深，春色无边；忽而雨下，便是黑云压村，微雨淅沥；待云收雨歇，山林间云雾涌动，村里的山、水、民居在雾中若隐若现，宛如一个云上的神仙境。

当了10年梨树垭村党支部书记、2021年离任的徐建华在闲暇时还是习惯在村里转转。眼下正是防控梨树病虫害的关键时节，这一关把控好了，不仅能有效减轻梨树全年的病虫害发生，更能改善梨果品质，村民们颇为重视。梨树垭村一直都有种植梨树的传统，但产业化发展却只有短短5年时间。这里产的梨含有丰富的硒元素，颇受市场欢迎。"今年一定是个丰收年。"望着满山的梨树，徐建华心里很有盼头。

梨树垭村，藏宝于深山，拥有得天独厚的山地资源，却曾是常德有名的"老、少、山、穷"地区和建档立卡贫困村，1171名村民中有315名在贫困线挣扎。对于梨树垭村来说，脱贫，是一场必须要打、必须不能输的硬仗。

从修路、电改、拉网等基础设施的改造到整村规划、发展产业……在当地党委、政府以及梨树垭村党支部的带领下，这个曾经人均年收入不到2000元的小村庄，彻底摘掉了穷帽子，走出了一条属于梨树垭特色的致富之路。《常德市桃源县龙潭镇梨树垭村庄规划（2020—2025年）》，更是斩获2020年湖南省第一届国土空间规划优秀案例评选一等奖。

昔日的贫困村脱胎换骨，村民们的精神面貌也发生了翻天覆地的变化：口袋鼓起来了，住上了新房，开上了小汽车，日子是越过越红火，笑容越来越灿烂。

从3小时到30分钟，村里开进了小汽车

梨树垭村的幸福蜕变始于11年前。

2011年，梨树垭村和剪家界村合并，成立了新的梨树垭村。新村成立之初，路差、电弱、没网。虽自然环境优美，但少有人来；文

化古迹丰富，却鲜有人知。村民们都在土里刨食，有的连房子都盖不起，能走出大山的更是少之又少。

一切都亟须改变，而改变又面临着前所未有的挑战。

也就是在这个时候，龙潭镇社会事务管理站站长徐建华临危受命，被选派回来出任梨树垭村党支部书记。值得一提的是，他的父亲徐之成，也曾是梨树垭村的党支部书记。时隔40年，徐建华继承父亲的衣钵，挑起了同一副重担，并发誓要将梨树垭村的贫困帽子彻底摘掉。

受这片土地哺育，心怀深厚感情的徐建华踌躇满志，迫切想要改变村民们的困窘现状。

怎么改变？"想要富，先修路。"

"小的时候我们去镇上，只有一条崎岖不平的泥土路。"在徐建华的记忆里，从村里到镇上，17公里的黄泥路，不通车。村民想出门，须天还没亮就出发，步行三四个小时才能到镇上，一来一回，光是花在路上的时间就有七八个小时。村外的物资运不进，村里的农产品运不出，摩托不敢骑，小车没法开……正因为交通不便，有的村民被"困"在村里，一辈子也没有走出大山一步。

"修路刻不容缓。"在这件事情上，徐建华态度坚决，用他自己的话说，这是他上任后做的第一个"梦"。

一场以修路为突破口的脱贫攻坚战很快在村里打响。

为了修路，徐建华带头捐款20000元，当时的村委会主任姜长兵捐款5000元。妇女计生专干吴彬枝家里两个孩子都在上大学，经济本就不宽裕，咬牙硬挤出来3000元。村两委干部的带头唤起了村民们"建家乡修好路"的热情，在短短两个多月的时间里，便筹集到了30多万元。

启动资金凑齐了，但这点钱对于这个山路十八弯的庞大建设工

从桃源县龙潭镇出发前往梨树垭村，有17公里蜿蜒曲折的盘山公路

程来说，还只是九牛一毛。为了筹钱，徐建华联系了在外工作的乡亲，又频繁往来于市县相关单位申请资金。

在随后的8年时间里，他一共筹集到4000多万元，不仅打通了从村到镇的公路，还基本实现了40多公里的整村道路的硬化，干净的水泥路铺到了村民们的家门口。

"村民们需要什么，我们就解决什么。"徐建华发现，受沟壑纵横、高低不平的地理环境影响，村里民居分散，因此一直难以实现集中供水。这也是村里每次召开群众会，村民们提出得最多的问题。为了让村民们都能用上自来水，村干部带头挖沟埋管，建立了集中供水点。终于在2019年底，全村都用上了干净方便的自来水，彻底改变了过去靠天吃水的历史。

路修好了，自来水引进来了，接下来就是电和网络。

提起曾经瞎灯摸黑的日子，村民们纷纷摇头，用他们的话说："用电饭煲，连饭都煮不熟。开了灯，连人都看不清。"

电改迫在眉睫。2016年和2020年，村里进行了两次电改，如今

250

明亮的灯光照亮着这个深山里的村庄，电饭煲、电热水器等常用家电走进家家户户，便利了生活，更加快了村子的发展速度。

过去的梨树垭村，一直都是通信信号的盲区，电视没信号，手机是摆设，更别提上网了。但互联网时代，没有网络寸步难行。徐建华和党支部的成员们一合计，拉通网络这件事也被摆在了关键位置。

立项目、拉赞助，梨树垭村的村两委先后筹集了350多万元，新建了3座移动基站，拉通了网络宽带。如今，村里家家户户都用上了手机和有线电视，80%的村民家里已接上了宽带。梨树垭村终于联通了外面的世界。

修路、电改、拉网……从泥泞小路的艰难前行到公路上小汽车、大巴车快速行驶；从靠天吃水到自来水在大山里哗啦啦流淌个不停……这些看似最普通的基础设施建设，对于梨树垭村来说却是一个又一个艰难挑战。

好在，艰难过后，是幸福甜蜜的日子。

量身定制绘蓝图，看梨树垭的逆袭之路

安居了，还要乐业，才能为梨树垭村脱贫致富提供源源不断的内生动力。

于是，如何为村庄发展谋长远，让老百姓的钱袋子鼓起来，成了村两委最头疼的问题。

2016年，常德市自然资源和规划局成立驻村帮扶工作队，正式入驻梨树垭村进行对口帮扶。

驻村帮扶工作队综合考察了梨树垭村的地域环境、产业基础等，决定立足村情实际，对梨树垭村现有乡村格局进行整体规划、重

新布局，进一步整合优化乡村资源，释放村庄发展新动能。

在此之前，常德还没有任何村推进过整村规划。该如何做？会做成什么样子？大家都是"摸着石头过河"。

在经过家底调查、问卷调查、走访入户调研等一系列扎实的基础工作之后，2019年，梨树垭村第一份村庄规划——《常德市桃源县龙潭镇梨树垭村庄规划（2020—2035年）》出炉。随后又几经考量、精心修订，形成了一份更为具体详尽的村庄规划——《常德市桃源县龙潭镇梨树垭村庄规划（2020—2025年）》。从空间要素、产业升级培育、生态保护和改善三个方面着手，确定了梨树垭村近年的发展规划：要将梨树垭村打造成"油茶林果生态农业种植，山地运动休闲观光"为一体的美丽乡村。

为了凝聚村民共识，形成改革合力，村两委还细心地将这份规划改成了通俗易懂的图文模式，做成小册子发放到每个村民手上。

在规划编制初期，村两委和驻村帮扶工作队就达成了共识：让村民们拥有一个宜人的生活环境是农村发展的先决条件。因此，环境的治理、公共服务设施及基础服务设施的完善，成了梨树垭村规划实施早期的重中之重。

从改建村民的危房到硬化、绿化村道；从村容村貌改造到规划村民公共活动场所……梨树垭村守住了青山绿水，也留住了美丽乡情。

基础打好了，产业也不能落后。

梨树垭村有什么资源能够实现产业化呢？徐建华想起了村里代代流传的一个故事：相传，贺龙带兵路过梨树垭村，整队小歇时，闻讯赶来的刘三给他送了两筐糖儿梨，贺龙和士兵吃后赞不绝口，又买了四筐送给战士们。新中国成立后，贺龙仍记得梨树垭村梨子的味道，还吩咐老红军邹金堂给他带过两袋……

梨树垭村的梨好吃、水分足，含硒量也高，但从前都是村民各种各的，难成规模。再加上村子地理位置偏远，交通不便，梨子也卖不出去，最后只能自产自销。

"既然现在交通不成问题，为什么不把它推出去呢？"

说干就干，2016年底，村里成立了梨树垭梨富种养专业合作社，流转土地近千亩。

除了梨园的产业化，驻村帮扶工作队发现村里的土壤和气候还适合种植猕猴桃和茶叶，于是又开辟了百亩猕猴桃产业园和500多亩云雾茶园。

为了实实在在让村民受益，驻村帮扶工作队和村两委又研究开创了"贫困户70%+合作社20%+村集体10%"的分红模式，贫困户通过土地流转得租金，入股分红得股金，务工投劳得佣金，实现多渠道增收。

此外，村庄规划还对梨树垭村的一、二、三产业都进行了全面的考虑：升级现有农业，对光伏发电站进行扩容，依托第一产业及生态条件，发展村庄"红+绿"旅游项目，通过联动效应，形成良好的经济效益。

梨树垭村自然资源丰富，有森林面积30000多亩，至今保存有"中南五省杉树王"、千年银杏、百年古松、古枫、明朝古迹、城门沟一线天、烟雨团象溪等自然人文景观。贺龙元帅曾带领部队多次路过，留下许多动人的红色故事，这成为如今梨树垭村珍贵的红色旅游资源。

近年来，梨树垭村全面整合了山水田园、农林花果、山地运动和民俗文化等资源，既保留了乡村原始的面貌，又以旅游景观为依托，对生态和文化资源进行升级和管理。

如今，一个以运动观光、休闲旅游为主的特色旅游村落已初见雏形。

小村有喜，昔日贫困村奏响幸福乐章

80岁的江绍祖最近很忙，相依为命的孙子5月就要结婚了，预备回村里办酒，自己辛苦养的猪和牛届时将派上大用场，为喜宴添喜气。

江绍祖家的老宅在山林深处，出行不便，儿子又过世得早，老夫妇靠着种田、养猪、养牛、当挑夫将孙子拉扯大，生活很是艰难，是梨树垭村有名的贫困户。

村里了解到他的情况后，出钱又出力帮助老人一家搬迁到如今的新房。新房就在公路边，挨着公交站亭，出门就能坐上班车去镇上。"逢二逢七镇上赶集，我就坐班车去凑凑热闹。"

闲暇时，江绍祖喜欢看看电视，和孙子通通电话，或者和乡亲们一起去文化广场走走，生活好不惬意。"我都晓得的，没有共产党，哪里有如今的好生活！"说起如今的幸福日子，老人笑得很是舒心。

走在梨树垭村平整的柏油马路上，一个个干净整洁的农家院落掩映于莽莽青山。很难想象，眼前这个秀美于外、聚产于内的村庄，从前竟会跟"贫穷""落后"等字眼挂上钩。

2021年，徐建华卸下了自己的职务，新一届的党支部产生了，新一批的乡村振兴工作队也进入了梨树垭村。

进入到向乡村振兴全面推进的新发展阶段，梨树垭村依然一步一个脚印，按照发展规划稳步前进。

在担任村支书的10年里，徐建华有两个"梦"——村子通路、百姓致富，如今实现了大半。剩下的，便成为如今的村党支书徐建幸的"梦"：完成梨树垭村最后未通公路的一个村民小组公路的扩宽和硬化，完善乡村旅游路线，打通梨树垭村与桃源的公路，缩短周边游客往返时间……

一场新的"战役"又在这里打响了。

（作者：王诗颖）

张家界 | 龙凤村：民族文化给村庄发展以底气

山乡档案

张家界，原名大庸，位于湖南西北部。2017年，被授予"国家森林城市"称号。2021年，全市地区生产总值580.3亿元，城镇居民人均可支配收入29780元，农村居民人均可支配收入12669元。

隶属于张家界市永定区的龙凤村，总面积8.2平方公里，总人口1212人，98%的村民为土家族。龙凤村山水资源丰富，民族文化底蕴浓厚，是集梯田观光、土家农耕文化与茅古斯民俗体验、摄影写生、休闲度假于一体的民俗文化生态旅游目的地。目前，该村充分利用现有自然资源和民族文化发展旅游，已形成村级特色品牌。

春光正好，张家界市永定区罗水乡龙凤村绿意盎然。梯田鳞次栉比，吊脚楼错落有致，牛羊点缀其间，伴着传来的阵阵山歌，好一幅少数民族乡村美丽画卷……

"老铁们，我正在龙凤村大山上放牛，给大家带来一首我家乡的土家族山歌！"正在直播的龙凤村村民张建军身穿土家族服装，一只手拿着手机，一只手拿着话筒，在田野间放声歌唱起来："住高山来爱高山，住在高山似神仙，就像鸟儿自由飞，不像牛羊受人管……"张建军的歌声嘹亮高亢，透着满满的幸福。

张建军的幸福感从哪儿来？原来，张建军经营着一家家庭农场，这些年，随着许多优惠政策的落实，他的家庭农场也得到了新的发展。今年，张建军养了380余头牛和羊，预计年收入能有20多万元。

更让张建军感到幸福的，是他做梦都没想到，当了几十年的农民，现在还能干这么新潮的事，通过网络直播推荐家乡的少数民族文化。"我们村的人，会讲话就会唱山歌，会走路就会跳茅古斯舞。上了直播，我们村一定会火起来，大家赚钱的路子就会更多啦！"张建军笑着说。

正在直播的龙凤村村民张建军

中国少数民族特色村寨、中国传统村落……龙凤村有着太多的荣誉和标签。

山水资源和民族底蕴，赋予了龙凤村幸福的理由和发展的底气。

一片梯田，让村民吃上"旅游饭"

龙凤村地处武陵山脉深处，以独特的梯田景观吸引了众多目光。相传，龙凤梯田始建于春秋战国时期，至今已有几千年的历史。

进入三月，站在山巅瞭望，只见1.5万亩梯田层层叠叠，油菜花海灿烂，引得不少游客纷至沓来。一位摄影爱好者说他一大清早就来了。"时段不同，梯田的油菜花海呈现的状态也不一样。清晨拍出的油菜花在晨雾中透着飘逸，中午拍的油菜花则光鲜亮丽，日落时是一种温柔静谧之美。"

这时，村民张学为从一片金灿灿的油菜地里走了出来。"今年我这几百亩油菜长得好，不仅好看讨游客喜欢，菜籽肯定也不会少收。"张学为脸上笑开了花。

早些年，张学为也是面朝黄土背朝天只知道拼命硬干的地道农民。"那个时候，我家种的是水稻，一年忙到头，也就几千块钱的收入，饿不着，但是钱包里也没多的钱。"张学为回忆道。

这几年，龙凤村利用万亩梯田连片的优势，鼓励村民种植油菜，以培育家庭农场、农业专业合作社等新型农业经营主体，引导农民发展特色农业。这样不仅使田地有良好的景观价值，也促进了农民增收。通过前期的发展，到了周末，每天来龙凤村欣赏油菜花的游客达数百人，年游客接待量达3.6万人次。

龙凤村的梯田与油菜花海

　　张学为顺势搭上了春游经济的列车，吃上了一碗"旅游饭"。"我牵头成立了张家界学为种植农民专业合作社，仅油菜就种了600多亩。"

　　其实张学为最初只是简单地想着种油菜，供游客观赏，然后再卖菜籽。可随着现在龙凤村春游经济的日渐火热，他也转变了思路。"我相信以后随着我们龙凤村油菜花梯田的知名度不断提升，前来赏花的游客将逐年增加，我们当地的菜籽油也会很有市场，成为游客争相采购的土特产。"说起未来的发展，张学为信心满满，眼中充满了期待。

一支茅古斯舞，在传承中走出文化致富路

　　在土家族，有一种粗犷神秘的舞蹈叫茅古斯，是土家族先民采用写意、虚拟、假定等叙事手段，创造的祭祀、模仿劳动、庆祝丰收

的舞蹈，被称为"舞蹈活化石"。茅古斯一词是土家族特色词语，大意是浑身长满毛的打猎人。

龙凤村是土家族聚居地，这个98%以上村民是土家族的村子，就是茅古斯舞的发源地之一。覃海涛便是茅古斯舞的市级代表性传承人。

"茅古斯舞表演少则几十人，多则成百上千人。由一人饰演老茅古斯，其余舞者饰演小茅古斯。表演的技巧，都是老一辈一代代传下来的！"覃海涛边说边开心地表演起来。

今年57岁的覃海涛身姿灵活，只见他赤裸上身，身披茅草扎成的草衣，脸上用茅草扎成的帽子遮住，头上还顶着茅草拧成的冲天而竖的草辫，一跳一摆，模仿起先民狩猎、伐木的劳动生活。"这就是茅古斯舞了！每逢祭祀或者重大活动，乡亲们聚拢来都会跳一番。"

覃海涛是茅古斯舞绝对的行家里手。他指着头顶的草辫说："这小小的草辫，还分单数和双数，单数代表家畜或野兽，双数代表人。"

可在家里，覃海涛绝不是唯一的"舞王"，父亲覃德印和儿子覃振都是远近闻名的茅古斯舞高手。"虽然父亲几年前去世了，但是跳茅古斯舞的绝活我家没丢。不仅我家，我们全村都一样，大家一代代传着。"覃海涛说。

"那个时候，我心里也感到很遗憾，因为我们就是自己演自己看，外面的人真正了解茅古斯舞的并不多。"覃海涛对茅古斯舞爱得深沉，他觉得自己肩上的责任不仅是要把茅古斯舞传承好，还要把它传播出去，让更多的人了解这件土家族的文化瑰宝。

说干就干，覃海涛便和村里几位跳茅古斯舞的村民成立了表演队。农忙的时候，表演队的成员们白天干农活，晚上抽空练习。农闲时，大家就自己带着干粮一起外出表演，每年大大小小的展演和比赛要参加几十场。"从村里、乡里，然后到区里、市里，再到省里，我们都表演过。茅古斯舞让人眼前一亮！"覃海涛回忆着那段把茅古斯舞跳出龙凤村大山的难忘时光。

渐渐地，覃海涛组织的表演队名声越来越大，他们接的演出也多了起来。"我觉得我们要做的，不仅是要把民族文化茅古斯舞发扬好，还要把茅古斯舞跳出更多的经济效益来！让咱们龙凤村的老百姓日子好起来！"这时，脑袋灵活的覃海涛有了新想法。

2008年，覃海涛创办的张家界茅古斯文化传播有限公司成立了，他带领本村和附近村子的30多人，组成了茅古斯舞的专业表演队伍。不仅如此，演出内容还加入了铜铃舞和打溜子等许多精彩的土家族特色节目。"我们很受欢迎呢！单每年走出去演出，收入都有50多万元。"覃海涛的喜悦之情溢于言表。

眼看着这些年来龙凤村的游客渐渐多了起来，覃海涛又坐不住了。"以前我们是想法子让茅古斯从大山走出去，现在我觉得我们应该又要让茅古斯回大山！"

覃海涛的想法不是异想天开。每年农历六月初六，龙凤村的土家族人都要举行盛大的"六月六土家狂欢节"活动。活动节目除了茅古斯舞，还有铜铃舞、吹木叶、打溜子、阳戏、花灯等，十分具有民族特色魅力，吸引了成千上万的人前来观摩体验。

"等咱们村真正火起来了，我还想和村里商量商量，不仅是在六月初六这天举行盛大的活动，而且平常也能有展演，专门为游客表演茅古斯舞等有民族特色的节目，让游客感受到来我们土家村寨观光，就是能有不同的精彩，就是一次难忘的土家狂欢！"覃海涛说。

一座座吊脚楼，留住家门口的幸福

在龙凤村，与层层梯田和神秘茅古斯舞相映成趣的，还有散落在大山里的土家族吊脚楼。村寨依山而建，吊脚楼重重叠叠。

路过青翠田野，走上青砖小路，路的尽头就是张文清老人的家了。这是一座有着浓浓土家风韵的吊脚楼，雕花门窗精巧别致，飞檐翘角古色古香，大红灯笼高高挂起，古朴而又宁静。

此时，85岁的张文清老人正在认真修理不小心损坏了的地板。他动作娴熟细致，选料、测量、锯料……只见老人轻轻吹去木屑，拿起锉刀对一根根木板进行精修，刀起锤落，地板被组装铺好。

"别看我这吊脚楼有些老，可确实是个宝贝！都是有些年月的老房子了，住起来特别舒服。别的地方还没有这样有特色的房子呢！"张文清老人乐滋滋地说。

龙凤村还有众多保存完好的明、清时期建筑。像张文清老人一样，村民们对于村寨整体面貌的保护意识很强，村规民约中也明确指出对于村寨风貌和传统民居要进行合理保护。

"我们的家、我们的村寨，这么有特色，当然要保护好。而且现在来村里的游客越来越多，好多乡亲都办起了农家乐，家门口就能挣到钱，我也要和孩子商量商量。"张文清老人的话语中，流露出满满的期待。

不仅如此，龙凤村还要求新建民居以统一样式修建，梯田景区范围内不协调的民居也已经全部进行了"穿衣戴帽"。围绕"生产发展、生活宽裕、乡风文明、村务整洁、管理民主"的目标，龙凤村还先后实施了农村环境整治、改厨改厕、村寨美化等项目。

如今的龙凤村，一座座保存完好的吊脚楼掩藏在层层梯田之间，山清水秀，鸟语花香，宛若画廊。一些村民嗅到了商机，他们在村两委的指引下办起了农家乐。

"三月以来，每天都有很多游客来梯田赏花，我简直忙不过来。"今年60岁的陈大姐也是龙凤村的村民，眼看着来村里赏景、体验土家民族文化的游客越来越多，她在自家吊脚楼里开起了农家乐。因为吊脚楼有特色，菜饭味道好，光顾陈大姐家的游客特别多。

儿子儿媳一直在广东打工，陈大姐因为要照顾两个孙子，就在家做些零工，收入很不稳定。可自从当上了农家乐老板，陈大姐的腰包鼓了起来。"游客来，吃的都是我们种的菜、养的猪。我们这儿交通方便，很多自驾来的游客吃完了还会买一些带回家。在家门口办农家乐，能为家里增收不少。儿子儿媳也说不打工了，回来一起干！"陈大姐开心地说。

独特的梯田景观、粗犷神秘的茅古斯舞、古朴的土家吊脚楼……龙凤村里，随处可见多彩山水和深厚民族文化的交融。民族文化赋能，村民"站前台""当主角"，一幅乡村振兴图正在龙凤村徐徐展开。

龙凤村党支书张月新介绍，通过近10年的发展，让龙凤村不再"养在深闺无人识"，村里计划让游客来到这里可以看到一流的田园风光，感受到独特的民族文化，让龙凤村人的获得感"成色"更足、幸福感更可持续。

（作者：伍文）

益阳 | 富民村：美丽乡村入画来

山乡档案

益阳，位于湖南北部、洞庭湖南岸，是洞庭湖生态经济区核心城市之一。2021年，全市地区生产总值2019.27亿元，城镇居民人均可支配收入35842元，农村居民人均可支配收入20741元。

隶属于益阳市资阳区的富民村，总面积5.8平方公里，总人口6198人。曾经是益阳市贫困人口最多的省级挂牌督战村。该村引进艺术家团队开展扶贫，以点带面，打造出了具有湖湘特色的美丽乡村，不仅实现脱贫，更找到了乡村振兴的路径。

每逢星期天的下午，富民村的孩子们都会早早地站在村口，翘首以盼一群人的到来，寒来暑往，从未间断。

他们等待的，是艺术家许国良的团队。

许国良的团队在富民村建了一个艺术助农儿童绘画基地，每周为孩子们免费教授水墨画课，在给孩子们提供表现美、创造美与感受美的平台的同时，也将富民村打造成了一个独具湖湘特色的美丽乡村。

2022年2月10日，在益阳市美术馆开幕的"大手牵小手"乡村振兴水墨艺术巡回展（益阳站）上，与富民村相关的300幅留守儿童和名家作品惊艳亮相。

画作的背后，是一群有社会责任心的艺术家、一个个满腔热血的村民，一起化身"神笔马良"，将一个贫困村庄改造成美丽乡村的故事。

"软硬件"：为村民解愁

富民村地处益阳市资阳区东北部的张家塞乡，北濒洞庭湖，临洪合湖、德兴湖。

与其名字相反的是，富民村在2014年以前却是一个地地道道的省级贫困村，且是益阳市贫困人口最多的省级挂牌督战村。这里交通闭塞，没有一条像样的公路，村集体经济薄弱，村民的收入主要靠外出务工和种田，贫困人口一度占到全村人口的13.69%。村民们虽有心脱贫，却无力改变现状。

外面的人不愿来，村里的人想尽办法往外走，久而久之，村里最后留下的大多是贫困户，且以老人和小孩居多。"名字叫富民，不但不富，青壮年劳力还流失得越来越多，感觉对不起这个村的名字。"望着贫瘠的村子，时任富民村党支书的熊植生心里充满着忧虑。

"有时候出去（打工）得太久了，都感觉家里没这个人似的。"发出如此感叹的是村民蔡小满，她的丈夫王太仁曾在益阳市里揽做水泥工的活计。每次出门，要么坐客班车，要么骑几个小时的摩托车。村里的烂泥路坑坑洼洼的，晴天一身灰，雨天一身泥。尤其是下雨天，泥路湿滑，让回家的路变得举步维艰，他只能长期待在市里找活干，夫妻两人被迫两地分居。

让村民烦心的，除了路，还有生活用水——曾几何时，村里家家户户都只能用井水或者挑池塘的水喝。生活用水不便，一度成为村民们最头疼的事。可村里没援建、没产业，穷得叮当响，熊植生看在眼里急在心里。

好在，这一切在2018年终于得到了改善。

2018年，由市发改委、市机关事务管理局、中储粮益阳直属库有限公司3家单位组成的市派驻村帮扶工作队进村扶贫。

帮扶第一步，就是要改善村里的基础设施条件。为此，驻村帮扶工作队研究了村里原有的道路建设以及村庄规模和地形地貌，合理确定了村庄道路等级，建成环路，实现了户户通水泥路，方便了村民出行。

不仅如此，村里还在主次干道都配置了路灯，消除了村民晚间出行的安全隐患。

除了修路以外，村里的各种基础设施也在不断提档升级：更新改造机埠，修筑衬砌渠，改造山塘，更新电力设施，安全饮用水覆盖率达到100%，村里还建起了农家书屋、商务中心和乡村舞台……自此，村民家中用水不愁，农田旱涝无忧，有力保障了村民们日常的生产生活。

经过这几年的建设发展，富民村里焕发了新生机：家家户户院落干净整齐，出门就是笔直平坦的公路。村两委还动员村民们开展绿化、美化、亮化行动，撤除旧围墙，填平臭水沟，清除道路两旁的垃圾和杂草，鼓励村民们种植经济果木林，实现家门口就业……

熊植生心里的一块大石头终于落下。但他深知：硬件提升了，软件也不能落后。

在大力整治村容村貌的同时，村里还成立了村风治理工作领导

富民村新修建的公路干净、平坦、整洁

小组，制定了《富民村村风培育规划》，成立了治保会、调委会、人居环境整治委员会等村民自治组织，修改完善了《村规民约》，建立了红白理事会、禁毒禁赌会等工作机构，开展"新农村建设示范户""清洁工程示范户"等评先评优活动，开展示范户和村民争星创星活动，文明乡风蔚然成风。

"打牌、聊天、睡觉，以前留在村里的人每天醒来就是这三件事。"这是66岁的周玉香记忆里的富民村的日常生活。"以前出去只能穿套鞋，一踩就是一地泥巴和草，也没有钱赚，只好打牌咯！"现在不同了，周玉香和丈夫一起捣鼓起了擦菜子（当地用芥菜加工而成的一种腌菜），忙碌之余还帮远在深圳打工的儿子照顾孙女，生活有了奔头。

如今，富民村早已摆脱了落后面貌，走上了乡村振兴的康庄大道，处处是欣欣向荣的景象，成了真真正正的"富民村"，熊植生心里的烦恼被化解，"现在富民村是名副其实了，我也能安心退休咯！"

2021年，富民村还获得了"第二批全国乡村治理示范村"荣誉称号。

"现在路修好了，房屋统一进行了装饰，再也没有人乱扔垃圾，村里比原来干净整洁多了，出门都可以打赤脚啦！"看到村里面貌焕然一新，村民们的喜悦溢于言表。

艺术：催生乡村嬗变

说起富民村的美丽蝶变，还不得不提到一位名叫许国良的画家。

2018年，驻村帮扶工作队入驻以后，创造性地提出了艺术扶贫的思路，引进了一批以画家许国良为代表的益阳籍艺术家进驻富民村，义务加入脱贫攻坚队伍。

"傍绿水而远方有青山。"一踏入富民村的地界，许国良就认定这是一个充满了艺术气息的地方。

"要用艺术思维把破旧的东西变成神奇，这也能促使村民的思想发生蜕变。"作为艺术支援农村的志愿者，许国良决心将富民村当作一个大舞台，让每个村民的家都可以通过创作变成美丽屋场。

自此，以德兴湖的蜜橘园、祝家汉生态园、朝晖水产农庄、湖间景和田园综合体为代表的一批纯天然地域美景推动着富民村的产旅融合，艺术有了充分的可发挥空间，富民村也在艺术家们的一笔一画中完成它的美丽嬗变。

王勇的家，是许国良最开始进行艺术改造的地方。

用青石材砌水沟、小围墙，把庭前院子分隔为草坪、硬化区、绿化带与菜心晾晒区，辅以艺术造型……在许国良化腐朽为神奇的改造下，王勇的家被改造成一个令人惊艳的乡村艺术庭院。

示范的作用是无穷的。看着王勇家漂亮的小庭院，村民们动心了，纷纷邀请许国良对自家进行改造，村两委还邀请他对村民服务中

改造后的旧房子变成新民宿

心进行艺术改造，艺术的脚步由此迅速布满整个村落。

充满湖乡风味的瓷画，报废汽车改成的酒馆，退捕后的渔具、晒晒芥菜叶的竹竿做成了艺术装饰……小山村里处处洋溢着独特的湖乡艺术气息。

在改造的过程中，许国良发现，要彻底改变农村的面貌，必须从娃娃抓起。于是，他着手修建了农村留守儿童绘画基地，并负担全部耗材开支。一直到今天，他依然坚持着每个周末往返于此，为孩子们上课，风雨无阻，从未间断。

起初，村民们对此并不看好，孩子们的作品被他们戏称作"鬼画符"。但随着许国良及团队的辛苦付出，变化悄然发生。村民们渐渐喜欢上了这个像农民一样的画家，村里也陆续有留守儿童的画作被推荐到广州参展。

"如今，女儿对学习很感兴趣，笑容多了不少，人也变活泼了。"王艳对女儿跟随许国良学画很是支持。在这之前，王艳的女儿性格内向、敏感，对学习总是提不起兴趣。后来，在许国良的一再坚持下，小女孩爱上了画画，学习成绩也有了大幅提升，这让王艳感到欣慰。"学画让女儿阳光了很多，她说长大了要用画笔描绘家乡的美好。"

艺术对村民的影响不止于此。

王新民是村里的聋哑贫困户，勤劳的他身上总有一股不服输的劲头。在人居环境改造开始后，他积极参与，用心打理着自己家的草坪。受许国良艺术改造的影响，他尝试着雕刻石版画，没想到广受好评。于是，口不能言的王新民拿起画笔开始了创作，通过艺术与人交流。

在老师们的指导下，王新民的画作被选刻在村里的百米诗画墙上。受此鼓舞，他又在自家的庭院里建起一面版画墙，将村里这些年的变化镌刻在青石板上，吸引了不少游客观光打卡。

在艺术的熏陶下，富民村的乡风民俗、生活观念都在悄然改变：村民们不再打牌，孩子们放下了手机，争相去画室学画……无数个日夜的春风化雨，艺术悄无声息地提升着村民们的审美修养，丰富着他们的精神世界。

产业：增添幸福底气

文化基因陆续植入，富民村的经济发展也被强劲赋能。

20世纪90年代初期，王元满肯定想不到自己会成为富民村的"功臣"。当时为了家庭生计，王元满跟着小舅子学习了擦菜子制作技术，成了村上掌握该技术的第一人。

30年后，王元满自家的生计手艺，竟然成了富民村的龙头产业。

"10月份晚稻收割后，在闲置的农田里种植芥菜，收获时间可以从12月份一直持续到来年4月份。擦菜子就是由芥菜腌制而成。芥菜长好后，除下菜叶，将其白灼、晾晒、腌制、进坛，密封20天左右，擦菜子的制作就完成了。"用王元满的话来讲，这技术真是太简单了。因为工艺简单，产量也就大，但由于之前没销路，价格便宜，难成产业，受王元满启发学习技术的村民们都只是自做自食。

不要小看简单的擦菜子，其实这是一种烹饪乡村美味的常备食材，能做出丰盛的特色美食。用擦菜子做出的豆腐汤、肉末汤等，美味可口，都是当地饭桌上必不可少的家常菜。对于远离家乡的人来说，经常会念叨这口地道的家乡美味。

2018年，驻村帮扶工作队来了以后，经过详细考察走访，结合当地制作擦菜子的悠久历史，提出要将擦菜子选为村里的扶贫产业。

擦菜子要变身"黄金叶"，要做的工作可不少。

为了减轻村民的后顾之忧，当地政府和帮扶工作队规范村民的种植、生产制作流程，按照"村上建基地、乡外建工厂、市外找销路"的建设产业链条规划，牵头成立益阳市永仁胜产业扶贫专业合作社和坛子菜专业合作社，合作社主要承担擦菜子的蔬菜加工、收购、包装以及销售等工作。此外还举办"洞庭擦菜子艺术节"，组团四处参加美食展。

过去不值钱的擦菜子，现在成了群众增收的法宝。

蔡小满也趁机劝说丈夫王太仁回村发展："现在不同往日，不出去做工，在村里也能挣钱，快回来哩！"

王太仁被说服了，2021年，回村与妻子共同经营起了擦菜子产业，白天翻地，晚上带孙女，日子过得红红火火，还添置了电动挖土机和电动小三轮。

艺术家们也没闲着，他们助力打造了一批以擦菜子坛子、民谣为特色的景点，将擦菜子种植与文化旅游相结合，开发出了擦菜子特色文化旅游项目，为村里的擦菜子产业好好"吆喝"了一把。

擦菜子让冬日光秃的田里披上了绿装，又让农户"腰包更鼓了"，当地人高兴地称之为"富美"产业。

村里的擦菜子、甜酒等农产品经艺术家指点、包装后，附加值迅速攀升，热销粤港澳大湾区。"现在从邻村请人都忙不过来，订单都不敢接了。"熊植生说，2021年村里的土货销售总量逾20万公斤，为村民创收120余万元。

与此同时，土特产还与新潮流有了结合。

在驻村帮扶工作队的熊跃辉等人的引荐下，擦菜子还搭上了华松农贸的"快车"，艺术性的包装、便捷的销售渠道，促推土特产走上电商道路。经常可以看到，明亮的镁光灯下，年轻时尚的主播坐在桌前，手捧富民村的擦菜子进行推荐。现在，富民村的擦菜子拥有了60多个线下销售点，在网店、直播间的销售更是备受欢迎。

"都是因为王元满，现在我都没时间打牌了！"在村民们似嗔实喜的玩笑话中，一个美丽乡村，在产业的装扮下，愈发熠熠生辉。

村民们知道，正是因为有了王元满、许国良、熊植生以及越来越多有志之士用自己的所学所知，为美丽乡村建设默默出谋划策，才有富民村的今天。

如今，走进富民村，村内道路整洁，村民家中庭院精致秀美，村口老人三三两两聚在一起闲聊，孩子们在古树旁，就着石桌、木凳和墙上的黑板绘画，一幅诗情画意的田园风光在眼前徐徐展开。

对于刚嫁到富民村的邬丹来说，这就是她期待中美丽乡村的样子，也是她想象中幸福的模样。

　　"今后，富民村将通过挖掘传承优秀乡土文化、推进乡村文化供给升级等举措，进一步提升乡村内涵，更好地建设美丽乡村。"富民村现任党支书邹梦兰信心十足地表示。

　　目前，富民村还在加紧规划，推动民宿建设施工，力争打造一个集旅游、休闲、养生、度假为一体的"城市后花园"。

　　与此同时，艺术的影响力也从富民村辐射到了周边的村庄，越来越多的村民不再靠打牌赌博消磨时间，有空就来富民村观摩学习。

　　"富民村的美丽乡村建设，在我们当地已经形成辐射带头效应，周边的乡镇和村庄，正逐步按照这里的模式，坚持不懈地推进乡村振兴。"张家塞乡党委书记郭湘龙认为，"现在的富民村有粮有产业，已经步入张家塞乡村庄建设的前列。下一步，富民村要更进一步，把艺术、文化纳入乡村振兴的重要内容，通过文艺创作不断丰富群众精神文化生活。"

　　充满激情的描绘里，藏着富民村更加美好的未来，也藏着美丽乡村建设的宏伟蓝图。

（作者：张兴诚　刘慧婷）

郴州｜青草村：东江湖畔日子甜

山乡档案

郴州，位于湖南东南部，别称"福城"。2021年，全市地区生产总值2770.1亿元，城镇居民人均可支配收入39874元，农村居民人均可支配收入19303元。

隶属于郴州市清江镇的青草村，位于东江湖畔，总面积7.5平方公里，总人口1615人，是东江水库关闸蓄水后的移民大村。20世纪80年代移民搬迁以来，群众不等不靠、艰苦创业，大力开荒山种水果。如今，全村柑橘种植面积2960多亩，柑橘种植已成为该村的"一村一品"主导产业和富民产业。当地的人均纯收入从20世纪80年代的不到300元，提升为现在的3万元。

阳春三月，东江湖畔，春意正浓。走进郴州资兴市清江镇青草村，满眼的绿意让人身心舒畅，漫山遍野的橘子树上抽出嫩绿的新叶，一簇簇细小的白花藏在绿叶间，散发出缕缕清香，沁人心脾。

成片的橘园旁，条条大路干净整洁，一排排楼房鳞次栉比，孩子们三五成群在小广场上游玩。网室大棚里，柑橘种植大户李志华正穿梭于自家果园里，忙着给果树剪枝、杀虫……

很难想象，30多年前，村民们从山脚刚迁来山上时，这里还是一片荒山。

一坝锁东江，高峡出平湖。1986年8月2日，我国"七五"重点水利工程——东江大坝建设完工。随着240吨巨型铁闸的落下，奔腾的东江被拦腰锁住，形成了160平方公里的水面。

东江大坝开工建设的同时，资兴6万东江移民响应党的号召，举家搬迁、离别故园。青草村村民属于后靠移民（相对外迁移民而言，在库区就地安置的移民），他们开荒拓土，在山上重建家园。

自1988年起在荒山上种柑橘，到如今成为村里远近闻名的柑橘大户，李志华的生活这些年来发生了翻天覆地的变化。如今他们家的柑橘，不仅成为外地客户争相收购的"宠儿"，还在网上卖得火热，没等柑橘上市，订单早已纷至沓来。

30多年来，从"唱山歌（山上种果树），走水路（水面养鱼）"，到如今为了保护东江湖生态而进行产业转型，在青草村，有无数像李志华一样的村民，他们通过不懈努力，克服重重困难，用勤劳的双手谱写了一曲东江移民致富之歌。

移出来的幸福感："甜蜜"产业让荒山变果园

"志华，你们家是村里第一户试点网室大棚的，我来看看你家果园的情况。"2022年3月16日下午，和李志华亲切打完招呼后，清江镇移民服务中心主任黄晓山走进了成片的柑橘精品果园，看着眼前一排排整齐的橘树，不禁勾起了他的回忆。

今年55岁的黄晓山是20世纪80年代水库移民的亲历者，搬迁那一年，他18岁。

黄晓山清晰地记得青草村是从1985年开始移民的，当时搬上山后，周围全是荒山，村民生活面临着极大的困难。

如何解决通电、通水、通路问题，并保障住房、发展产业，成了当时最棘手的难题。

为了让村民们安居乐业，政府集中修建了移民安置房，按人头给每位村民发放了搬迁补贴；同时这些年在不断地完善东江库区公路交通网，让水上航运码头和船舶配套升级；此外，还通过兴修水利设施，开发水电资源，解决了移民生产生活、用水用电难题。

在黄晓山看来，最重要的一点，还是当地鼓励村民利用东江湖区特有的气候和良好的生态资源优势，克服无地可耕的困难，大力开荒种水果，让村民们拿到了致富的"金钥匙"。

如今村里的柑橘种植大户李志华，就是水库移民后走特色产业之路的受益者。

眼下时节，李志华正在自家的橘园里忙着给一棵棵橘树剪枝。他经营这份"甜蜜"产业已经有34年了。

现在李志华家有20亩地，除了种植柑橘外，还种有桃子、李子等多种水果。他说，这些年多亏了政府引路，自家的生活才越来越好。

在李志华的记忆中，1998年刚接触柑橘种植时，柑橘树还处于幼苗管理期，那时候的自己是地地道道的柑橘种植门外汉。当时政府不仅给自己和村民们发放了产业发展补贴，还请来了专家，手把手教会了他们如何进行栽培管理和施肥。

因为青草村这里环境好、种植的品种也好，所以柑橘品质也很高。这些年来，李志华积攒的回头客就有不少，到了丰收季节，还有许多外地客户来村里收购柑橘，柑橘销量有了稳定的保障。

2010年，李志华家一年的果树种植纯收入达到了20万元，他们从移民安置房里搬了出来，建起了三层小楼。

李志华在自家果园里

看着山坡上成片的橘园，李志华感慨万千。这些年为了培育好柑橘树，他平常白天几乎都待在果园里劳作，时常晒得汗流浃背，皮肤也变得黝黑。李志华笑着说，这些年种柑橘虽然很辛苦，但心里却有一种前所未有的踏实感，自己觉得很幸福。

如今，在青草村，几乎家家户户都种植柑橘，全村柑橘种植面积为2960多亩，柑橘种植成为当地"一村一品"主导产业和富民产业。

每到丰收季节，青草村的空气中弥漫着醉人的果香，有不少外地客户会开车来收购，然后满载着一筐筐小灯笼似的橘子，开往全国各地。

看得见的生态美：守护承载成长记忆的碧水

绿水青山就是金山银山。在青草村，村民们依东江湖畔而居，这汪碧波荡漾的湖水早已融入了村民们的生活。人们深知只有尊重自然、顺应自然，形成绿色发展方式，才能实现经济发展和环境保护的双赢。

清江镇环保专干黄雄兵的成长记忆就离不开这汪清澈透明的湖水。今年44岁的黄雄兵是地地道道的青草村人。他从小生活在这片湖水边，自然也就对东江湖有了一份特殊的感情。

20世纪80年代水库移民时，黄雄兵还在上小学一年级，在他的记忆中，印象最深的是搬迁后周边的环境。那时，村里的土地都是裸露的黄土。

这些年，黄雄兵也辗转过很多地方，但伴随他成长的东江湖，一直是他心中最深的乡愁与依恋。在外务工10多年后，黄雄兵回到了家乡，他下定决心用实际行动保护好东江湖，保护好这汪承载着他成长记忆的碧水。

如今，作为一名环保专干，为了保证清江镇这一片的生活污水处理达到国家一级A排放标准，黄雄兵和同事们一直在默默努力着。他们穿梭于东江湖畔，打捞生活漂浮物；定期检查、维护农村集中式污水处理设施运转；做好人居环境整治工作……

"雄兵，你们又来打捞生活漂浮物了，我们来帮你。""这些年多亏了你们，我们周边的生态环境才能保持得这么好……"黄雄兵坦言，近年来，周边村民们的环保意识变得越来越强，自己和同事们在打捞湖面生活漂浮物时，大家也会主动加入进来帮忙。还有不少村民为了保护东江湖，自愿做出了牺牲，关闭矿山工厂、网箱退水上岸、生猪养殖退出临湖区域，转行种起了果树、做起了电商。

站在东江湖畔，看着眼前波光粼粼、碧波荡漾的湖水，远处郁郁葱葱、四季翠绿的橘园，黄雄兵百感交集。从小到大他生活于这片湖边，如今能在自己家乡从事环保工作，看到东江湖的生态越来越好，黄雄兵的心里有种说不出的幸福感。

稳得住的希望园：当好果树种植"带头人"

"果树该驱什么虫？该洒什么药了？……"在青草村，村民们无论是赶集、散步，还是串门，茶余饭后聊得最多的还是果树种植。这些年来，这样的问候方式，成为当地的一种独特文化。

李世孝的父亲李万利是第一批东江湖移民，是青草村远近闻名的柑橘种植示范户，也是当年水库移民后第一个敢于吃螃蟹种植柑橘的带头人。

因为从小耳濡目染，李世孝在填写高考志愿时，毫不犹豫地写下了湖南农业大学，选择前往长沙学习园艺专业。

2005年毕业后，李世孝回到了村里，继承了父亲的衣钵，经营起了30多亩果园，还开起了民宿。

柑橘、桃子、李子、枇杷……如今，在李世孝的园子里，种有50多种水果，仅柑橘就有30多个品种。大学学成归来后，李世孝总是不忘把自己的所学运用到果树种植当中去。

这些年来，李世孝不仅从重庆果树研究所引进了清见杂柑，从福建引进了早钟6号枇杷等优质品种，而且在自己试点种植成功后，把适宜当地种植的品种，推广给村民们，不少青草村村民因此受益。

此外，他还推广了套袋技术，提高了村民所种水果的品质。

如今在青草村，李世孝是当地小有名气的果树种植"师傅"，村民们遇到技术难题，或者想种植新品种，都会来他家学习取经。

即便如此，李世孝也不忘继续充电，去各地走访，学习新技术。最近，他去江西走访学习后，又有了新想法。今年，他想先在自家果园先试验水溶肥，然后再向周边群众推广。"现在清江还有不少果园都是把肥料撒到土里，这样的方式比较原始，我想优化改进这个环节，把肥料堆到水池里，结合滴灌的运用，以水带肥，实现水肥一体化，达到省水省肥省工的效果。"

除了向村民们传播新技术，李世孝还会和妻子何金平一起拍摄短视频，推荐当地的应季水果。他们用视频记录、分享在果园里撒有机肥、套袋等果园培育环节的日常，通过微信和抖音等网上平台传播，帮助村民进行销售。

如今，何金平受丈夫的影响，也成了一名果树种植行家。她的妹妹自嫁到青草村后，也在村里种起了黄桃。

漫步在自家的果园里，李世孝欣喜地说："今年柑橘开花比较多，应该是个丰产年。"

父亲曾对李世孝说，要把清江水果品质做得更好，规模更大，尽自己所能让村民的钱袋子更鼓。现在，李世孝正朝着这个方向，不断努力着。

在李世孝看来，现在村民们的生活水平变得越来越好，口袋富了，也不能忘记富脑袋。如今能通过自己的努力，带动周边的村民，让他们掌握新技术、新方法，把柑橘、枇杷等水果的品质提高，这也是自己传承父亲精神与手艺的一种别样幸福。

勤劳肯干的青草村村民，在山上开辟了一个移民新家园，用自己的双手写就了幸福新篇章。青草村村民作为资兴6万东江移民的鲜活缩影，在全国走出了一条开发性移民的康庄大道，创造了"北有安康，南有东江"的移民工作典型经验。

"游山张家界，玩水东江湖，品橘清江镇！"如今，一年四季水果飘香的青草村，成为众多外地游客向往的网红打卡地。"景美了，人气旺了，收入高了，感觉越来越幸福！"这是青草村村民近年来最真切的感受。

从2008年开始，资兴市政府又推出了新政策。因为村里的土地有限，为了治理地质隐患，也希望把村里的土地尽可能地留下来发展产业，当地政府鼓励村民进城购房，资兴市移民事务中心对进城购房的村民，给予了每人2万元的购房补贴。

青草村党总支书李玉江笑着说，眼下，资兴市新区住着很多青草村人。许多村民都是用平常运送水果的蛇皮袋装着现金，去售楼处一次性支付房款。

站在青草村村务监督委员会的台阶上，李玉江看着门前的那副"好政策造福好面貌，新社会建设新家园"的对联，陷入了沉思。在他看来，虽然现在的生活越来越好了，但也不能忘记移民搬迁时，在荒山上建家园的艰苦奋斗精神。

"今年，我们会继续推广网室大棚，打造美丽乡村示范点，全面推进乡村振兴。争取到2022年底，全村人均纯收入达到3.2万元，家家户户都有小汽车。"说起今年青草村的小目标，李玉江信心满满。

如今的青草村，产业优、生态美、乡风淳，搬进新家园的村民们真正实现了"移得出、安得下、稳得住"。

"水库移民"，短短四字，重若千钧。

30多年光阴倏忽而逝，李志华回想起自己一路走来的时光，再环顾自己眼前的家乡——蓝天碧水，橘林成片，早已不是曾经的模

青草村一角

样，心中满是感动。晚饭后，李志华和妻子漫步在村道上，说起如今甜蜜的小康生活，他情不自禁地笑了。

（作者：王嫣）

永州 | 下灌村：传承千年书香

山乡档案

永州，古称零陵，因舜帝南巡崩于宁远九嶷山而得名，又因潇水与湘江在永州城区汇合，故而雅称"潇湘"。2021年，全市地区生产总值2261.08亿元，城镇居民人均可支配收入35128元，农村居民人均可支配收入18062元。

隶属于永州市宁远县的下灌村，总面积约5平方公里，人口1万余人，其中李姓人口占99.6%。村子坐落于九嶷山脚下，历史上曾孕育出唐代湖广第一状元李郃和南宋特科状元乐雷发，是著名的状元村。整齐划一的商业街、焕然一新的状元桥，千年状元村今朝再现荣光。

这里有十里油菜花田，秀美的山峰相似却又各不相同，车子开在路上，反而像是山在走。村口"江南第一村"的路牌，引人注目。

"九嶷山上白云飞，帝子乘风下翠微。"在距离舜帝陵不远的地方，就是号称"江南第一村"的下灌村。

下灌村始建于公元499年，至今已有1500多年历史，历史上曾孕育出唐代湖广第一状元李郃和南宋特科状元乐雷发，是著名的状元村。在湖南有史可考的15名状元中，远离宁远县城30公里的下灌村，占有两名，不能不说是一个奇迹。

四点半学校，读书变有趣了

千年来，一村两状元的传奇故事在这片土地上代代相传。

"再穷不能穷教育。"这是下灌村的传统。

几十年前，李乾旺上学的时候，他需要翻过六七公里山路才能到达镇上的中学。放学走到家常常已是月亮初上，第二天天还未亮，又要再次出发。

在那个电都没有的年代，李乾旺经常在煤油灯下挑灯夜读。生活实在太苦，他无数次想要放弃学业。但穷苦一生的父母却认准"读书成才"的道理，一直劝他要继续坚持。

毕业后，年纪轻轻的李乾旺离开了家乡，凭借"初生牛犊不怕虎"的胆量，在外面也算是闯出了自己的一条路，生意做得有声有色。

永州本来就是对接粤港澳的"桥头堡"，加上村子离城区近，因此很多青少年早早离开校园，南下进厂务工，把赚钱看作一条走向成功的捷径。

但李乾旺不这么认为，多年的打拼经历让他清楚地认识到，只有知识才能长久地改变一个人甚至一代人的命运。回到村子里，他决心改变现状，恢复下灌村千年前的书香墨韵，让孩子们在课桌前坐得住，在课堂上学得进，重现下灌村往日的文化荣光。

2012年就任村党总支书后，李乾旺一直琢磨着怎么让孩子们爱上学习，他把目光望向了村里的灌溪学校。

灌溪学校始建于1936年，由下灌村村民集资而建，占地面积一万余平方米。灌溪学校规模之大，在当时少见。近百年来，这里走出了一批又一批杰出人才。恢复高考后，下灌村考上大学的有100多人，其中考上清华、北大的有2人，目前享受国务院特殊津贴的专家有3人。

2017年，李乾旺决定在灌溪学校旧址开办四点半学校，聘请"五老"（老干部、老战士、老专家、老教师、老模范）人员，对村子里的留守儿童进行课外教学、开展各种学习活动。这一举措在2017年的宁远甚至是永州都算得上是超前动作。

时年76岁的李和平是四点半学校的元老级成员。

自2001年从湾井镇中学退休后，李和平加入了镇里的文艺宣传队，今天到这村，明天到那村，唱唱歌、跳跳舞，自在又快乐。

得知李乾旺决定开办四点半学校，李和平觉得"这件事情才是

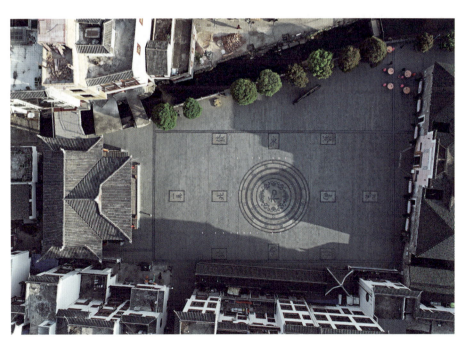

下灌学校旧址航拍

大事"，没有过多犹豫就决定加入这个教育小组。做出这个决定后，已经许久不曾上台授课的李和平，开始认真思考"我能教给孩子们什么"，仿佛又回到了当年第一次走上讲台时。

说干就干，李和平和大家一起装修布置教室、组建教育小组、制订学习计划，四点半学校就这么开办起来了。经过讨论，教育小组决定把教学主题定为"课本外的知识"：一是通过讲述状元李郃的故事，引导孩子们勤奋向学；二是通过学习《三字经》等优秀传统文化，引导他们崇德向善。

教什么的问题解决了，课堂的另一方主角——学生，从哪里来呢？"开班第一天，学生来了20人左右，都是被硬拉过来捧场、凑热闹的。"李和平坦言。

对于村上办的这个四点半学校，最开始家长大多都是拒绝的。持怀疑不信任态度的居多，一方面觉得没这个必要，有时间让孩子帮家里做点农活更划算，另一方面也担心学不到什么东西。愿意把孩子送来的，多为村干部，或者是组织者的亲戚。

李和平自知工作没做到位、动员力度不够。为了改善这个情况，让四点半学校实实在在起到作用，他组织大家空余时间挨家挨户地做思想工作。渐渐地，一些孩子从趴在门口看到坐在教室里面听，学校里的学生越来越多。

李勤凯是李和平的侄孙，父母为了照顾他读书，特意选择留在村里。但李勤凯并不理解父母的苦心，经常逃课，甚至养成了一些不良的生活习惯。一家人都为李勤凯的学习头痛。

得知要去四点半学校，李勤凯最开始极不乐意，架不住和平爷爷亲自来家里"请"。带着应付的心理，李勤凯走进了四点半学校。学《三字经》、听新二十四孝故事，两年来，放学后去四点半学校成了李勤凯的习惯。他的成绩也从最初的班级倒数几名进步到中上游水

下灌村举办少儿文艺表演

平，日常在家，也会积极帮忙做一些家务劳动。

李和平侄孙的改变，让越来越多的孩子受到感染，都想来上学，想来学点东西。"对付这类孩子有自己的方法，无非就是耐心讲道理。"李和平说。

"要让这些孩子发自内心地热爱学习、热爱读书。"这是四点半学校开办的初衷和意义。从学习是什么到为什么要学习，都能在这里找到答案。

随着下灌村经济社会的不断发展，村民们不仅希望孩子认真向学，更希望他们能积极向善。

农家书屋，"致富经"更靠谱了

老一辈的下灌村人都知道，形成一种向善的风气，是多么难得。

下灌村村委会大楼里的农家书屋，陈列了古今中外各类书籍数万册，涉及人文、政治、农学等各个方面。

农家书屋首次亮相下灌村，就吸引了一众小孩、大人争相前来打卡。村民李惠祥就是其中一个。

李惠祥是下灌村一个地地道道的农民，十多年前，他走南闯北种过田、打过工，但终因自己没有一技之长而一直没挣到什么钱，全家人生活长期处在温饱线边缘。

2004年，李惠祥家承包村里的60亩荒山，种植了桃树、奈李、杨梅等果木。刚开始，因为不懂技术，只知蛮干，导致果木树苗栽种的成活率不高，即使是那些种活了的果木，也因为不了解它们的习性，不懂得什么时候该给它们浇水施肥、剪枝修整以及进行病虫害防治等，导致果木生长较慢、挂果率不高，"面黄肌瘦"的，没什么收成。"也没挣到什么钱，自己心里非常焦急无奈。"

2009年初，村支书介绍李惠祥走进了农家书屋。之后，李惠祥一边啃着书本一边自己琢磨。这么一啃就长达十多年，李惠祥也从"种植小白"成长为"土专家"，打开了致富的大门。他说："我的技术大多数是在农家书屋学习掌握的，书屋就是我的百宝箱。"

现在李惠祥家的果木棵棵枝繁叶茂。他们家现在不仅在村里盖起了三层的楼房，还在城里买了房、买了车，日子别提有多红火。

李惠祥从农家书屋中受了益、发了家、致了富，也希望更多的人受益于农家书屋。作为共产党员，他希望更多的人、更多的家庭都富起来。

李惠祥不仅带领队里的贫困户发展果树种植，还通过合作社提供种植技术、市场销售一条龙服务，年创产值近百万元。同时，他还吸收村里贫困村民来合作社打短工，大家跟着他成功脱了贫、致了富。

2018年10月，李惠祥担任了下灌村梅子窝网格书记并兼任农家书屋管理员。他运用农家书屋这个载体，举办了主题征文、读书演讲比赛、农业知识技术讲座等活动，吸引更多的中青年农民多读书、读好书、用好书。

每年寒暑假，李惠祥将书屋对中小学生开放，使农家书屋成为孩子们的第二课堂，许多家长主动陪孩子来书屋看书写作业。

书屋圆了李惠祥的致富梦，同时也圆了下灌村一代又一代年轻人的梦，他们在这里"看到了"甜头，日子也有了盼头。

"好读书的下灌村人，正齐心合力推动乡村振兴。"下灌村党总支书记李乾旺说。

人才回乡，万人大村腰杆挺直了

读书，改变了下灌村人的命运，也改变了村子的命运。

从九嶷大道走进下灌村，能看到一条碧绿的小河穿村而过。金黄的树叶、彩色的花海、白色的墙壁以及青色的屋檐，构成了一幅多彩的乡村画。这个江南水乡，通过文化振兴重塑了昔年"状元第一村"的精神风貌。这背后的变化，还有一些不得不说的故事。

大约十年前，下灌村还是宁远有名的穷村、乱村，吵架斗殴是常事，曾因党组织软弱涣散，管理陷入恶性循环：因穷而脏乱差，因脏乱差而更穷。

当时的下灌村由4个自然村合并而成，1万多人口，全村260余名党员。党总支管不了全村的事，四个村的干部各干各的。

比如村里要修路，村民阻工；村里要拆猪栏、牛栏，三年没拆下来。时任县委主要领导无奈地打了个比喻："就像拳头打在了棉絮上。"

"火车快不快，全靠车头带。"为破"贫"局，县政府专门将在外地创业的本土企业家摸排了一遍。李乾旺就是在这个时候被请回来的"能人"，并被村民推举为村党总支书。

独木不成林。要想做大事，必须把"单兵作战"变为"群策群力"，培养好"关键少数"。为激活下灌村这"一池春水"，李乾旺决定把从下灌村走出去的人才用乡愁"牵"回来，把外地的优秀人才用真情"引"进来。

在李乾旺"几顾茅庐"下，一批有文化有素养的年轻人动心了，他们决定回乡合力干好发展这件大事。

"有人，才有希望。"李乾旺觉得。破解乡村振兴的人才瓶颈有了一个很好的开端。"他们有经验、有能力，也有情怀，有意愿为家乡发展作贡献。"李乾旺说道。

敢担当，才有作为。村干部实心办事，潜移默化中也感染着村民。

从2017年5月开始，村委会决定让村里所有当班人员每天花一至两小时上街扫地，开始大家都不太乐意，老百姓对村委干部的行动也不理解。村委干部坚持下来以后，既改善了环境，又得到了老百姓的肯定，还带动了老百姓的参与。后来村里要修文化广场，很多村民自发出工；以前三年都没有拆掉的猪栏、牛栏三天就拆除了。

人心齐，泰山移。现在，下灌村成立了旅游公司和种养业合作社，充分整合利用各类资源，将资源变资金、资金变股金、村民变股东，累计投入1.5亿元，完成了沿河风光带、景观大道、文化广场、湿地公园、村服务中心和村巷道硬化绿化亮化等基础设施建设，建成了舜乡花海、光伏电站、黑木耳生产基地。

下灌村的发展离不开血脉同流、同根同源的宗族基础，但浓厚的文化氛围才是下灌村的特色和宝藏。

思想熏陶润物细无声，一个人影响一个家，一个家影响两个家，一代人影响几代人。读书让这些农村孩子人生蜕变，个人命运发生改变，家庭的命运也发生改变，随之下灌村也变得越来越好。这些学有所成之人用自己的力量反哺乡村，将下灌村与外界紧密联系起来。

读书，是下灌村人不变的梦想；传承教育，是下灌人执着的坚守。

谈及未来，李乾旺目标很明确。不仅要牢牢抓住传统文化的"魂"，更要紧紧抓住乡村教育的"根"，为乡村振兴打下坚实基础。

（作者：王杨　成文杰　姜媚）

怀化 | 高椅村：千年古村正青春

山乡档案

怀化，位于武陵山脉和雪峰山脉之间，别称"鹤城"，是全国性综合交通枢纽城市。2021年，全市地区生产总值1817.8亿元，城镇居民人均可支配收入32634元，农村居民人均可支配收入13321元。

隶属于怀化市会同县的高椅村，因三面环山一面临水，地形宛如太师椅而得名。总面积14平方公里，2374人。这里好山好水好风景，曾经却因为环境闭塞，产业落后，留不住年轻人。通过传统村落的保护与开发，高椅村火了，年轻人回来了，"空心村"活了。

"你好，请问去油菜花田怎么走？"

3月，正是油菜花开的季节。高椅古村游客服务中心前坪，两位来自长沙的自驾游游客，背着相机，提着航拍设备，向杨会芳问路。

"沿着这小路一直走，转个弯就到。"杨会芳一边热情地给游客指路，一边扯着手里的乌饭树叶。

乌饭树叶，一种制作"黑饭"必不可少的原材料。

在高椅村，有农历四月初八吃"黑饭"的习俗。这一天，古村往往举办系列庆祝活动。日子一天一天临近，杨会芳和她的搭档粟婷，正在忙着准备原材料。

5年前，杨会芳和粟婷都还是一名"广漂"。近年来，高椅古村落保护与开发，让越来越多像她们一样的年轻人返乡，寻找到新的发展机会。同时，她们的回流也让古村焕发新的生机和活力。

青年回流

从怀化会同县城出发，一路向东北，山路绕着叠翠的山峦，穿行鹰嘴界国家级自然保护区，大约1个小时车程，高椅村便进入视野。

高椅村，因三面环山，一面临水，宛如一把高高的太师椅而得名，位于雪峰山脉南麓、巫水河北岸的台地上，有着"江南第一古村"的美誉。

一场春雨后，留满岁月足迹的青石板路，被冲刷得干干净净。错落有致的古建筑群，更加富有诗意。斑驳的小巷，向古村深处延伸开去，一眼望不到尽头，悠扬的侗歌声从远方传来……

古巷拐角处，村民或站，或坐，围拢在一起，闲聊着各自营生、家长里短、生活趣事，谈笑声此起彼伏，烟火气在古村中升腾。千年古村里的诗意与烟火气交织在一起，回味悠长。

杨会芳，土生土长的高椅人，是黑九妹乌饭树种植专业合作社的理事，也是合作社的发起人之一。

合作社与游客服务中心一路之隔，一间传统侗式木屋，与沿街的其他房子并无二致，门面不大，粗略估计占地不过十几个平方米。屋里靠墙立着一排货架，上面摆放着富有高椅特色的农产品——黑泡茶、糍粑、红薯干、野生茶……

高椅古村一角

　　与很多当地人一样，年轻时杨会芳也曾怀揣着梦想背井离乡，奔赴东莞、深圳、广州，在电子厂、服装厂、玩具厂打工。漂了很多年她愈加感觉到，城市的繁华，不过是一场绮梦，那个叫老家的地方，才是自己真正的港湾。

　　2017年春节，在外漂了近20年的杨会芳又一次回到了高椅。与往常不同，她这次回来，就再也没出去。

　　也是在2017年，一位叫粟婷的年轻人也回到了高椅村。

　　和杨会芳不同的是，粟婷是高椅村的媳妇，老家在80公里外的马鞍镇。

　　2002年，粟婷中专毕业后坐上了南下的列车，开始了"广漂"生涯。

　　她的第一站是深圳一家电子厂，流水线上的工作辛苦又枯燥，每天工作十多个小时，看不到未来的希望。粟婷不甘心自己的人生就这样过一辈子，下班后工友们去上网、逛街，她自学人力资源管理，顺利跳槽到一家猎头公司，后又在一家国际货运公司打拼了几年。

能力的增长，眼界的拓展，让她不再满足于给别人打工。2013年，利用自己多年积累的专业知识、管理经验，粟婷和一位志同道合的朋友，合伙办起了一家货运公司。

或许是机遇垂青，又或是能力使然，粟婷并没有遭遇业内盛传的创业"十创九死"，反倒短期内即实现了盈利。"虽然谈不上暴利，但一年稳赚三四十万还是绰绰有余。"谈及当初的经历，粟婷平静地说道。

如果按照这个轨迹走下去，她的人生可能是另外一番模样。

为什么不在大城市好好待着，非要再回到农村？

这是当初粟婷刚刚回到高椅村时，邻里街坊最喜欢问的话题。类似问题，杨会芳也回答过很多次。

照顾父母、子女教育、生活压力……粟婷说，回家的理由，可以说出很多种，但真正让她下定决心回来并留下的，是高椅村正在发生着的变化和无限前景。

古村"新生"

曾经，这个群山环绕、风景秀丽、古迹建筑遍布的偏远山村，就像中学课本上的世外桃源。正如《桃花源记》里面描写的一样，人们最初是为了躲避战乱，逃难于此的。

村里人说，古村的历史最早可以追溯到五代时期的杨氏家族。

杨氏家族当时的首领名为杨再思，是五代时期一位非常著名的政治人物，曾经在湖南和贵州一带为官，他勤俭爱民，重视耕读。在他的治理之下，当地百姓安居乐业。虽然整个五代时期纷争战乱不已，但杨再思所在的叙州这片区域非常太平，基本未受到战争的侵扰，俨然一片世外桃源。因此，杨再思受到朝廷的重视，被后来建立的宋朝追封为"威远侯"。

杨氏后人仰慕先祖品行，向往安宁的生活，于是不断寻找梦想中能够与世隔绝、不受外界侵扰的安宁之地。为此，杨氏家族用了一百多年，先后迁徙了六次，终于找到了理想中的桃花源，就是现今的高椅古村。

因为长时间的交通闭塞，高椅村避开了外界的袭扰，使得很多珍贵的古建筑得以保留，免受战火之灾。目前高椅村仍有保存完好的明清时期民居建筑104处（其中国保级75处），总建筑面积达19416平方米，是我国迄今发现的一处规模较大、保存较完整的明清时期古民居建筑村落，被专家誉为"古民居建筑活化石""古村落发展建筑史书""江南第一古村""耕读文化完美典范""少数民族与汉民族融合的完美典范"。

直到20世纪90年代，随着文物专家的到来，高椅村才得以揭开它神秘的面纱。

杨武强，会同高椅古村景区管理所所长，长期致力于古村落研究、保护。

他清楚地记得，1997年文物专家到高椅古村考察时，村民们非常激动。之后好消息接连不断，高椅村古建筑群先后被列为会同县县级、怀化市市级和湖南省省级文物保护单位。2006年，高椅村古建筑群被国务院核定并公布为第六批全国重点文物保护单位。

高椅古村的名气虽然越来越大，但问题也随之而来。

因为经济条件改善，有的村民盖起了钢筋水泥建筑，这是杨武强不愿看到的，他坦言"痛心又无能为力"。

更令人揪心的是古建筑本身的"脆弱",用杨武强的话来说是"高椅就像个年近古稀的老人,浑身是病"。

另外,古村基础设施条件差,缺少谋生路子,大多数年轻人选择了外出,高椅成了典型的"空心村"。

曾担任了20多年村干部的杨荣发回忆,个别时候,从古村老街街头走到巷尾,碰不上一个人,"村里有个红白喜事,找个帮忙的都不好找"。

杨武强还发觉:"村民们保护古民居的积极性不如原来强了。"

古村落保护还面临着更棘手的问题。2000多人的大村,地域面积却十分有限,房屋拥挤,想改善住房条件,又没有合适的地方建,保护古村落与改善居住环境的矛盾日渐明显。

一场致力于保护与利用的行动持续展开……

尊重历史,保留特色,修旧如旧,这是高椅人经过深思梳理与古建筑达成的生存法则。

2012年,高椅古建筑群文物第一期维修工程开工,项目投资330万元,共维修古建筑群房屋16处。

2015年8月开工建设的第二期维修工程共投资2000余万元,共维修古建筑群房屋52处。

为了让这座历史文化古村重新恢复活力,会同县2014年启动了高椅传统村落整体保护与利用项目,还邀请专业的设计团队为古村的开发规划献计献策。

保护古建筑风貌的同时,基础设施的改善和传统文化的挖掘也同步进行。古村游、乡村游、踏青游……古老的高椅村踏上文旅快车,各地游客有幸认识这个陌生的古村落。

文旅交融中,非物质文化遗产得到传承与发扬,以傩戏"杠菩萨"为代表的传统戏剧,以傩戏面具制作、窗花雕刻、剪纸为代表的民间美术，以糍粑、泡茶、火塘腊肉为代表的地方小吃，以头担水、放生节、"黑饭"节为代表的侗乡习俗，随着游客的进进出出，得以发扬光大。

高椅村的名气越来越大，前来旅游、观光的人多了起来。

怎样打好民俗文化牌，做大做响"黑饭""黑泡茶"品牌，带动村民一起致富，成了当地干部一直思索的问题。

农历四月初八这一天是高椅人一个隆重的节日——"黑饭节"。

拦门酒、古村寻宝、吃"黑饭"等是必不可少的项目，其中，最有高椅特色也是最重要的一个民俗项目当属吃"黑饭"。

"黑饭"，是一种糯米饭，因颜色黑而得名。提及其来历，杨会芳专门科普了"黑饭"的典故。

相传在宋代早期，侗族有一位杨姓青年叫杨八哥，因为反抗朝廷的腐败、暴政，被官兵所虏，关押在广西柳州城的牢狱之中。其妹杨九妹每次为兄送饭，但均被牢头狱卒抢吃，所剩无几。为了让哥哥吃上饱饭，九妹绞尽脑汁，尝遍山上的百草和树叶后，发现用山上采摘的一种树叶（学名乌饭树）榨成汁，可以将饭做成黑色，于是她灵机一动，将叶汁泡米做成黑色的饭，给哥哥送过去。狱卒看到黑饭，以为有毒，不敢抢过去食用。在狱中，杨八哥吃了黑米饭以后，变得力大无穷，砸破牢笼，冲出了困境。兄妹里应外合，越狱成功，这天刚好是农历四月初八。

这便是有名的"杨九妹救杨八哥"的故事。为了纪念杨九妹，此后杨家就专门把农历四月初八定为"黑饭"节。四月初八当天，杨姓各家忙着采黑树叶做"黑饭"、杀鸡宰鸭，把嫁出去的姑娘接回娘家过节，很是热闹。这种习俗代代相传，一直沿袭下来。

古老的习俗在传承中历久弥新。如今，高椅人不仅保留了吃"黑饭"的传统，还将"黑饭"这一小吃推向更广阔的市场。

2018年，也就是粟婷和杨会芳返回高椅的第二年，在村里的支持下，黑九妹乌饭树种植专业合作社成立，两人成为合作社的主心骨。几年时间，合作社的产品从原来单一的"黑饭"发展到今天的"高禧味"系列，涵盖了"黑饭"、糍粑、红薯干、黑泡茶等特色产品。

"我们统一设计了礼盒，希望每个来高椅旅游观光的人，吃到高椅特色小吃，感受高椅独特的文化。"粟婷说，随着农特产品的热销，仅粽子这个产品，就开发了六个系列，以满足不同消费群体的需求。

借助网络渠道，高椅的农特产品正在搭乘网络直播快车，走出会同，走向全国乃至世界。为此，粟婷开通了视频直播间，成为当地名副其实的"带货一姐"。

古老的村落焕发新容颜，年轻人在家门口寻觅到新商机，他们开办民宿、开发特产，通过直播等方式，为高椅发展注入了新活力。

黄新良就是其中之一，他通过直播不仅宣传自己家的民宿，还宣传家乡的历史故事和土特产，"要把我们高椅古村广而告之"。

杨帆，在高椅村承包了几十亩田地，种植中药材，还开起了大药房。

…………

会同县有关部门正在遵循"活体村落、原态保护、产业支撑、文化挖掘"原则，传承、弘扬传统文化，大力发展文旅产业。高椅村正以高椅民俗风情传承为主要特色，打造"山水相依、宜居宜游"的传统古村落，同时抢抓大湘西精品文化生态旅游发展契机，打造全省少数民族民俗文化和生态旅游核心景区、全国传统村落整体保护利用示范村。

2020年，高椅古村累计接待游客逾16万人次，旅游收入600余万元，占村庄总收入的20%，人均可支配收入达12400元。

傍晚，华灯初上，孩童在巷子里嬉戏玩耍，大人们则聚在一起闲聊。炊烟袅袅，此起彼伏的欢声笑语，充满了整个古村。

（作者：张金东）

娄底 | 油溪桥村：只要干事，就有甜头

山乡档案

娄底，环长株潭城市群的重要组成部分，被誉为"湘中明珠"。2021年全市实现地区生产总值1825.76亿元，城镇居民人均可支配收入34702元，农村居民人均可支配收入15628元。

隶属于娄底市新化县吉庆镇的油溪桥村，总面积8平方公里，总人口868人。2008年以前是一个省级深度贫困村，该村走出了一条以党建为引领推动村民自治实现节约发展的新路子。村民人均年收入由2007年的不足800元增加到2021年的28600元。其治村理念和发展模式得到国务院、中组部、民政部等高度肯定和全面推广。

春暖花开，甲鱼结束了冬眠期，已到该分公母的时候了，新化县吉庆镇油溪桥村村民康飞忙个不停。抽水、捞甲鱼、清洗、编号，每项工序都得细致，这样，公母甲鱼们分开后就不会打架了。

康飞承包了25亩水塘，养了不少甲鱼。这些都是三年前从村部领回来的宝贝，半斤重的小苗子，如今已长到两斤左右。马上就能迎来销售旺季。除了村里农庄的预订，县城也来了不少订单。"得有一阵忙咯。"康飞这话一出，旁边一村民就笑着打趣道："那也有得赚

咯，真是过上了好日子。"康飞一听，也笑了起来，阳光下，那笑容灿烂，舒心，幸福。

除了忙活甲鱼，康飞还要开着皮卡车运输鹅卵石，村里正在打造油溪河畔的风光带，大货车去不了的地方都由他负责。这属于义务筹工，多出来的部分算积分。2021年他积累了400多分，年底可以参与分红。

忙碌，充实，干劲大，有盼头……这是康飞每天的模样，也是油溪桥每个人的模样。

这一切，都是最近10余年的事。

这些年来，大家不等不靠，走出了一条村民自治的致富之路。这个曾经没水、没绿化、没一公里硬化道路，村集体负债4.5万元、人均收入不足800元的省级贫困村，一举逆袭成为身价过亿的全国文明村、全国乡村振兴示范村、全国乡村治理示范村！

如果说乡村振兴是一场艰苦的跋涉，那么支撑人们爬坡过坎的，说到底是一股子干劲。这股子干劲，在油溪桥村村民身上体现得淋漓尽致。而激发大家内生动力的，是一套科学有效的乡村治理模式。

两场"战役"，有了甜头

幸福来得不是那么容易，油溪桥村的蝶变也并非一蹴而就。

熟悉油溪桥村的人都知道，这个村原来很穷，是个省级贫困村，大家日子都过得紧巴巴的。

穷则变，变则通。

这与两场"战役"有关。

彭育晚是2007年返乡任村支书的。他当过兵，经过商，在村民

油溪桥村一角

们眼里，是一个见过大世面的人，是一个有头有脸有能力的人。他回来后，现实还是很快给了他"脸色"。且不说村里穷，没资源，没资金，更重要的是，人心涣散，没斗志。怎么办？他咬了咬牙，开弓没有回头箭，且一切都是为了父老乡亲好，那就打"持久战"呗。他与村干部们一起计划了一个"三步走"：三年转弯子，六年打基础，九年见成效。

转弯子，说的是转变人的思想。可这又何其难！

彭育晚明白，冲锋陷阵，指挥部的人很关键。

"村看村，户看户，群众看干部。要想改变，首先需要村干部带头示范。"新官上任的彭育晚烧了一把火：取消村干部开会发放"误工费"的惯例。与此同时，他和大家走村入户，寻找发展突破口。

村里有一条油溪河，一到暑假，前来漂流的游客络绎不绝。一天，彭育晚听到游客抱怨没地方停车，他茅塞顿开——将废弃的沙洲改成停车场，建设第一个村集体项目。

项目有了，可村里穷得叮当响，设备、水泥及沙子从哪来？工人工资怎么解决？村部会议上，大家你一言我一语，道出眼前种种困难。

当兵出身又有着多年从商经验，彭育晚认准这是一个有着长远利益的事，决定拿出积蓄购买建设材料。为了省钱，村里没请施工队，他提出向村民"筹工"，等停车场建好营收后再补发酬劳，但令他失望的是没有一个村民响应。

村民不理解，那就村干部自己上！

于是，第一场"战役"就这样打响了！

运水泥、搅拌砂浆……3个月后，宽敞、平坦的停车场建成了，仅投资6万元。停车场建好后，一次性租给漂流公司20年，村里收取20万元租金，赚到了村级集体经济的"第一桶金"。

首战告捷，村干部们感受到了干事创业的成就，而一旁观望的村民，也对村委会有了新的认识。

第二场"战役"是上山引水。这一次，村民不再观望，而是积极主动"参战"了。

油溪桥村是一个典型的石灰岩干旱死角村，饮水、灌溉都非常困难，村民喝水要到油溪河里挑，有的地方甚至靠挖土坑积水生活。

没有水，谈何幸福，又谈何发展？可饮水工程建设预算需要300万元。

自己建！这一次，村民和村干部站在了一起，纷纷支持。有钱的出钱，没钱的出力。为了节省资金，村里除安装管道的技术活请人外，别的都自行想办法解决。为省下雷管炸药的开支，所有通道都由村民用电凿和钢钎凿通。

苏开初和张仁望以绳索为丈量工具量沟坎、量山坡、量树林，量出了5000米管道安装路线。彭新春一直奋战在施工现场，彭中来成了打石孔、装模的"专家"。为了节省时间，张仁望等人带着锅碗吃住在罗湾溪施工点……

人心齐，泰山移。一年后，村里引水工程竣工，项目仅支出60余万元。拧开几代人渴盼已久的水龙头的那一刻，村民们拍红了手掌。

清冽甘甜的泉水流进了每家每户，大家都能喝上一口好水，还不用肩挑手提了。"喝上了这水，大家感觉生活都轻松好多了！都像城里人了。"这种感受，对每个村民来说，都是刻骨铭心的，也都是欢欣鼓舞的。

而更大的自豪感和荣誉感还在后头：引来的水还连到了每一块田间，实现了一水两用。为了让大家节约用水、全民护水，村里还成立了用水者协会，定期排查山塘、水坝、渠道险情，把饮水灌溉建设与管理融入村级管理。2014年，油溪桥用水者协会成功获得"全国农民用水者模范协会"称号。

一番约定，有了劲头

2019年，村干部们每天下班，都一手拿铁钳，一手提蛇皮袋，到处寻觅烟头。陈家岭"片长"阳记花从家里到吴家湾办事，一路走，一路捡，捡了一大袋白色垃圾。村民看见了，发了照片到群里。得到大家点赞的她，反倒不好意思起来，"看到垃圾不捡心里难受，何况弯弯腰不是难事。"

这是怎么回事呢？原来是村干部们在进行一场捡烟头比赛。

就这样，捡了一段时间，村里变干净了，群众也被感染了，大家也都加入到队伍当中。

如今村里环境好了，住得舒心多啦！而这，还与油溪桥村制定的村规民约有关，与户主文明档案袋也有关。

村规民约的内容很多，村两委前前后后开了很多次会议，如今修订到了第九版。村规民约的每一条每一款，都是根据村里的实际制定的，均通过了村民的反复论证。

伴随村规民约的执行，禁赌理事会、红白喜事理事会、卫生监督小组等应运而生，甚至还有圈养家畜家禽监督小组。

全村还推行了禁伐、禁猎、禁捕、禁塑、禁赌、禁止红白喜事大操大办等。同时，村里还成立了村级困难救助基金，至今已对村里老弱病残共发放救助金62万余元。村里村风民风得以重塑，勤俭节约、健康向上、守望相助的新风尚在村里蔚然成风。

村里推行的积分制，更是激发了大家干事创业的热情。

初春时节的油溪桥村阳光明媚，流水潺潺，桃红柳绿，马路上却不见人影，这又是怎么回事呢？

"别找啦，大家都在项目上忙呢。"彭育晚笑着说。

果然，在油溪桥村的田间地头，到处都是戴红袖章劳动的村民。彭育晚介绍说，他们都正在为自己赚取积分，也为家乡的建设贡献自己的力量。

油溪桥的积分制可不简单！党员、村干部、村民在产业培育、出工出力、遵守村规民约等生产生活中的各类表现，被量化为奖励指标48项、处罚指标52项，年底积分的高低与评优推先挂钩、与干部绩效挂钩、与股份分红挂钩。积分制整合了人力物力，使油溪桥村形成了综合发展合力，实现了资源变资产，资产变资金，农户变股东，村民变股民。

效果立竿见影，大家积极性立即被调动起来。有两个数据可以证明——这些年来，村两委为集体建设义务筹工筹劳8200多天，而全体村民义务筹工筹劳87000多天，实现了全村项目建设劳动力自筹，以403万元的财政投入创造了上亿元的村集体资产，发展成效显著！

当然，对于参与者而言，积分背后还有更实在的东西：2021年，第一次积分分红会上，发放积分分红共37万元！

能分红，则得益于村里的产业布局。

村里依托境内油溪河奇、秀、美的资源优势和生态优势，以及清代石拱桥、杨洪岩古风雨桥等历史遗存景观，大力开发油溪河峡谷漂流等旅游支柱产业。村集体成立1家旅游游览管理有限公司引进投资项目7个，建立专业合作社6个，创建成AAA景区，年接待游客6.5

油溪河漂流

万人次，综合收入1225万元。

集体富了不算富，村民富了才算真正富。

油溪桥村以美丽乡村创建为契机，形成开发公司与开发商，公司与村委、村委与农户的共建共享模式，积极引进企业，助力美丽乡村建设。

在发展种养业上，油溪桥村有一个原则：村民零投入零风险。

比如养甲鱼，村里统一采购甲鱼苗，交给"甲鱼能人"彭育光在村中的甲鱼池集中喂养一年，养大后再一只只发放给全村养殖户。

比如种桃树，由经果组组长彭玉华带队，严格监管农户管护情况和病虫害动态，果实成熟由村里统一收购。村里依靠发展产业盘活了资源，产生了效益。油溪桥村现在游客源源不断，水果供不应求，实现了生态效益和经济效益的双赢。

村民们参与其中，一个个腰包鼓了，劲头也足了。

花样幸福，有了奔头

如今，用幸福像花儿一样来描绘油溪桥村村民生活再贴切不过了。

42岁的汤锦辉在村里的农庄做服务员已有6年，她已有20万元的存款，这还不包括丈夫的收入。

汤锦辉从心底里感谢一个人：彭记球。因为丈夫腿有残疾，家里缺少劳动力，她家成了贫困户。8年前，在广州开物流公司的彭记球回到家乡，发现村里已经大变样，民风向上向善，旅游也日渐兴旺。应村支书彭育晚的邀请，她全面考察了一番，最终投入300万元打造了一个农庄。

农庄为汤锦辉等30来个村民提供了就业机会，有的做服务员，有的干农活，有的养甲鱼，每人月平均收入有3500元。大家在村门口实现了就业，每天干劲十足。

建档立卡户康初先圈养了鸡，又养了稻田鱼，还养了甲鱼、栽了桃树。他的大儿子是残疾人，没有劳动能力，小儿子一直在外。农忙时节，村干部会主动帮他把稻谷收回家。他家里的土特产，可以销售给农庄。

他说，现在危房改造了，村里的道路也搞得好，还有邻里之间互相帮助，这日子真是享福。

如今，油溪桥村"家家有产业、户户有股份、个个出份力、人人有收益"。2021年，全村人均收入达28600元，村集体经济突破261万元，较2012年分别翻了12倍、400多倍，110个劳动力在家门口稳定就业，油溪桥村实现了从贫困村到小康村的华丽蝶变。

（作者：杨艳）

湘西 | 黄金村：一片叶里有黄金

山乡档案

湘西土家族苗族自治州，曾是中国脱贫攻坚主战场之一。2020年湘西州8个市县全部脱贫摘帽，2021年，全州地区生产总值792.1亿元，城镇居民人均可支配收入29774元，农村居民人均可支配收入12332元。

隶属于湘西土家族苗族自治州保靖县的黄金村，总面积为18.1平方公里，3371人，是黄金茶的发源地。村民们通过种植、加工、销售黄金茶，走上了致富路。全村现有茶园3.2万亩，2021年全村年产黄金茶产品38.4万公斤，年销售额超过3亿元。黄金村走上了黄金路，圆了黄金梦。

"茶发芽，掐茶哟……"3月23日，保靖县吕洞山镇黄金村，漫山都是采茶人。

龙颈坳茶园里，村支书石英超随手摘下几片鲜叶，含在嘴里提神，"一两黄金一两茶呢，停不得。"

春分后，清明前，是茶山上最忙的时节。采摘的鲜叶必须当天炒制出来，过了夜口感就会差一截。再辛苦，茶农们都舍不得停下手

俯瞰黄金村的黄金茶园

中的活。

因为，"一两黄金一两茶"并非传说。村里几株古茶树制成的明前茶，每年拍卖都能卖出三四百元一克的高价，真正价比黄金。

黄金村因茶得名，黄金茶也给茶农们源源不断地送来了"黄金"。作为保靖黄金茶的原产地和核心产区，黄金村种植保靖黄金茶3.2万亩，人均9.8亩。

真是"满山茶叶满山金"。石英超介绍，2021年，全村年产黄金茶38.4万公斤，年创产值3.2亿元，村民年人均可支配收入达2.5万元。

"来杯茶吧，你尝尝。"石超英说，现在村民的日子就和这茶汤一样甘醇浓郁。

一杯名茶的诞生

源自黄金村的黄金茶，是"可以喝的文物"，也是湖南最新的一个茶叶品种。这里有着湖南最密集最古老的古茶树群，但直到2005年黄金茶才被确定为一个茶叶品种。

史载明嘉靖十八年（1539），巡抚湖广右副都御史陆杰巡视途经保靖深山密林，随行多人身染瘴气不能行走。后遇苗族阿婆采了家门前百年老茶树叶沏汤，随行人员饮用后身体立愈。陆杰答谢阿婆黄金一锭，还将此茶上报为贡品。"黄金茶"由此得名，这苗寨也因茶而名为"黄金寨"。

黄金茶是自然、古老的特异性茶树种质资源。2009年，保靖县文物部门在文物普查过程中，通过全面的调查统计得出，黄金茶现存古茶树2057株（围径30厘米以上）。据湖南省林科院鉴定树龄，有明代古茶树718株，清代古茶树1339株，其中最古老的"保靖黄金茶树王"有400多岁的高龄。保靖黄金茶因此被人称为"可以喝的文物"。

然而，从美好传说到市场认可、走出大山，对一种"野茶"来说并不容易。直到20世纪80年代，黄金茶还只是本地有点名气的"土货"，产量不高，卖价也平平。

老村支书向发友26岁退伍回乡就开始种茶。他说那时的黄金村，有老茶树，但没茶产业，还说"村里只有一条泥泞的山路，里面的人出不去，外面的人进不来，村民卖茶全靠肩挑背扛。产量少、价格低，饿着肚子炒茶是常态"。

村里来的一位大学生改变了这一切。1982年，刚从湖南农学院毕业的张湘生被分配到保靖县农业局。上班仅一周，她就来黄金村讲解炒茶技术，第一次尝到了黄金茶，并认定比尝过的所有绿茶品质都好。从此，张湘生带着保靖茶农和黄金茶较上了劲。

那时的黄金茶，品质极好但产量低。黄金村里分散2000多株老茶树，开花少，种子少，还特别容易被老鼠吃。村民们多次尝试用茶种繁育，但成功率极低。

无法大批繁育严重制约了黄金茶发展，当时已有村民在茶园改种其他品种。张湘生很着急，如果不破解繁殖与种植技术瓶颈，保护好黄金茶，这个珍贵的茶种可能要被取代了。

她尝试用"无性扦插育苗"技术，让黄金茶突破繁殖与种植技术瓶颈。1990年，张湘生在黄金村进行了第一次实验，然而培育的茶苗无一成活。张湘生没有气馁，第二年在自家花钵里继续试验。这一次，两株茶苗成活。在异地无性扦插育苗取得突破后，张湘生回到黄金村继续培育黄金茶种，在2003年培育出了高品质的绿茶品种——"黄金1号""黄金2号"。

同样为黄金茶的品质而奋斗的还有黄金村的村民——湘西州级手工制茶非遗传承人向天全。12岁开始他便跟着父亲制茶，年过古稀的他，仍在免费传授制茶技艺。"茶再贵，也先要保证质量。"向天全说，他坚持手工制茶，既是为了口感，也是为了传承。

除了注重育苗培管和制茶工艺，黄金村村民还成立公司，建厂房，组建营销队伍，研发新品种，到全国各地开展茶艺表演，延伸产业链。如今，全村有3.2万亩黄金茶，年创产值3.2亿元，兴建合作社56家、公司14家、家庭农场10家、加工厂200多个；研制出"黄金8号""黄金168"等多个新品种，开发出茶粉、茶油等新产品，不断提高黄金茶附加值。

2005年，黄金茶顺利通过湖南省农作物品种审定委员会专家评审，成为名正言顺的茶叶品种。其后，2021年，保靖黄金茶获批筹建国家地理标志产品保护示范区。一个名茶就此诞生，迈上了产业化发展的康庄大道。

"现在家家户户种茶"，向发友说，大家过上了"家有金山"的好日子。

现在的黄金村有3371人，村民们通过种植、加工、销售黄金茶，走上了致富路。

一片叶里见幸福

雾气从黄金河上升起，沿着古茶道拾级而上。这里有湖南最古老的416岁的茶树，在半山坡的7片古茶园里，2057株百年古茶树身姿摇曳。这些"可以喝的文物"长在茶谷，灵气逼人。

顺着村里的潺潺溪流往山里走，龙明坤与曾丽夫妇的湘金茶叶合作社坐落在云雾缭绕的山间，他们的茶园海拔很高，要徒步爬上一两个小时才能到达。春茶开采以来，夫妻俩已经连续十几天没有好好休息过了，每天晚上就睡三四个小时，和厂里的工人们一起一刻不停地炒茶、加工、打包。

"我老公这十多天已经瘦了20斤了，减肥效果特别好！"曾丽笑呵呵地说。她的脸颊、头发，甚至睫毛都蒙上了一层薄薄的茶毫。茶毫里含有丰富的茶氨酸、茶多酚等营养物质，一般来说，鲜叶的嫩度越嫩，茶毫就越多。

刚结婚时，曾丽在郴州一家印刷厂做文员，龙明坤也在外地打工，夫妻俩分居两地，没办法把孩子放在身边照顾。2016年黄金茶的名声越来越响，曾丽发现老板待客泡的茶就是丈夫家乡出产的黄金茶。曾丽和龙明坤一说，丈夫提议要不回乡种茶吧。说干就干，两人贷款几万元就开始回乡创业了。"回来好，他老实、顾家，我们一起种茶、炒茶、卖茶，两口子一起把日子过好。"

龙明坤的父亲是茶农，留下了这片茶园。寒来暑往，这片由两代人守护的茶园，郁郁葱葱铺满山岗。

既是种茶人，也是传承人。夫妻俩接过父亲的茶园，承德、承心，德是父德，心是匠心。他们用灵魂做茶，用心思触摸茶生活。2018年，他们以茶破题，成立了湘金茶业合作社，拥有茶叶种植园300余亩。好茶叶带来好"钱景"，一家人的年收入由原来的10万元增长到如今的60万元。

采茶和制茶都是辛苦活。清晨，茶农们背着茶篓迎着蒙蒙亮的天色就要出发，在沾满露水的茶园中采摘。傍晚，炊烟升起时分，采茶归来的茶农有说有笑，拿出茶篓，分享当天的劳动成果。合作社用高

清晨，茶农们背着茶篓去采茶

出市价5元一斤的价格收购鲜叶，马不停蹄地开始制茶。

"刚开始那几年，每到春茶上市，很多外地老板天天守在加工厂里，茶一炒好就打包带走了。"但是那些外地老板经常把价格压得很低，留给茶农们的利润很少。脑瓜子灵活的曾丽开发了另外的销售渠道，开始通过网络自己把茶叶销售出去。

"我可以算是村里的电商第一人吧。"从开通微信公众号，到开通抖音号，几年时间曾丽积累了越来越多喜爱黄金茶的粉丝。三四月，正是黄金茶一年中品质最优的时候，氨基酸含量达到顶峰。上好的"黄金1号"和"黄金2号"，泡开，叶子在水中重新舒展，重回新绿，香味扑鼻。曾丽说，一缕茶香，值得用一整年去等待。

"2019年，我们赚了钱，凭借这片小小的叶子修建了一幢楼房，花了50多万元。"曾丽笑得很开心，眯着眼睛侃侃而谈。她和丈夫在这片世外桃源般的乡村茶园过上了幸福生活。

当初不顾父母的反对嫁到村里，如今他们一家四口日子越过越红火，"去年张吉怀高铁开通之后，回家看父母方便得很，只要一个多小时就可以到洞口了，我每个月都可以回去。"

"以后我还想带着家里的亲戚们做茶叶，全家一起致富！"谈及未来，曾丽的脸上充满了期待之情。

一个产业富县乡

曾经，保靖黄金茶"养在深闺无人识"；今天，保靖黄金茶走出山门万里香。

荒山变茶山，茶山变金山，保靖黄金茶已成为保靖县脱贫致富的支柱产业。至2020年，保靖县茶园面积达13万亩，年产名优茶1000

余吨，年产值近11亿元，全县8万多人口因茶受益，茶农人均年增收4000元以上。

如今，乘着乡村振兴的东风，保靖县正不断夯实保靖黄金茶茶叶原料品质，扎实推进茶叶加工厂改造升级，科学实施全方位的品牌宣传推广，积极进行保靖黄金茶的开发研究，延伸产业链，让保靖黄金茶香飘更远。

为帮助村民脱贫，2009年以来，保靖县将保靖黄金茶作为精准扶贫的重点产业，除相继出台和实施了一系列支持产业发展的政策、措施外，还整合扶贫开发、发改、财政等部门各方面资金近2.5亿元，全力支持保靖黄金茶产业发展。

"2018年以前，政府统一为茶农采购苗木，免费发放茶叶专用肥。2018年以后，政府对茶农购苗、购肥实行奖补政策。2019年保靖县顺利实现贫困县摘帽，保靖黄金茶产业是主要的'产业功臣'。"保靖县农业农村局相关负责人说。

2020年4月，保靖县出台《关于进一步加强保靖黄金茶产业建设管理的意见》，继续加大保靖黄金茶产业的扶持力度。保靖黄金茶成为巩固脱贫成果、助力乡村振兴的重要产业，成为老百姓家门口的"绿色金矿"。

吕洞山镇夯吉村民石元秀的丈夫去世多年，家里有4个孩子，生活异常艰辛。不屈服于命运的她，在政府的扶持下，一边照顾孩子，一边种茶叶。2021年，她自产加收购鲜叶，卖出干茶150公斤，收入10多万元。现在，孩子陆续毕业，有了茶叶收入，她整修了房子，买了小车，生活发生了翻天覆地的变化。

保靖县积极响应省委、省政府提出的走特色鲜明的精细农业之路，坚持把精细农业理念贯穿农业生产经营全过程，按照"精准定位、精细生产、精深加工、精明经营、精密组织"的要求，因地制宜发展优势特色产业，深入实施农业特色产业提质增效"845"计划。2020年底，保靖县已有保靖黄金茶茶园面积13万亩，现代化茶叶加工生产线25条，实现年产保靖黄金茶优质绿茶、红茶1100吨，黑茶400吨，综合产值达到11亿元。全县11个乡镇近160个行政村8万余人从事茶叶生产，2020年实现茶农人均增收4800元，带动县域内4200余户1.8万建档立卡贫困人口顺利脱贫。

现在的保靖，已成为著名的茶乡。全县有保靖黄金茶企业74家，专业合作社194家，近8.2万人口因茶受益，成功走出了一条"有机、特色、优质、高效"的茶叶发展路子，保靖黄金茶成为山区群众增收致富的"金叶子"，为全面推进乡村振兴奠定了坚实基础。

同时，保靖黄金茶不同的优势单株正在以每年近1亿株苗的速度扩种到湘西州各县市。目前，保靖黄金茶已成功开辟北京、上海、广东、河北、辽宁、河南、山东、江西、内蒙古等国内茶叶市场。

如果说，保靖黄金茶是保靖群众致富的"金叶子"，那么旅游则是保靖县乡村振兴发展的好门路。

保靖山清水秀、物华天宝，位于保靖境内的吕洞山是苗族的祖山圣地。"以茶带旅，以旅促茶"已成为保靖黄金茶"茶旅文康"的典范。石英超说："黄金村准备以推动保靖黄金茶销售为主，提供保靖黄金茶茶旅文化体验为辅，打造农家乐与民宿作为配套，建一个以保靖黄金茶为主题的文化广场，建一个最大、最正宗的保靖黄金茶现场交易中心。"

（作者：张皎）

后 记

2021年7月1日，在庆祝中国共产党成立100周年大会上，习近平总书记庄严宣告，经过全党全国各族人民持续奋斗，我们实现了第一个百年奋斗目标，在中华大地上全面建成了小康社会。

"民亦劳止，汔可小康。"千年梦想，百年梦圆。这是我们党向人民交出的一份彪炳史册的答卷，是迈向中华民族伟大复兴的关键一步，是人类发展史上的一项伟大奇迹。

湖湘儿女在党的坚强领导下，打赢了脱贫攻坚战，正走在共同富裕的康庄大道上。三湘大地小康社会的故事正在延续——精准扶贫首倡地花垣县十八洞村，在乡村振兴的大道上接续奋斗；"半条被子"故事发生地汝城县沙洲村，温暖火炬世代传递；中国制造之"湖南品牌"，心系国之大者，勇攀制造业高地；长江湖南段岳阳华龙码头，水清岸绿，生机勃勃……

记录小康故事，见证时代变迁。本书力求用生动的故事展现湖南在全面建成小康社会历程中，人们的获得感、幸福感、安全感。全书分为幸福大道、时代答卷、山乡巨变三个篇章。

第一篇章"幸福大道"，沿着习近平总书记在三湘大地的足迹，走进农村城镇、学校企业，看湖南各地干部群众牢记殷殷嘱托，践行总书记为湖南擘画的发展蓝图，谱写时代新篇章。

第二篇章"时代答卷"，聚焦民生工程，从大数据到"小确幸"，全面小康面面观，于时代变迁中，见证全面小康成果惠及全体人民。

第三篇章"山乡巨变"，以田野调查的方式，探访湖南14个市州有代表性的14个村庄，一个市州一村，一村一策，以绿水青山里的山乡巨变，书写"小康不小康，关键看老乡"的生动注释。

本书在中共湖南省委宣传部统筹指导下，由湖南红网新媒体集团组织编写。湖南红网新媒体集团党委书记、董事长、总编辑贺弘联部署编写任务，党委副书记王冠华多次组织编写人员研究讨论条目内容，并对书稿进行审核把关。红网采访中心、编辑中心承担了全书的撰稿和修订统改任务。红网编委、编辑中心主任陈海波负责全书编写工作的组织实施。

本书出版前得到湖南省发改委、湖南省教育厅、湖南省工信厅、湖南省民政厅、湖南省生态环境厅、湖南省交通运输厅、湖南省农业农村厅、湖南省商务厅、湖南省乡村振兴局、中共湖南省委党校、《新湘评论》杂志社等单位细致而专业的审读指导，还得到了湖南人民出版社和文中所述各市县、乡村城镇、学校企业的大力支持，在此一并表示感谢！

由于本书编写时间紧、任务重，编写人员水平有限，难免存在疏漏和不足，恳请读者批评指正。

本书编写组

2022年6月